脱贫

中国为什么能

本书编写组

SHAKE OFF POVERTY

WHY CHINA CAN

人民出版社

本书为 2019 年度马克思主义理论研究和建设工程重大项目"习近平新时代中国特色社会主义思想的时代意义、理论意义、实践意义、世界意义研究"（批准号为 2019MZD019）重要成果

目 录

1

导　论

2021 年 7 月 1 日，习近平总书记在庆祝中国共产党成立 100 周年大会上庄严宣告："经过全党全国各族人民持续奋斗，我们实现了第一个百年奋斗目标，在中华大地上全面建成了小康社会，历史性地解决了绝对贫困问题，正在意气风发向着全面建成社会主义现代化强国的第二个百年奋斗目标迈进。"中国成功脱贫，是载入中华民族史册的伟大壮举，是中国共产党百年历史上的伟大壮举，是惠及全球的伟大壮举。

中国成功脱贫实现了中华民族孜孜以求的梦想。摆脱贫困，过上丰衣足食、家给人足的生活，是中华民族的千年期盼，是实现中华民族伟大复兴中国梦的重要内容。几千年来，为了摆脱贫困，中华民族进行了不懈探索。《礼记·礼运》中描述的"老有所终，壮有所用，幼有所长，鳏寡孤独废疾者皆有所养"，表达了中华民族对过上美好生活的憧憬。战国屈原感慨"长太息以掩涕兮，哀民生之多艰"，唐代杜甫梦想"安得广厦千万间，大庇天下寒士俱欢颜"，近代孙中山主张"家给人足，四海之内无一夫不获其所"，都反映了中华民族对摆脱贫困的渴望。由于受生产力发展水平的限制和统治阶级的局限性，中国传统社会难以找到摆脱贫困的实现路径。近代以后，由于封建统治的腐朽和西方列强的入侵，中国政局动荡、战乱不已、民不聊生，中华民族进一步衰落衰败，贫困的梦魇更为严重地困扰着中国人民,亿万民众处于贫困甚至赤贫状态。中华民族不仅要摆脱贫困,实现人民富裕,而且要实现民族独立和国家富强,也就是中华民族伟大复兴。实现民族复兴是一个长期过程,全面建成小康社会是一个重要步骤。贫困人口全部脱贫,解决中国绝对贫困问题,为实现全面建成小康社会目标任务作出了关键性贡献。千年追梦,今朝梦圆。全面建成小康社会,中华民族千年"小康梦"得以实现,"复兴梦"也迈出了关键一步,为顺利开启建设社会主义现代化国家新征程,实现中华民族伟大复兴奠定了重要基础。

中国成功脱贫兑现了中国共产党的庄严承诺。中国共产党从诞生之日起,就把为中国人民谋幸福、为中华民族谋复兴作为初心使命,团结带领人民为创造自己的美好生活进行了长期艰辛奋斗。解决中国贫困问题,是中国共产党初心使命的内在要求,是中国共产党努力追求的重要目标。新民主主义革命时期,中国共产党领导人民"打土豪、分田地",进行土地革命,实行"耕者有其田",广大农民政治上翻身得解放,经济上生活得到改善。社会主义革命和建设时期,中国共产党领导人民开展轰轰烈烈的土地改革,对农业、手工业和资本主义工商业进行社会主义改造,为从根本上解决贫困问题提供了最基本制度保证,在开展大规模社会主义建设的同时,不断提高人民物质生活和文化水平。改革开放和社会主义现代化建设新时期,中国共产党团结带领人民实施了大规模、有计划、有组织的扶贫开发,着力解放和发展社会生产力,着力保障和改善民生,取得了前所未有的伟大成就。

党的十八大以来,以习近平同志为核心的党中央以崇高的责任意识和无畏的担当精神,在长期扶贫脱贫的基础上组织实施、全力推进脱贫攻坚战。全党上下齐心协力,经过8年的艰苦努力奋斗,到2020年我国现行标准下农村贫困人口全部实现脱贫、贫困县全部摘帽、区域性整体贫困得到解决，我国脱贫攻坚取得全面胜利，困扰中华民族几千年的绝对贫困问题得到历史性的解决，成为全面建成小康社会的标志性成果。在脱贫攻坚斗争中，有1800多名党员、干部牺牲在脱贫攻坚的战场上，生动诠释了中国共产党人的初心使命。中国共产党在领导人民开展脱贫攻坚的伟大斗争中，锻造形成了"上下同心、尽锐出战、精准务实、开拓创新、攻坚克难、不负人民"的脱贫攻坚精神。打赢脱贫攻坚战，解决绝对贫困问题，是中国共产党成立以来持续奋斗的结果，是在中国特色社会主义道路上实现的，是在以习近平同志为核心的党中央坚强领导下实现的，兑现了中国共产党的庄严承诺，体现了中国制度优势、中国共产党领导优势、中国理论优势、中国文化优势。

中国成功脱贫有力促进了全体人民共同富裕。贫穷不是社会主义。消除贫困、改善民生、逐步实现共同富裕，是社会主义的本质要求。全体人民共同富裕，首先是富裕。中国成功脱贫，贫困地区人民生活水平显著提高，全部实现"两不愁三保障"。贫困地区农村居民人均可支配收入从2013年的6079元增长到2020年的12588元。同时，贫困地区落后面貌根本改变，从农村基础设施、基本公共服务到经济发展、生态环境等都得到显著改善。全体人民共同富裕，还是共同的富裕。没有贫困人口的脱贫，没有贫困地区的小康，就没有全面建成小康社会。毛泽东曾说过："现在我们实行这么一种制度，这么一种计划，是可以一年一年走向更富更强的，一年一年可以看到更富更强些。而这个富，是共同的富，这个强，是共同的强，大家都有份"。中国脱贫主要是针对农村地区，特别是贫困地区。党的十八大以来，习近平总书记一再强调"小康不小康，关键看老乡，关键在贫困的老乡能不能脱贫"，"决不能落下一个贫困地区、一个贫困群众"。这就是在实现共同富裕的道路上，不让一个人掉队，不让一个区域落下，不让一个民族滞后。打赢脱贫攻坚战，使农村贫困人口全部脱贫，使贫困地区经济社会发展大踏步赶上来，有力推动了全体人民共同富裕。脱贫攻坚战的全面胜利，标志着我们党在团结带领人民创造美好生活、实现共同富裕的道路上迈出了坚实的一大步。习近平总书记指出："脱贫摘帽不是终点，而是新生活、新奋斗的起点。""接续推进全面脱贫与乡村振兴有效衔接。"在巩固拓展脱贫成果的基础上，推进脱贫攻坚与乡村振兴有效衔接，是促进全体人民共同富裕的必然要求。中国解决贫困问题留下的宝贵经验做法，为推进乡村振兴、促进全体人民共同富裕打下了良好基础、提供了重要借鉴。

中国成功脱贫为全球减贫事业作出了重大贡献。贫困是人类社会的顽疾，消除贫困是人类梦寐以求的理想。古今中外统治者都把消除贫困作为治国安邦的一件大事来抓，人类发展史就是与贫困不懈斗争的历史。然而，由于世界各国制度不同、战争战乱影响、气候条件差异等原因，消除贫困在世界各国都面临着重重困难。2015 年 9 月，联合国可持续发展峰会召开，193 个会员国一致通过了《联合国 2030 年可持续发展议程》。这个议程的首要目标就是要 2030 年在全世界消除一切形式的贫困。改革开放以来，中国使 8.5 亿人摆脱了贫困，对世界减贫贡献率超过 70%，成为全球最早实现联合国千年发展目标中减贫目标的发展中国家。特别是党的十八大之后的 8 年间，中国使 9899 万农村贫困人口全部脱贫，平均每年减贫规模在 1000 万人以上，相当于一个中等国家人口规模。中国打赢脱贫攻坚战，让占全人类人口总数 1/5 的中国彻底消除绝对贫困，提前 10 年实现《联合国 2030 年可持续发展议程》减贫目标，显著缩小了世界贫困人口的版图，这本身就是对世界脱贫作出的重大贡献。相对一些国家，中国的自然禀赋特别是中西部农村地区并不算优越，但中国脱贫的巨大成就，增强了全世界消除绝对贫困、实现联合国 2030 年可持续发展目标的信心。世界好，中国才能更好；中国好，世界才会更好。中国始终把自身命运与世界各国人民的命运紧密连接起来，在致力于消除自身贫困的同时，积极为世界其他国家消除贫困提供力所能及的帮助，做国际减贫事业的倡导者、推动者和贡献者，与各国携手共建没有贫困、共同发展的人类命运共同体。中国脱贫的伟大成就和宝贵经验，创造了减贫治理的中国样本，为全球减贫事业贡献了中国智慧和中国方案。

纵览古今、环顾全球，没有哪一个国家能在这么短的时间内实现几亿人脱贫，这个成绩属于中国，也属于世界，为推动构建人类命运共同体贡献了中国力量。为帮助广大人民群众、党员干部更好了解中国脱贫的历史进程、伟大成就、宝贵经验、深刻意义，以及向国际社会讲好中国脱贫故事，向世界分享中国经验、传播中国智慧、提供中国方案，展现一个真实的、立体的、全面的中国，本课题组特组织编写《脱贫：中国为什么能》。全书从怎么看、怎么干、怎么能、国际视野等方面阐述中国脱贫问题。在编写过程中，本书力图体现以下特点：

一是坚持准确性、权威性。本书始终把准确性、权威性作为第一要求。书中的重要思想观点、重要表述表达与中国政府对中国脱贫的评价、口径保持高度一致。同时，书中的案例、故事真实可靠，相关数据均以国家公开发布的为依据。

二是坚持历史性、时代性。本书在大历史观框架下把中国脱贫置于中华民族 5000 多年历史、中国近代 180 多年历史、中国共产党 100 年历史、新中国 70 多年历史、改革开放 40 多年历史中来审视和把握，深刻分析中国成功脱贫在中华民族史、中国近代史、中国共产党百年史、新中国史、改革开放史上的地位和意义。同时，把中国脱贫置于全球来审视和把握，深刻分析中国成功脱贫的世界意义，深入总结中国成功脱贫为世界其他国家提供的可复制、可推广的宝贵经验。

三是坚持学术性、理论性。本书既讲政治又讲学术，是坚持用学术讲政治的著作。本书既讲中国脱贫的伟大成就、中国是如何做的，又深入分析中国为什么能脱贫的深层次原因，并抽象概括脱贫的中国经验、中国智慧。

四是坚持生动性、通俗性。本书坚持把讲道理与讲故事结合起来，夹叙夹议，既阐释道理，又精心选择一些有代表性、典型性、有感染力的扶贫故事，以案例事实论证观点。同时，本书在语言上生动活泼，通俗易懂，让广大读者既爱看又能从中得到启发。

脱贫

第 一 编

中国脱贫：怎么看

脱贫

中国为什么能

从 1921 年 7 月诞生之日起，中国共产党就把为中国人民谋幸福、为中华民族谋复兴作为初心使命，团结带领人民为创造美好生活进行了长期艰苦的奋斗。

以毛泽东同志为核心的党的第一代中央领导集体，带领中国人民夺取新民主主义革命的胜利，建立了新中国，实现了民族独立和人民解放，为中国摆脱贫穷落后、实现繁荣富强创造了根本的政治条件。在此基础上进一步在全国范围内组织了对于农业、手工业和资本主义工商业的社会主义改造，确立了社会主义基本制度，为从根本上解决贫困问题提供了最基本的制度保证。

1978 年 12 月，党的十一届三中全会开启了中国改革开放和社会主义现代化建设新时期。以邓小平同志为核心的党的第二代中央领导集体指出"贫穷不是社会主义，社会主义要消灭贫穷"，提出将工作重心转移到经济建设上来，并从 20 世纪 80 年代开始启动了大规模、有计划、有组织的扶贫开发的历史进程。以江泽民同志为核心的党的第三代中央领导集体，提出全面建设小康社会的目标，进一步推进大规模扶贫开发国家行动。2001 年，党中央召开扶贫开发工作会议，国务院印发《中国农村扶贫开发纲要（2001—2010 年）》，中国扶贫开发在取得重要阶段性成果基础上，继续向纵深推进。进入 21 世纪，以胡锦涛同志为总书记的党中央提出全面建成小康社会目标，推进社会主义新农村建设，制定实施一系列扶贫开发新政策新举措。2011 年，党中央召开扶贫开发工作会议，中共中央、国务院印发《中国农村扶贫开发纲要（2011—2020 年）》。中国扶贫开发从以解决温饱为主要任务的阶段转入巩固温饱成果、加快脱贫致富、改善生态环境、提高发展能力、缩小发展差距的新阶段。

党的十八大以来，以习近平同志为核心的党中央把人民对美好生活的向往作为奋斗目标，提出实现中华民族伟大复兴的中国梦，推进决胜全面建成小康社会，实现第一个百年奋斗目标作为底线任务和标志性指标，将脱贫攻坚纳入"五位一体"总体布局和"四个全面"战略布局，明确到2020年现行标准下农村贫困人口实现脱贫、贫困县全部摘帽、解决区域性整体贫困的目标任务，汇聚全党全国全社会之力打响脱贫攻坚战。经过8年持续奋斗，新时代脱贫攻坚目标任务如期实现。2021年2月25日，在全国脱贫攻坚总结表彰大会上，中共中央总书记、国家主席、中央军委主席习近平宣告："经过全党全国各族人民共同努力，在迎来中国共产党成立一百周年的重要时刻，我国脱贫攻坚战取得了全面胜利，现行标准下9899万农村贫困人口全部脱贫，832个贫困县全部摘帽，12.8万个贫困村全部出列，区域性整体贫困得到解决，完成了消除绝对贫困的艰巨任务，创造了又一个彪炳史册的人间奇迹！这是中国人民的伟大光荣，是中国共产党的伟大光荣，是中华民族的伟大光荣！"

在中国共产党领导下，占世界人口近1/5的中国彻底消除绝对贫困，提前10年实现《联合国2030年可持续发展议程》减贫目标，不仅是中华民族发展史上具有里程碑意义的大事件，也是人类减贫史乃至人类发展史上的大事件。

第一章

中国共产党领导脱贫的百年历程

在中国共产党领导脱贫的伟大征程中，党对社会主义建设规律认识不断提高，具有积极的理论前瞻性。从"三步走"战略第一步的解决人民温饱问题，到第二步的人民生活基本达到小康水平，再到第三步人民过上比较富裕的生活，无一不体现着提升人民生活水平的目标导向，这实际上就是中国社会主义建设中的脱贫指引。党的十九大确立的"两步走"战略则是对"三步走"战略的深化，也是从脱贫到美好生活的路线图。贯穿其中的则是中国共产党为中国人民谋幸福、为中华民族谋复兴的初心与使命。

在中国共产党领导下，中华民族迎来了从站起来、富起来到强起来的伟大飞跃，体现了中国人民创造幸福生活、一步步实现"中国梦"的生动实践。中国共产党领导的脱贫实践的整个发展路径以实现共同富裕为总体目标，以全面建成小康社会为阶段性目标，有着鲜明的实践逻辑。建党百年的发展史也可以说是一部中国共产党领导脱贫减贫的实践史。

一、革命与建设为中国脱贫奠定基础

1921 年 7 月，中国共产党一经诞生，就把中国人民的生存、发展和幸福作为自己的奋斗目标。新民主主义革命时期，中国共产党到哪里，为民族生存的斗争就开展到哪里，人民群众翻身解放的脚步就跟随到哪里。中国共产党通过土地制度改革、实行"耕者有其田"等方针政策来保障人民的基本生存权利。1949 年，中华人民共和国成立，中国共产党团结带领人民在全国开展土地改革，废除了延续 2000 多年的封建土地制度，消除了造成农民贫困的主要制度因素。社会主义革命和建设时期，党领导人民确立了社会主义基本制度，为中国人民摆脱贫困创造了政治条件。同时，建立独立的、比较完整的工业体系和国民经济体系，建设公共服务体系和社会保障体系，为中国的扶贫减贫奠定了物质基础和制度基础。

（一）新民主主义革命为中国脱贫创造了根本的社会条件

旧中国是一个落后的农业社会，农民占了人口的绝大多数。中国共产党领导的土地革命从根本上解决了农民群众摆脱贫困的制度性因素，这是党领导的中国农村最深刻的历史性变革。新民主主义革命时期的土地革命为之后新中国开展脱贫、减贫事业拉开了序幕。

早在 1921 年中国共产党刚刚成立的时候，《共产党》月刊第 6 号就关注中国人民贫困的问题，如《中国劳动组合书记部宣言》指出："他们血汗换来的工钱，多半不能维持自己生活，受饥受冻的劳工，随处都可以发现。"① 中国共产党之所以在成立之初就关注人民的贫困问题，树立了帮助人民摆脱贫困的目标，正是由于中国共产党是马克思主义政党，继承了马克思主义经典作家的反贫困思想。

毛泽东曾经指出："由于帝国主义和封建主义的双重压迫，特别是由于日本帝国主义的大举进攻，中国的广大人民，尤其是农民，日益贫困化以至大批地破产，他们过着饥寒交迫的和毫无政治权利的生活。"② 这一时期，要改变人民的贫困状况，就必须进行新民主主义革命，推翻"三座大山"的压迫，实现制度上的变革。中国共产党在这一时期，展现了强烈的担当和责任意识，提出了要完成两大历史重任：一是进行土地革命，消灭地主阶级土地所有制，实现"耕者有其田"；二是推翻压在中国人民身上的"三座大山"，建立新中国。中国共产党人认识到，民主革命的基本问题是农民问题，而农民问题的核心是土地问题。土地问题的解决不仅可以从根本上废除封建土地所有制，而且能够调动农民参加中国革命的积极性。为推进两大历史任务的完成，中国共产党经历了土地革命战争、抗日战争、解放战争三个时期，分别采取了不同的措施来解决土地问题。

土地革命战争时期，中国共产党领导人民不断推进土地制度改革，让土地回到农民手中。在半殖民地半封建社会要改变广大人民贫困的状态，就必须赋予其当时最重要的生产资料——土地。1927 年，中共中央召开了"八七会议"，会议确定了土地革命方针，即采用平民式革命手段来解决土地问题。会议通过的《最近农民斗争的议决案》提出了中共中央的土地政策。这一政策为农民获得土地和改善生活提供了条件，但

---

① 《中共中央文件选集》第 1 册，中共中央党校出版社 1982 年版，第 3 页。
② 《毛泽东选集》第二卷，人民出版社 1991 年版，第 631 页。

由于土地革命政策中分得的土地只能耕种而不能流转与买卖，挫伤了农民的积极性，广大农民觉得土地不是自己的而不愿全力投入劳动。为解决这一现状，1930年2月党中央又召开了"二七会议"，通过了《二七土地法》，废除了关于禁止土地买卖的规定。根据农民诉求，对政策及时调整，极大地提高了农民的积极性，分到土地的农民翻身做了主人，农业生产得到极大发展，农民生活得到了改善。

抗日战争时期，中国共产党推行"双减双交"政策。1937年抗日战争全面爆发，中日民族矛盾上升为主要矛盾。1937年2月，毛泽东提出停止没收地主土地的政策。1937年8月洛川会议召开，会上通过了《抗日救国十大纲领》，正式确立了党在抗战时期"双减双交"的土地政策。这一政策包括两方面内容：一是农民向地主交租交息，保持地主土地所有权；二是地主减租减息，减轻对农民的剥削和压迫。1938年，党中央进一步颁布了《晋察冀边区减租减息单行条例》。作为特殊时期的土地政策既减轻了农民压力，改善了民生，也最大限度地团结了地主阶级共同抗日。

解放战争时期，中国共产党推行"耕者有其田"政策。抗日战争胜利后，国内阶级矛盾上升为主要矛盾。1946年5月4日，中共中央发布了《关于土地问题的指示》，决定把减租减息政策改为没收地主阶级土地分配给农民耕种的政策。这一政策极大提高了农民参加革命的积极性。为进一步调动农民积极性，中共中央在1947年的西柏坡会议上正式制定了《中国土地法大纲》（以下简称《大纲》），《大纲》明确提出废除一切地主的土地所有权，变地主所有为农民所有。《大纲》颁布后，得到了广大贫苦农民的热烈拥护，农民正式得到了归自己所有的生产资料——土地，这为提高人民生活水平，缓解贫困问题发挥了重要作用。

从一定意义上说，中国共产党人成功解决农民土地问题，是唤起亿万农民积极投身革命，并最终取得胜利的关键。通过新民主主义革命，中国共产党为中国人民摆脱贫困创造了根本的社会条件。

（二）确立社会主义制度，完善国民经济体系，为改变贫困面貌打下经济基础

1949—1978 年间，脱贫主要依靠建立与革新社会主义制度的方式进行。第一代中央领导集体在广泛调研国情的基础上，提出了"共同富裕"的理念，并且通过探索农业合作化和工业现代化等方式来消除贫困。由于 1949 年以前中国人口基数大，发展水平落后，综合国力弱小，这一阶段的贫困发生率一直居高不下，解决贫困问题在困扰中前行。经济上，新中国继承的是一个十分落后的千疮百孔的烂摊子，生产萎缩、交通梗阻、民生困苦、失业众多。拥有三亿以上人口的新解放区还没有实行土地改革，封建半封建的土地所有制还严重束缚着生产力的发展。当时的新中国，尤其是广大农村还处于极端贫困状态。

新中国的成立以及社会主义革命的开展，为摆脱贫困、改善人民生活打下了坚实基础。1952 年在基本完成国民经济恢复和民主改革任务之后，党中央和毛泽东提出了过渡时期的总路线，1956 年胜利完成社会主义三大改造，基本上建立了崭新的社会主义经济制度。在全面建设社会主义的征程中，全国人民意气风发、斗志昂扬，迸发出前所未有的冲天干劲，尽管有曲折，但总的来看取得的成就是极其辉煌的。从 1949 年到 1978 年的近 30 年间，新中国在"一穷二白"的基础上逐步建立了独立的比较完整的工业体系和国民经济体系。具体说来，这一时期有如下三个方面的历史贡献。

第一，社会主义革命确立了社会主义基本制度，完成了最广泛的社会革命，为当代中国一切发展进步奠定了根本政治前提和制度基础。社会主义改造首先在农业领域进行。由于小农经营束缚了生产力发展，为改变农业落后面貌，中共中央先后发布了《关于农业生产互助合作的决议》和《关于发展农业生产合作社的决议》，引导农民和手工业生产者开展互助合作。1953 年起开始成立初级农业生产合作社，到 1956 年又建立了高级合作社。农业合作化运动引导农民走上了社会主义道路，农业和手工业的社会主义改造完成，农业生产力水平显著提升。

农业生产合作社是以从事农业生产为主的合作经济组织，亦称农业合作社，简称农业社。它是在中国共产党和人民政府的领导和帮助下，由劳动农民在自愿互利的基础上组织的合作经济组织。1953 年 12 月 16 日，中共中央发布《关于发展农业生产合作社的决议》，农业生产合作社迅速发展。1955 年，毛泽东在《关于农业合作化问题》中指出："全国大多数农民，为了摆脱贫困，改善生活，为了抵御灾荒，只有联合起来，向社会主义大道前进，才能达到目的。"毛泽东又进一步提出了"共同富裕"理念，他阐述了一个具体的设想："在逐步地实现社会主义工业化和逐步地实现对于手工业、对于资本主义工商业的社会主义改造的同时，逐步地实现对于整个农业的社会主义的改造，即实行合作化，在农村中消灭富农经济制度和个体经济制度，使全体农村人民共同富裕起来。"1956 年底，参加初级社的农户占到了总农户的96.3%，参加高级社的占到87.8%，基本上实现了社会主义改造，完成了由农民个体所有制到社会主义集体所有制的转变。农业总产值指数在 1952—1958 年期间表现出连续上升态势，人均粮食占有量由 1952 年的 576 斤增加到 1957 年的 612 斤。可见，在当时农业生产技术水平还比较低的条件下，这一制度变迁带来了农业产出的增长和粮食产量的提高，使得中国农村普遍性贫困的程度得到了有效缓解。此后近20年，中国农业保持了略高于人口增长的实绩，尤其是农业生产条件的改善与同期其他发展中国家相比也是相当显著的。以粮食生产为例，除去人民公社运动中和其后近10年的曲折，粮食产量几乎每5年增加近5000万吨。

第二，建成比较完善的经济体系，农业带动工业，为改变中国农村和城市的贫困状况打下了经济基础。除了在体制机制上的改革推动农业生产发展之外，1978年之前农业部门的灌溉、农业机械、化肥、良种等方面的技术进步也为粮食增产、解决人民粮食问题提供了条件，其主要表现为农业科技的突飞猛进、农民素质的显著提高、农业机械化水平的不断提升。

新中国成立后的30年可以说是全党抓农业、全民办农业的30年，这个时期农业生产的基本建设和技术进步得到了重视和加强。其一，修建了大量的、至今仍然发挥着巨大作用的水利工程。其中大、中型水库840多个，防洪大堤17万多公里，打机井240万个，全国农业有效灌溉面积从1952年的195.9万公顷增加到1978年的496.5万公顷。北京的十三陵水库和密云水库、安徽的磨子潭水库和淠史杭灌溉工程、新疆的玛纳斯河灌溉工程以及河南的红旗渠等闻名中外的大型水利工程都是在这个时期建成的。其二，建造或改造了大量的农田。据不完全统计，这个时期全国共新造农田约5.27亿亩；使全国耕地面积由1952年的16.2亿亩增加到1978年的21.47亿亩；新中国成立前全国大约有3.6亿亩易涝、盐碱农田，在这个时期有2.7亿亩得到了有效治理。其三，兴办了1232座化肥厂。当时全国共有20个县级行政单位(包括城市的区)，平均每两个县就有1座化肥厂，这些化肥厂在粮食丰收方面起着重要的作用。其四，农业科技形成了一定的基础。如科学家袁隆平的杂交水稻技术就是在 1975 年左右研制成功的。

在城市，则通过公私合营方式，开展对资本主义工商业的社会主义改造，逐步向社会主义公有制转变。在中国共产党领导下，我国提前超额完成了"第一个五年计划"。同时，通过这一时期的实践探索，居民的消费水平也显著提升，相关数据显示："1956 年全国居民消费水平比 1952 年提高 21.3%，其中，农民提高了 14.6%，非农业居民提高了 28.6%。"① 在"一五"成就的基础上，党领导人民不断推进社会主义建设，国民收入水平相应提升，从 1949 年仅仅 358 亿元增长到 1978 年的 3350 亿元，增加 9 倍多，年均增长 15%。

第三，重视民生，初步建立了基本的社会公共服务体系。

1. 积极发展教育，构筑了促进社会建设的文化基础。新中国成立初期，中国共产党对文化教育领域进行根本改造。同时，提出了"百花齐放、百家争鸣"的方针，调动了广大知识分子参加社会主义建设的积极性。旧时代的广大知识分子通过社会主义思想改造，成为了国家的新主人，积极投身于社会主义建设事业，出现了文化繁荣、众志成城的景象。教育事业的主要成就表现在以下几个方面：一是完成了全国性的扫盲运动，帮助 1 亿多青壮年脱盲；二是基础教育迎来大发展，为后来改革开放事业提供了高素质的劳动力；三是中等教育体系完善，快速培养了各类人才；四是重视高等教育，培养与储备了数百万的高端人才；五是大力发展了少数民族教育事业，取得巨大成绩；六是特殊教育得到长足发展，聋哑残障儿童有机会接受教育；七是女性接受教育比例上升，

① 《中国共产党历史》第 2 卷（上），中共党史出版社 2011 年版，第 360 页。

文化水平整体得到提高；等等。

在经济基础非常薄弱的情况下，中国共产党坚持对教育事业的公共投入，全面调整高等学校院系，新建、援建了一批全国重点大学，如哈尔滨工业大学、西安交通大学等。注重基础教育，加大农村教育的投入，降低文盲比例，如到 1978 年青壮年文盲率迅速下降为 18.5%。新中国成立时，我国的基础教育十分薄弱，文盲占 80%，学龄儿童入学率仅占 20%。毛泽东非常重视教育普及，多次提出工人、农民要知识化、技术化。党中央着力调整与改革我国高等教育体系时，大力普及基础教育，形成了一种独具特色的大众教育模式。在有限的财政条件下，努力完善基础教育设施，力争做到村村有小学，乡镇有中学。同时，从 20 世纪 50 年代起，各级政府在城市和农村设立各种类型的普及性文化扫盲班，创办大量工农速成中学和职业学校，实行人民助学金制度等。

2. 基本形成全国城乡卫生医疗网，保护人民身体健康。经过新中国成立 30 年的建设，我国医疗卫生事业取得了巨大成就。在新中国成立前夕，我们党就把发展医疗卫生事业摆上重要议程。1949 年 9 月，中国人民政治协商会议第一届全体会议通过的《中国人民政治协商会议共同纲领》规定："推广卫生医药事业，并注意保护母亲、婴儿和儿童的健康。"1950 年 8 月，第一届全国卫生会议确定实施"面向工农兵、预防为主、团结中西医"的工作方针。1954 年《宪法》第九十三条规定："中华人民共和国劳动者在年老、疾病或者丧失劳动能力的时候，有获得物质帮助的权利。国家举办社会保险、社会救济和群众卫生事业，并且逐步扩大这些设施，以保证劳动者享受这种权利。"从这时起，国家大力发展基层医疗卫生力量，到改革开放前，医疗卫生机构增加到 17 万多个，全国城乡卫生医疗网基本形成。毛泽东在《必须重视卫生、防疫和医疗工作》的指示中说："今后必须把卫生、防疫和一般医疗工作看作一项重大的政治任务，极力发展这项工作。"通过广泛开展群众性爱国卫生运动，严重危害人民健康的天花、霍乱、血吸虫病、疟疾、鼠疫、麻风病等疾病，有的被灭绝，有的得到有效防治，人民健康状况明显改善。这一时期我国医疗卫生事业取得了重要进步。例如"赤脚医生"的兴起和农村合作医疗的快速发展，大幅度提高了广大农民群众的医疗保障水平。基于医疗卫生事业的发展，我国的人均寿命——能显示一国健康状况的重要指标，从1950年的36岁延长到1957年的68岁，比当时世界人均寿命长11岁。

在中国共产党领导下，这30年建立了广为称道的全民医疗保障体系。在城镇，医疗保障体系分为两种方式：公费医疗和劳保医疗。公费医疗建立于1952年，面向国家机关和全民所有制事业单位工作人员、高等学校在校学生和二等乙级以上革命残废军人，由国家财政按人头拨付给各级卫生行政部门，实行专款专用、统筹使用原则。对于职工家属的医疗费用，由职工缴费的单位统筹负担或由单位福利费补助。劳保医疗建立于1951年，面向国有企业的职工和退休人员，县以上集体企业参照执行。1969年以前由企业生产成本列支的劳保医疗卫生费负担，以企业自留的劳动保险金和福利费补充。1969年以后，由企业医疗卫生费、福利费和奖励基金合并的"企业职工福利基金"负担。职工家属就医，由企业负担50%，对于困难家庭，企业酌情增加补助。在农村，医疗保障主要由合作医疗承担。在20世纪50年代中期，许多地方在农业合作化的启发下，自发建立了以集体经济和农民自发筹资为基础，具有医疗保险性质的合作医疗制度，并且在1959年的全国卫生工作会议上得到正式肯定，由此在各地农村逐步得到推广。1968年，毛泽东批示湖北省长阳县乐园公社办合作医疗的经验，称赞"合作医疗好"，此后，推广合作医疗便不仅是一项社会事业，而且是一项重要的政治任务。到 1975 年，合作医疗在全国覆盖率达到 84.6%，到 20 世纪 70 年代末，甚至达到了 90% 以上。这一时期所建立的全民医疗保障体系对广大人民群众摆脱贫困面貌起到了积极作用。

新中国成立初期公共卫生事业成效显著。由于长期战乱、灾荒、医疗资源匮乏、卫生习惯差等原因，新中国成立之初，鼠疫、霍乱、天花、血吸虫病等传染病在我国时有发生，严重威胁人民群众的生命安全和身体健康。其中，鼠疫、霍乱和天花属于甲类烈性传染病，具有传染性强、病死率高、危害性大等特点。当时，鼠疫在东北、东南、西南的许多地区肆虐。据统计，1950 年至 1954 年，全国 8 个省（区）有 6868 人感染鼠疫，死亡 2268 人，死亡率为 33.02%。霍乱从 1820 年传入我国，至 1948 年的百余年间，我国发生大小霍乱疫情近百次，给人民群众造成了深重灾难。1939—1947 年间，全国霍乱发病人数达 81510 人，死亡 11762 人。新中国成立后，霍乱虽然很快得到遏制，但各地仍有零散病例出现。1950 年全国天花患者共 43286 人，到 1954 年仍有 13 个省出现天花病例。此外，血吸虫病、疟疾、丝虫病、钩虫病和黑热病是旧中国遗留下来的在我国流行最广、危害最大的五种寄生虫病，以血吸虫病危害最大。到 1949 年，疫区遍及长江以南各省份，患者达 1200 万人，受感染威胁的人口超过 1 亿人。

在党中央坚强领导下，我国实现全民动员、全民参与、群防群治，逐渐构筑起较为严密的抗疫防线，彰显出强大的动员能力。一是大力开展抗疫宣传工作。各级政府运用多元化的宣传方式，以报纸、快板、广播、口号、展览会等各种形式，向广大人民群众进行抗疫宣传动员。二是广泛开展清洁卫生运动。新中国成立初期，为了快速建立卫生抗疫体系，党和政府在全国范围内发动了规模空前的清洁卫生运动，减少和预防传染病的发生。主要包括：1949—1952 年以环境卫生清洁大扫除为中心的卫生运动、1952—1954 年以反美细菌战为中心的爱国卫生运动、1955 年以后以"除四害"为中心的爱国卫生运动等。持续不断的清洁卫生运动，对改善城乡环境卫生、消灭传染病等都有着良好的促进作用。三是动员多方力量参与。在防疫抗疫中，党组织、科学家、人民群众，三者结合起来，瘟神就只好走路了。基层党组织和广大党员干部冲锋在前，在防疫抗疫中发挥了战斗堡垒作用和先锋模范作用，激发了疫区人民群众的参与热情。

在党的领导下，新中国成立初期的防疫抗疫工作取得了显著成绩。鼠疫基本消失，天花的发病率和死亡率急剧下降，血吸虫病、疟疾、黑热病等传染病也得到了有效控制。城乡卫生环境得到改善，人民群众初步形成了清洁卫生习惯和科学的抗疫理念。这些工作的经历一方面表明新中国成立初期中国共产党领导人民建立了相对进步的公共医疗卫生体系，保证了人民生产生活的正常进行，特别是在农村，促进了广大农民的身体健康，进而保证了农业劳动力的稳定，对减贫事业产生了积极影响；另一方面，在党的领导下，中国人民能团结一致，集中力量办大事，显示了中华民族强大的凝聚力和战斗力，显示了社会主义制度的优越性。

3.建立基本的社会救济机制，保障人民基本生活。以毛泽东同志为主要代表的中国共产党人关于救济工作提出了系列论断，进行了系列实践，如这一时期通过成立中国人民救济总会为群体式救济工作的开展提供顶层宏观制度保障。在具体微观领域也通过实际举措开展群体式救济，如农村五保供养制度的建立和实施对推进救济式扶贫起到了重要作用。1956年1月，中共中央发布了《1956年到1967年全国农业发展纲要》，明确规定对于农业合作社内缺乏或丧失劳动力、生活上没有着落的社员，农业合作社应保障其穿、吃、教（儿童和少年）、烧（燃料）和葬等基本生活。对城市贫困群体也开展救济式扶贫。1950年我国颁布实施了《救济失业工人暂行办法》，该办法的出台及其他政策的实施，到1956年基本解决了当时我国城镇的严重失业问题。中国共产党实施社会救济的力度也非常大，从新中国成立到改革开放之前的这段时间，国家用于农村救济的财政资金支持是巨大的，这在当时财政非常困难的情况下，实属不易。相关数据显示，从1955年至1978年间，国家用于救济农村贫困户的款项达22亿元，使绝大多数农村贫困户的生活得到了保障。①《中国财政年鉴》发布的权威数据显示，在1950年至1977年的28年时间里，国家用于农村救济的财政支持资金达到127.73亿元，超过5亿元的年份占比就接近40%，尤其1964年和1976年两个年份的相关财政支持数额较大，突破10亿元。

二、改革开放新时期实现扶贫减贫新飞跃

1978年12月，党的十一届三中全会后，中国开始实行对内改革、对外开放政策。国家通过开展大规模、有计划、有组织的扶贫开发工程，立足于解放和发展社会生产力、着力于保障和改善民生，在扶贫减

---

① 参见崔乃夫：《当代中国的民政》（下），当代中国出版社1994年版，第86页。

贫领域取得了前所未有的伟大成就，实现了新飞跃。

（一）经济体制改革推动解放和发展生产力

以邓小平同志为核心的党的第二代中央领导集体立足基本国情，提出了一系列战略举措，形成了初步探索的扶贫思想，即通过大力发展生产力，逐步消除贫困，推动我国减贫工作的进步。在这个时期，中国的扶贫事业逐渐从早期的政策主导向制度建立及完善过渡，多方位推进经济体制改革，拉开了中国扶贫制度化的发展序幕。

第一，农村率先开展了大规模的经济体制改革。20 世纪 70 年代末，推进了以家庭联产承包责任制为代表的制度变革，基本重构了农村生产建设的体制机制，为消除农村贫困创造了良好的制度环境。1978 年 11月 24 日深夜，安徽省凤阳县小岗村 18 户村民在一纸分田到户的"秘密契约"上按下了鲜红的手印，这是一份把集体土地承包到户的"大包干"契约。村民们并没有意识到，他们的这个举动拉开了中国农村改革的序幕。此后，小岗村的创举犹如星星之火迅速燎原，成为全国农村改革的先锋。1982 年，中央第一个关于农村工作的"一号文件"正式出台，明确包产到户、包干到户都是社会主义集体经济的生产责任制。从此，18枚红手印催生的家庭联产承包责任制，上升为我国农村基本经营制度。

家庭联产承包责任制对中国的减贫具有历史性的贡献，包括以下 4点：（1）激发农民生产经营积极性，解放农村的生产力。（2）因地制宜开发农业资源，丰富了土地利用模式。（3）农村家庭拥有对土地的承包权，相当于获得了一层稳定的收入保障。（4）为劳动力资源优化配置创造了条件，促进农民多渠道增收。家庭联产承包责任制符合农业生产规律及农村产业化发展的需要，是与中国农村生产力发展水平和基层治理水平基本适应的农村生产关系。这一制度安排使得农产品普遍短缺的矛盾得到明显缓解，推动了中国的脱贫减贫事业。

第二，党的十三大决定大力发展有计划的商品经济，到 20 世纪 80 年代末基本解决了人民的温饱问题。中国政府利用相应的扶贫政策调动各类经济主体的主观能动性，通过形成包容性的益贫市场，兼顾贫困地区的发展和贫困人口就业创业发展等相关问题，激发和释放贫困人口潜在生产力，为改善贫困农户经济条件和提高发展能力提供了空间。从成效上看，这段时期中国的减贫效果非常显著，农村绝对收入贫困人数从 1978 年的 2.5 亿人下降到 1985 年的 1.25 亿人，平均每年减少 1786 万人，贫困发生率从 30.7％下降到 14.8％，年均减贫速度为 9.4％。按当时的标准（2300 元贫困线，2010 年不变价），中国农村贫困人口数从 1978 年的 77039 万人减少到 1985 年的 66101 万人，贫困发生率从 97.5％下降到 78.3％。

第三，设立专项资金有目标有计划地开展大规模扶贫。1980 年中央设立专项资金支援极端贫困地区发展。1982 年，国务院启动"三西"（甘肃定西、甘肃河西、宁夏西海固）扶贫开发计划，支援改革开放初期全国集中连片最困难的地区发展。1984 年又投入专项资金开展"以工代赈"扶贫计划，为后来大规模扶贫开发积累了经验。在一系列有效举措下，农村贫困状况大大缓解，解决了大部分人的温饱问题。1986 年，国家"七五计划"将扶贫开发工作纳入国民经济和社会发展的总体布局。随后，国务院"贫困地区经济开发领导小组"成立，国家开始启动大规模扶贫开发计划。国务院贫困地区经济开发领导小组提出了 90 年代扶贫工作目标，即在解决大多数群众温饱的基础上，迈入脱贫致富新阶段。

第四，改革农产品的价格形成与流通机制。国家大幅提高农产品的收购价格，逐渐降低各类农用生产资料价格，使农民生产性收入快速增加。同时，逐步放开各类农产品价格，建立市场化交易制度。生产体制的改革解放了农业生产力，缓解了农民的贫困状况。正如邓小平所言："农村改革见效非常快，非常显著。"与此同时，乡镇企业异军突起，也从经济体制改革方面推动了减贫工作的开展。实行家庭联产承包责任制后，农业生产率明显提高，农村劳动力大量剩余，为乡镇企业兴起提供了丰富的人力资源。农副产品价格大幅提高后，使许多农民具备了一定的生产与投资能力。

（二）区域开发带动扶贫开发

以江泽民同志为核心的党的第三代中央领导集体，将扶贫减贫工作上升到国家总体战略的高度，通过削减贫困，保障基本人权，为实现小康社会夯实基础，形成了开发式扶贫的科学思想，建立了制度化的开发式扶贫体制机制。

20 世纪 80 年代末，伴随国家经济改革，改革的边际效益开始下降，农村经济增长和农民生活状况改善步入缓慢进展阶段。尤其是革命老区和边远落后地区，共享经济发展成果的收益并不明显，贫困问题非常突出。国务院专门成立贫困地区经济开发领导小组，开启了制度化、组织化的地区开发式扶贫战略，明确扶贫指导方针要用"造血"替代"输血"，对贫困地区进行开发性生产建设，在发展中逐步形成贫困地区和贫困户的自我积累和发展能力。

这一时期，农村贫困人口集中于"老、少、边、穷"地区。为确保专项资金和资源精准传递到贫困人口手中，国家首次以"贫困县"为单位来确定扶贫对象。1986 年，确定了 331 个国家级贫困县。国家投入的扶贫资金与资源主要用于帮助贫困县大规模增加物质资源的投入，确保它们能够利用本地区的资源进行生产性开发和建设。同时，给予一系列政策优惠，以期促进区域经济的快速发展。如，财税方面，执行"支援不发达地区发展资金""以工代赈"等资金投入和税收减免等政策；信贷方面，增加了扶贫贷款规模。实践证明，"区域瞄准"在农村贫困人口集中且占比较大的情况下十分有效，国家重点扶持贫困县农民人均纯收入从 1986 年的 206 元增加到 1993 年的 483.7 元。

开发式扶贫的持续推进，使贫困人口的经济状况得到了一定改善，但到 1993 年底，中西部的深山区、高寒区、荒漠区等生态条件差的少数民族聚居区以及革命老区仍有 8000 万人的温饱问题尚未得到解决。这些地区自然条件恶劣、生态环境脆弱、生产资源短缺、基础设施极不完善，缺乏基本的生产与生活条件，加上贫困人口文化素质较低，因而成为扶贫中难啃的"硬骨头"。

1994 年 3 月，国务院颁布《国家八七扶贫攻坚计划（1994—2000 年）》（以下简称"八七计划"）。这是我国历史上"第一个有明确目标、明确对象、明确措施和明确期限的全国扶贫开发行动纲领"。该计划围绕扶贫资金安排、扶贫项目实施制定了一系列确保扶贫开发到村到户的措施，目的是加快扶贫开发步伐，促进扶贫开发工作由道义性扶贫向制度性扶贫转变，由救济性扶贫向开发性扶贫转变，由扶持贫困地区（主要是贫困县）向扶持贫困村、贫困户转变。这一时期扶贫战略政策的最主要特点集中体现在两个关键词上：一是"区域发展带动"，战略政策制定的重点就是以区域开发带动扶贫。二是"开发式扶贫"，强调扶贫开发要注重开发贫困人口的人力资源，把物质资源开发和贫困群众开发利用资源、市场的能力集合起来。由此，中国扶贫制度开始确立，扶贫体制机制逐渐开始完善，这为后来扶贫事业的推进打下了坚实基础。

"八七计划"决定用七年的时间彻底解决 8000 万农村贫困人口的绝对贫困和基本温饱问题，并采取了以下举措：第一，重新划定国家级贫困县。第二，扶贫项目"进村入户"。第三，动员社会力量参与扶贫。鉴于扶贫任务重、难度大，强调各级政府作为主要"责任人"的同时，中央出台了一系列政策，动员社会各界的积极参与。第四，落实扶贫目标责任制。

"八七计划"的实施极大地推动了扶贫开发的进程，使得农村贫困人口迅速下降，1995 年底为 6500 万人，1996 年底下降为 5800 万人，1997 年底下降为 5000 万人，1998 年底下降为 4200 万人，1999 年底下降为 3400 万人，2000 年底则下降为 3000 万人，国家八七扶贫攻坚目标基本实现。

（三）开发与低保相接加速减贫步伐

以胡锦涛同志为总书记的党中央以全新的视角，综观大局，对当时的扶贫开发作出科学定论与准确判断，形成了以科学发展观为指导的科学扶贫思想。这一时期扶贫战略主要体现在《中国农村扶贫开发纲要（2001—2010 年）》和《中国农村扶贫开发纲要（2011—2020 年）》的政策制定和实施安排上。通过大力推进产业扶贫和劳动力培训转移，积极开展易地搬迁扶贫和生态移民。实施西部大开发、振兴东北老工业基地、中部地区崛起等国家区域发展战略，促进区域、城乡协调发展。通过以整村推进、产业发展、劳动力转移为重点进行构建与实施，贫困人口继续减少。

政策的安排明确了扶贫的内容和途径：一是继续把发展种养业作

为扶贫开发的重点；二是积极推进农业产业化经营；三是进一步改善贫困地区的基本生产生活条件；四是加大科技扶贫力度；五是努力提高贫困地区群众的科技文化素质；六是积极稳妥地扩大贫困地区劳务输出；七是稳步推进自愿移民搬迁；八是鼓励多种所有制经济组织参与扶贫开发。

2007 年 7 月，国务院发布《关于在全国建立农村最低生活保障制度的通知》，由国家民政部具体实施，在全国农村全面实施农村居民最低生活保障制度。2012 年，《国务院关于进一步加强和改进最低生活保障工作的意见》要求，对最低生活保障家庭中的老年人、未成年人、重度残疾人、重病患者等重点救助对象，要采取多种措施提高其救助水平。农村低保制度解决了无劳动能力家庭的兜底保障，和扶贫开发相比，该制度的重点是基本生存需求的保障。农村低保是为农村贫困家庭制定的，当农村家庭年均纯收入低于当地最低生活保障标准，则由政府为其发放物质帮助，使其基本生活能够得到保障，是我国社会救助制度体系为民服务的核心所在。

贵州毕节试验区的开发式扶贫是这一时期扶贫工作的一个缩影。20 世纪 80 年代中期，时任贵州省委书记的胡锦涛同志走遍贵州省 80 余个县区市进行调查研究。在深入剖析岩溶山区长期经济落后、人民贫困、生态恶化、人口膨胀的现状和原因后，他提出了在毕节地区建立"开发扶贫、生态建设试验区"的构想。1988 年 6 月，国务院批准建立了"毕节地区开发扶贫、生态建设试验区"。1990 年，国务院扶贫开发办发文指出："毕节试验区是具有国际意义的小实验，大方向，是贵州扶贫开发的一大创举，对我国贫困地区来说具有普遍意义。"围绕"开发扶贫、生态建设、人口控制"三大主题，各民主党派中央、全国工商联和有关各方精诚合作，制定了《毕节开发扶贫、生态建设试验区发展规划》《毕节地区畜牧产业发展战略暨规划》；通过智力支边、定点扶贫，中央统战部、各民主党派中央、全国工商联与毕节各县市都建立了定点支边扶贫制度，全力推进对口帮扶。

从 1987 年到 2011 年，毕节市生产总值增长 40 倍，财政收入增长 90 倍，农民人均纯收入增长 23 倍，城镇化率、森林覆盖率每年增长 1 个百分点左右，减少绝对贫困人口 300 多万，治理水土流失面积 7015 平方公里，经济社会发展实现了从普遍贫困到迈向全面建设小康的崭新征程，生态建设实现了从生态恶化到逐步走向良性循环的历史性跨越，人口控制从人口膨胀到人口增长与经济社会相协调的历史性跨越。

三、新时代精准扶贫完成全面脱贫历史任务

党的十八大以来，中国共产党坚持以人民为中心的发展思想，明确了到 2020 年中国农村贫困人口实现脱贫、贫困县全部摘帽、解决区域性整体贫困的目标任务。中国从 20 世纪 80 年代开始扶贫，有两个基本情况。一个是以当时的扶贫标准，贫困人口减到 3000 万左右就减不动了，另一个是戴贫困县帽子的越扶越多。以习近平同志为核心的党中央，把扶贫开发摆在治国理政的突出位置，实施精准扶贫精准脱贫方略。在 2020 年全面脱贫的目标下，中国共产党坚持广泛动员全社会力量，支持和鼓励全社会采取灵活多样的形式参与扶贫；坚持创新扶贫开发机制，为贫困人口贫困村建档立卡，向贫困村派驻第一书记和工作

队，出台一系列精准扶贫政策；推进扶贫、扶志、扶智有机结合，始终注重贫困人口内生动力的激发、培育。这一时期，贫困地区基本公共服务体系建设加快推进，城乡基本养老保险制度全面建立，具有减贫兜底功能的社会保障体系日益完善。

精准扶贫为全面打赢脱贫攻坚战提供了保障。贫困人口从 2012 年底的 9899 万人减到 2019 年底的 551 万人，贫困发生率由 10.2％降至 0.6％，连续 7 年每年减贫 1000 万人以上。2021 年 2 月 25 日，习近平总书记在全国脱贫攻坚总结表彰大会上发表重要讲话，他向世界宣告："经过全党全国各族人民共同努力，在迎来中国共产党成立一百周年的重要时刻，我国脱贫攻坚战取得了全面胜利，现行标准下 9899 万农村贫困人口全部脱贫，832 个贫困县全部摘帽，12.8 万个贫困村全部出列，区域性整体贫困得到解决，完成了消除绝对贫困的艰巨任务，创造了又一个彪炳史册的人间奇迹！这是中国人民的伟大光荣，是中国共产党的伟大光荣，是中华民族的伟大光荣！"[1]

（一）精准扶贫理念的形成与落地

2012 年 12 月 29—30 日，党的十八大结束后不久，习近平总书记就前往位于"环京津贫困带"上的河北阜平县考察贫困问题，提出"脱贫致富要有针对性，要一家一户摸情况，张家长、李家短都要做到心中有数"，这是精准扶贫理念的萌芽。

2013 年 11 月 3 日，在湖南省湘西土家族苗族自治州花垣县排碧乡十八洞村，习近平总书记在与村民座谈时第一次提出"精准扶贫"理

---

[1] 习近平：《在全国脱贫攻坚总结表彰大会上的讲话》，人民出版社 2021 年版，第 1 页。

念。习近平总书记强调指出，贫困地区要从实际出发，因地制宜，把种什么、养什么、从哪里增收想明白。当年12月18日，中共中央办公厅、国务院办公厅印发《关于创新机制扎实推进农村扶贫开发工作的意见》，明确提出建立精准扶贫工作机制。

2014年，全国各地用了将近一年时间，初步识别出贫困人口并建立了建档立卡系统。2015年1月19—21日，习近平总书记在云南考察时提出，实施精准扶贫、精准脱贫，因乡因族制宜、因村施策、因户施法，扶到点上、根上。这是他首次将精准扶贫和精准脱贫联系起来，并且提出了精准扶贫的具体做法。

2015年6月18日，习近平总书记在贵州召开的"涉及武陵山、乌蒙山、滇桂黔集中连片特困地区扶贫攻坚座谈会"上要求，推进扶贫开发时要在落实领导责任、精准扶贫理念、强化社会合力、加强基层组织4个方面切实做好工作，提出了"六个精准""四个一批""三位一体"、落实领导责任制等一系列重要观点。

2015年11月27日，习近平总书记在中央扶贫开发工作会议上发表重要讲话，深刻论述了精准扶贫精准脱贫的重大理论和实践问题，论述了扶贫开发的主要途径（解决好扶贫"怎么扶"的问题），要求结合实际，推进"五个一批"工程。这次会议标志着精准扶贫思想的基本成型。《中共中央　国务院关于打赢脱贫攻坚战的决定》的公布，可以视为对精准扶贫思想的系统化总结，确立了精准扶贫精准脱贫的基本方略地位，解决了政治动员、全方位支撑、统一思想等关键问题。

至此，习近平总书记关于精准扶贫的重要论述形成了一个基本完整的体系，为打赢脱贫攻坚战提供了科学的思想指导。

（二）提出"两不愁三保障"总体目标

以"两不愁三保障"为全新减贫目标，切实提升贫困群体的生存和发展能力。"两不愁三保障"即不愁吃、不愁穿，实现保障义务教育、基本医疗、住房安全。这一全新扶贫理念超越了前期阶段仅以收入或消费作为识别贫困人口的方式，转而采取多维度量手段，在贫困户识别与认定过程中，兼顾了除收入之外的项目，包括要保障农户的义务教育、基本医疗和住房安全。

"两不愁三保障"是我国扶贫开发长期坚持遵循的基本目标。同时，作为贫困人口脱贫的核心指标，"两不愁三保障"直接关系到脱贫数量与质量。习近平总书记多次强调，脱贫攻坚要始终坚持"两不愁三保障"这一标准，不能擅自降低或盲目拔高脱贫标准，不能好高骛远，空谈口号，这样的扶贫才经得起历史考验。习近平总书记的这一重要指示，对打好脱贫攻坚战具有重要指导意义。"两不愁"狭义上意味着贫困人口基本生活水平得以保障，广义上则以农村贫困人口稳定收入超过脱贫标准为前提。其中，"不愁吃"要求居民生活有必需的粮食、蔬菜、肉食等食品和锅碗瓢盆等生活设施，并实现卫生整洁；"不愁穿"要求居民住处干净整洁，有可换洗的衣服、床褥、衣柜等。"三保障"意味着农村居民拥有基本的公共服务和公共设施。其中，"义务教育有保障"是指处于义务教育年龄的学生不辍学，享受义务教育全部政策；"基本医疗有保障"是指贫困人口全部参加医疗保险、大病医疗，符合条件的贫困人口全部参加养老保险，建档立卡户享受90%以上的住院报销等；"住房安全有保障"是指住房质量和住房环境"安全稳固、遮风避雨"，达到A级或B级居住标准。

（三）做好"加试题"、打好收官战

新冠肺炎疫情是决战决胜脱贫攻坚的"加试题"，也是影响脱贫质量的最大不确定因素。为有力应对新冠肺炎疫情带来的影响，党中央要求全党全国以更大的决心、更强的力度，做好"加试题"、打好收官战，信心百倍向着脱贫攻坚的最后胜利进军。

面对前所未有的挑战，全国上下一手抓疫情防控，一手抓脱贫攻坚。国家陆续下发多项针对性政策文件，为脱贫攻坚提供强有力的保障。56亿元以工代赈资金分批下达，重点投向"三区三州"等深度贫困地区和湖北等受疫情影响比较严重的地区，广泛组织贫困群众特别是受疫情影响无法外出就业的贫困群众参与以工代赈工程建设，将劳务报酬占中央投资的比例从10%提高到15%，30万受疫情影响无法外出的贫困劳动力在家门口实现就业增收。核实登记务工人员，逐人调查疫情防控情况，统一包车运送，统一组织体检……各地在紧抓疫情防控的同时，积极组织贫困务工人员返岗复工。面对疫情带来的销售困境，结合电商寻找新的发力点。各地利用"互联网＋"拓宽渠道，组织各种形式的消费扶贫活动"带货"等。

面对疫情灾情带来的风险挑战，答好疫情的"加试题"，各地区各部门按照党中央、国务院决策部署，组织贫困劳动力外出务工、开展消费扶贫等一系列活动，将受影响的贫困人口及时纳入监测进行帮扶，主要通过4个措施推进：一是做好产业"加法"，持续推进复产复工。二是做好消费"减法"，持续解决扶贫产品滞销卖难问题。三是做好就业"乘法"，持续推进稳岗拓岗。四是做好兜底"除法"，织牢纾难解困保障

网。① 在党中央的领导下经过各方努力，疫情对脱贫攻坚的影响得到有效克服，顺利完成了脱贫攻坚的"收官战"。2020 年初剩余的 551 万农村贫困人口全部脱贫，如期完成了消除绝对贫困的艰巨任务。国家统计局的数据显示，党的十八大以来，东部地区农村贫困人口累计减少 1367 万人，减贫人口占全国减贫人口的 13.8%；中部地区农村贫困人口累计减少 3446 万人，减贫人口占全国减贫人口的 34.8%；西部地区农村贫困人口累计减少 5086 万人，减贫人口占全国减贫人口的 51.4%，减贫人数一半以上来自西部地区。

---

① 参见共鸣：《答好决战决胜脱贫攻坚的"加试题"》，《老区建设》2020 年第 13 期。

第二章

新时代中国脱贫的伟大成就

    党的十八大以来，在以习近平同志为核心的党中央领导下，中国组织实施了人类历史上规模空前、力度最大、惠及人口最多的脱贫攻坚战。2021年2月25日，习近平总书记在全国脱贫攻坚总结表彰大会上庄严宣告，我国脱贫攻坚战取得了全面胜利，完成了消除绝对贫困的艰巨任务。进入新时代以来，党中央把脱贫攻坚摆在治国理政的突出位置，带领全国各族人民取得了脱贫的伟大成就。如今，贫困地区旧貌换新颜，人民生产生活水平和质量持续提高，地区公共服务体系日趋完善，人民思想认识进一步升华，社区基层治理能力显著提升。这为党带领人民实现全面现代化打下了坚实基础。

一、贫困地区生产生活水平和质量持续提高

    党的十八大以来，经过不懈努力，中国终于取得了脱贫攻坚的全面胜利。这一胜利，首先表现为贫困地区人民生活水平和质量的持续提高。具体而言，较之以往的贫困状态，贫困地区经过奋斗实现了人民收

入和消费结构不断优化，生活条件不断改善，产业结构持续升级，迎来了发展的新阶段。

（一）贫困人口收入和消费结构实现优化

1.总体收入水平提升。党的十八大以来，特别是脱贫攻坚战打响以后，各地不断加大扶贫力度，一系列支农惠农政策相继出台，有力带动农村低收入群体增收，农村居民收入持续保持较快增长。贫困地区人口的收入水平是体现贫困状况的重要指标。借助产业扶贫、教育扶贫、就业扶贫、易地扶贫搬迁、健康扶贫、生态扶贫、科技扶贫等系统的扶贫措施，贫困地区人口收入水平有了较大增长。总体而言，2013年至2020年，我国贫困地区农村居民人均可支配收入呈现稳步增长态势（见图2-1）：从2013年的6079元增长到2020年的12588元，年均增长

（单位：元）

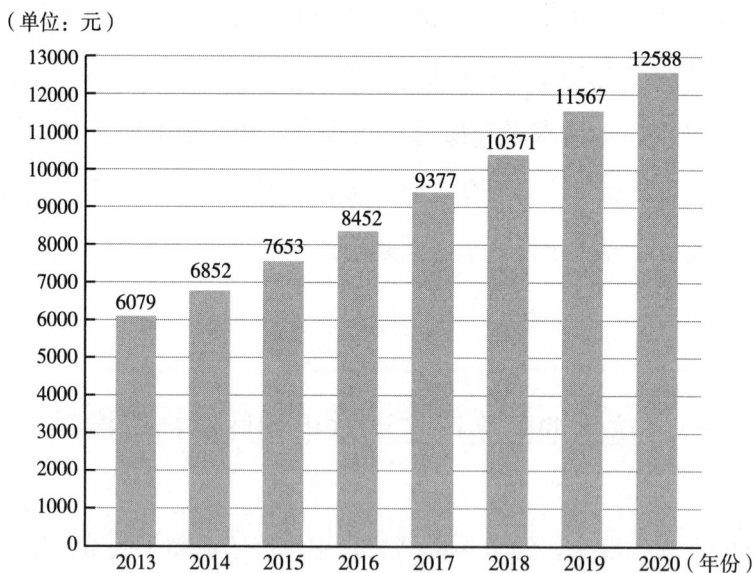

图2-1　2013—2020年贫困地区农村居民人均可支配收入

数据来源：《人类减贫的中国实践》白皮书。

11.6%，增长持续快于全国农村，增速比全国农村高2.3个百分点。

贫困地区民众收入水平大幅提高，这表明"全面小康路上一个也不能少"不是一句空话，中国在一步步朝着共同富裕迈进。

2020年，国务院扶贫开发领导小组发布《关于开展挂牌督战工作的指导意见》，列明了7个省份的52个县作为重点脱贫攻坚对象。四川省凉山州下辖的7个县位列其中，这7个贫困县情况复杂，脱贫难度大，是四川省脱贫攻坚的难点。根据该州2021年政府工作报告可以发现，经过重点帮扶，该州一举攻克了深度贫困最后堡垒，圆满完成7个县、300个村、18.6万人的脱贫摘帽任务。除了实现"两不愁三保障"之外，贫困人口的人均纯收入已经达到每年8884元。

2016年至2020年，内蒙古自治区、广西壮族自治区、西藏自治区、宁夏回族自治区、新疆维吾尔自治区和贵州、云南、青海三个多民族省份贫困人口累计减少1560万人。28个人口较少民族全部实现整族脱贫，一些新中国成立后"一步跨千年"进入社会主义社会的"直过民族"，又实现了从贫穷落后到全面小康的第二次历史性跨越。

上述可见，新时代的脱贫攻坚，真正做到了切实提高贫困地区人口收入水平，这也为贫困人口改善生活条件、优化消费结构奠定了物质基础。

2. 消费水平和结构实现优化。收入的增加必然在一定程度上促使人们消费水平和消费结构发生变化，它们在总体上反映人们的生活质量。党的十八大以来，随着农村居民收入稳步增长和网络购物等新型消费模式向农村地区的延伸，农村居民消费支出总体保持较快增长态势，农村居民生活质量明显改善。

根据国家统计局公布的数据，自2016年以来，我国农村居民消费

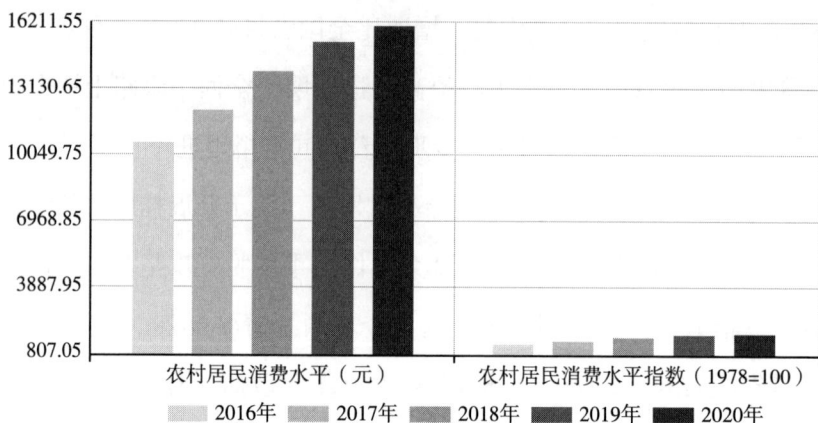

图 2-2　2016—2020 年中国农村居民消费水平和农村居民消费水平指数

数据来源：国家统计局。

水平和农村居民消费水平指数都呈现逐年递增的情况（见图 2-2）。根据全国农村贫困监测调查，截至 2019 年，贫困地区农村居民人均消费支出 10011 元，比上年增长 11.8%，扣除价格因素，实际增长 8.3%，快于全国农村 1.8 个百分点（见表 2-1）。①

表 2-1　贫困地区农村居民人均消费支出

指标	贫困地区农村			全国农村		
	水平（元）	结构（%）	名义增速（%）	水平（元）	结构（%）	名义增速（%）
人均消费支出	10011	100.0	11.8	13328	100.0	9.9
1. 食品烟酒	3121	31.2	11.2	3998	30.0	9.7
2. 衣着	549	5.5	12.4	713	5.4	10.1
3. 居住	2173	21.7	8.9	2871	21.5	7.9
4. 生活用品及服务	585	5.8	9.0	764	5.7	6.0
5. 交通通信	1200	12.0	14.8	1837	13.8	8.7

---

① 参见国家统计局住户调查办公室：《中国农村贫困监测报告·2020》，中国统计出版社 2020 年版，第 16 页。

续表

指标	贫困地区农村			全国农村		
	水平（元）	结构（%）	名义增速（%）	水平（元）	结构（%）	名义增速（%）
6. 教育文化娱乐	1163	11.6	14.3	1482	11.1	13.8
7. 医疗保健	1054	10.5	14.7	1421	10.7	14.6
8. 其他用品和服务	166	1.7	12.9	241	1.8	10.6

数据来源：国家统计局农村贫困监测调查、全国住户收支与生活状况调查。

由表 2-1 可见，贫困地区人均食品烟酒消费支出较之全国农村同类型支出相差 877 元，名义增速为 11.2%，比全国农村同年平均增速高 1.5%，两者在食品烟酒方面的消费支出占总体支出比重仅相差 1.2%。相似的对比状况还发生在衣着、居住、生活用品及服务等方面。

总体而言，截至 2019 年，全国贫困地区农村的消费结构和农村平均状况十分相似。结合 2018 年的数据来看，贫困地区人口的衣食消费支出快速增长。2018 年贫困地区农村人均居住消费支出为 1995 元，生活用品及服务支出为 537 元，这些数据在 2019 年有所增长，但增幅不大，说明贫困地区农村人均居住和生活用品消费支出增长较为平稳。经过多年的发展，贫困地区人口的消费支出情况在各个方面都有所增长，且与全国农村平均状况更加接近。这说明他们的消费结构比以往得到了优化。

（二）生产生活条件得到不断改善

随着扶贫工作的开展，借助增加贫困户人均居住面积、改造贫困户住房、改善贫困地区道路状况、完善贫困区电力通信、优化饮水、"厕所革命"等措施，人们的居住条件、基础设施得到了不断改善。

1. 居民居住条件优化。党的十八大以来，农村居民住房结构、饮用

水、卫生设备等生活居住条件获得极大改善。从住房结构看，2020 年居
住在钢筋混凝土和砖混材料结构住房的农户比重为 73.1%，比 2013 年
提高 17.4 个百分点。从饮用水来源看，2020 年主要饮用水源为经过净化
处理的自来水、受保护的井水和泉水及桶装水的农户比重为 93.7%，比
2013 年提高 19.0 个百分点。从卫生设备看，2020 年农村地区有水冲式卫
生厕所的农户比重为 60.9%，比 2013 年提高 38.6 个百分点。无洗澡设施
的农户比重为 25.1%，比 2013 年下降 22.6 个百分点；从能源使用情况看，
2020 年农村地区炊用主要能源为柴草的农户比重为 21.2%，比 2013 年下
降 26.8 个百分点（见表 2-2）。

表 2-2　2013 年和 2020 年农村居民生活居住条件

（单位：%）

指标	2013 年	2020 年
居住钢筋混凝土和砖混材料结构住房的农户比重	55.7	73.1
饮用经过净化处理的自来水、受保护的 井水和泉水及桶装水的农户比重	74.7	93.7
有水冲式卫生厕所的农户比重	22.3	60.9
无洗澡设施的农户比重	47.7	25.1
炊用主要能源为柴草的农户比重	48.0	21.2

数据来源：全国住户收支与生活状况调查。

　　国家统计局公布的数据显示，我国始终将改善人民居住条件作为扶
贫工作的重要内容，不断加大对农村危房的改造力度，进一步推进易地
扶贫搬迁，改善居民住房条件。以竹草土坯房的居住比重为例，在扶贫
重点县，其比例从 2013 年的 7.7% 降低到 2019 年的 1.3%（见图 2-3）。
《中国农村贫困监测报告·2015》指出："2014 年农村贫困户人均居住面
积 27.4 平方米；居住在钢筋混凝土结构住房的农户比重为 6.5%；居住
在砖混材料住房的农户比重为 31.1%，居住在砖瓦木住房的农户比重为

（单位：%）

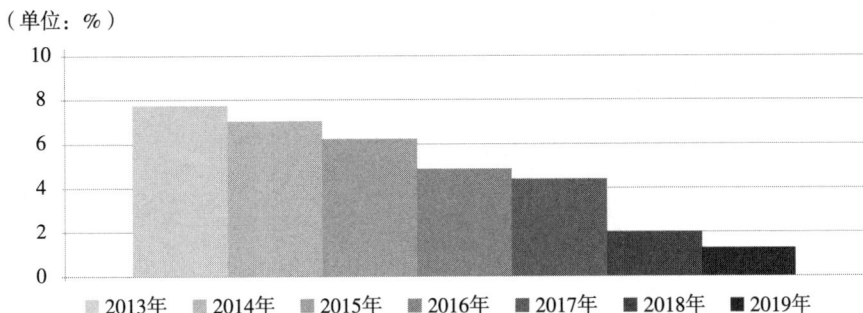

图 2-3　2013—2019 年扶贫重点县农村居民竹草土坯房比重

46.0%。"[1] 但到了 2019 年，贫困地区农村居民户均住房面积为 147.9 平方米，居住在竹草土坯房的农户比重为 1.2%；居住在钢筋混凝土房或砖混材料房的农户比重为 70.0%（见表 2-3）。[2]

表 2-3　2018 年和 2019 年贫困地区农户居住条件

指标	2018 年	2019 年
户均住房面积（平方米）	145.1	147.9
居住竹草土坯房的农户比重（%）	1.9	1.2
居住钢筋混凝土房或砖混材料房的农户比重（%）	67.4	70.0

数据来源：国家统计局农村贫困监测调查。

　　除此之外，各地在扶贫工作中注意将扶贫开发与水土保持、环境保护、生态建设相结合，通过生态扶贫、农村人居环境整治、生态脆弱地区易地扶贫搬迁等措施，贫困地区生态保护水平明显改善，守护了绿水青山、换来了金山银山。脱贫攻坚既促进了贫困人口"增收"，又促进

---

[1]　国家统计局住户调查办公室：《中国农村贫困监测报告·2015》，中国统计出版社 2015 年版，第 19 页。

[2]　参见国家统计局住户调查办公室：《中国农村贫困监测报告·2020》，中国统计出版社 2020 年版，第 18 页。

了贫困地区"增绿"，极大改善了贫困地区生态环境，广大农村旧貌换新颜，生态宜居水平不断提高。

例如，湖北省襄阳市保康县马桥镇唐二河村曾是一个偏远贫困村，村中由于规划滞后，居住环境分散、环境恶劣。在上级党委、政府的大力支持下，该村紧紧抓住脱贫致富奔小康的政策机遇，借助搬迁扶贫优化群众居住环境：首先，实施扶贫搬迁工程。为了彻底摆脱贫困，该村抢抓新一轮整村推进和国家扶贫攻坚政策机遇，科学谋划村庄规划，按照"统一规划、统一设计、统一户型、统一招标、统一建设"的模式，推行分批搬迁和村民自愿搬迁，新建了 8 个居民小区，137 户边远农户住进乡村别墅，全村 22 个五保、低保、特困户住进公共安置小区。为了加快小区建设，该村多方整合资金，出台"以奖代补"政策，按照每平方米 100 元的标准给农户兑现奖励，共计奖励建设资金 220 多万元。同时，实施环境综合整治工程，按照颜色搭配、高矮适宜、四季常青的要求，绿化道路 10 公里，庭院绿化 250 户，荒山、荒滩绿化 2000 亩。其次，精准发力，改善民生。2014 年，该村投资 71.7 万元建设安全饮水工程，铺设引水管道 6 万多米，解决了全村 250 余户人畜安全饮水问题。先后 4 次对全村高低压线路进行改造，解决了 126 户居民用电难问题。投资 31 万元实施小流域治理工程；投资 50 万元新修公路 16.5 公里，硬化村组公路 1.4 公里，新建桥梁 1 座。经过治理，如今的唐二河村已令人刮目相看。走进唐二河村，随处可见规划整齐的居民小区，装饰一新的小洋楼交相辉映，宽敞整洁的庭院，精致实用的文化广场、健身活动场、综合服务社、卫生室、公厕等配套设施功能齐全。宽阔平坦的水泥路，干净而整洁，公路两旁太阳能路灯和行道树林立，与田野相映成趣，宛若一幅美丽的画卷。田畴里、房舍前，一张张幸福的笑脸，映衬着一幅和谐美丽的新农村画卷，浓墨重彩地记录着精准扶贫给山区农村带来的巨变。

2.基础设施建设更新。在基础设施建设方面，各地脱贫攻坚小组注重把基础设施建设作为脱贫攻坚基础工程，集中力量、加大投入、全力推进，补齐了贫困地区基础设施短板，推动了贫困地区经济社会快速发展。

（1）以建好、管好、护好、运营好农村公路为牵引，积极推进贫困地区建设外通内联、通村畅乡、客车到村、安全便捷的交通运输网络。根据《中国农村贫困监测报告·2015》，2014年我国贫困地区主干道路经过硬化处理的自然村比重为64.7%，通客运班车的自然村比重为42.7%。《中国农村贫困监测报告·2020》显示，截至2019年，我国贫困地区所在自然村进村主干道路经过硬化处理的农户比重为99.5%，所在自然村能便利乘坐公共汽车的农户比重为76.5%。人民群众的出行和交通得到极大改善。

（2）大幅提升贫困地区用电条件，农村电网改造升级。2019年底，我国农村地区基本实现稳定可靠的供电服务全覆盖。据国家统计局数据公布，2019年贫困地区所在自然村能够接收有线电视信号、通宽带的农户比重分别达到99.1%和97.3%（见表2-4）。而到2020年9月，农村通光纤和4G的农户比重已达到98%以上。

表2-4　2018年和2019年贫困地区农村基础设施条件

（单位：%）

指标	2018年	2019年
所在自然村能接收有线电视信号的农户比重	98.3	99.1
所在自然村通宽带的农户比重	94.4	97.3
所在自然村进村主干道硬化的农户比重	98.3	99.5
所在自然村能便利乘坐公共汽车的农户比重	71.6	76.5

数据来源：国家统计局农村贫困监测调查。

（3）加大投入，优化饮水状况。"十三五"期间，中央安排296.06亿元工程建设和39.6亿元维修养护资金，重点对贫困地区农村饮水安全工程予以倾斜支持，特别是对贫困地区所在的22个中西部省份，中央投资占比90%以上。就饮水质量而言，"2014年，贫困地区59.2%的农户使用管道供水，40.8%的农户没有管道设施。饮水来源中，33.1%的农户使用经过净化处理的自来水，40.7%的农户使用受保护的井水和泉水，17%的农户使用不受保护的井水和泉水，1.8%的农户使用江河湖泊水，2.1%的农户使用收集的雨水，0.3%使用桶装水，4.9%使用其他水源。91%的农户在饮水之前采取煮沸、消毒、过滤等处理措施"[1]。到了2019年，贫困地区使用管道供水的农户比重为89.5%，使用经过净化处理自来水的农户比重为60.9%（见表2-5）。

表2-5　2018年和2019年贫困地区基础设施建设状况

（单位：%）

指标	2018年	2019年
使用管道供水的农户比重	79.8	89.5
使用经过净化处理自来水的农户比重	56.4	60.9
独用厕所的农户比重	95.9	96.6
炊用柴草的农户比重	39.2	34.8

数据来源：国家统计局农村贫困监测调查。

通过万千扶贫事迹中的一个个微小个例，可以清楚地看出扶贫工作内容的全面性和系统性。道路、电力、饮用水、住房和人居环境等是保障现代生活水平的基础性条件，越是在偏远、贫困地区，就越要做好这

---

[1]　国家统计局住户调查办公室：《中国农村贫困监测报告·2015》，中国统计出版社2015年版，第30页。

些保障条件，也才能保障人们的生存和生活质量，从而推动贫困地区
脱贫。

（三）贫困地区产业结构持续升级

有生产必然有产业，生产的发展必然意味着产业结构更新换代和不
断升级，它是考察贫困地区脱贫的核心指标，也是保证扶贫成果得以真
正巩固的关键所在。

在脱贫攻坚之前，很多深度贫困地区生产效率低下，产业模式单
一，无法形成规模效应，从而限制了自身的发展势头和发展空间。但是
经过精准扶贫，这些地区认识到优化产业结构的重要性，在脱贫攻坚的
大势之下，努力升级产业链，最终实现了脱贫摘帽。2013 年至今，大
多数贫困地区的特色产业实现了从无到有、从有到优的历史性转变。电
子商务、光伏、旅游等新业态、新产业蓬勃兴起，产业扶贫取得了瞩目
成就。

1. 因地制宜，精准优化地方特色产业结构。在脱贫攻坚过程中，很
多贫困地区不约而同地选择了因地制宜发展地方特色产业的脱贫方案。
贵州省贵阳市的花溪麦坪镇，准确选择发展特色种植业，实现了产业结
构的全新升级，大力调减高秆低效农作物，邀请农业、水务、规划等部
门多次现场指导，开展土壤检测、坝区选址等前期工作；通过土壤改良、
运用新技术等方式提升布朗李品质，2020 年，累计完成 3000 余亩布朗
李提升改造；启动了刘庄村 500 亩黄桃等精品水果种植和施庄村 150 亩
辣椒种植。在产业保障方面，麦坪镇坚持党委主责、政府主抓、村级主
推，多方联动，形成产业结构调整齐抓共管格局；明确各村任务、落实
调减地块，挂牌督战进度，通过招商引资，先后引进了黔之绿生态农业

有限公司、大和生态农业有限公司等 10 余家农业企业，累计投资 7000 万元种植茶叶、草莓、布朗李等高效农作物。在农产品营销方面，麦坪镇组织开展了农超对接、农校对接，实现农产品、市场、商家、消费者无缝对接，选树农业品牌，采取线上线下两种方式宣传本地优质农特产品。

2. 发挥企业带动作用，完善新型农业经营主体联贫带贫机制。让贫困户参与企业发展，发展农民合作社，让贫困户与新型农业经营主体建立紧密型利益关系。张家口市的"张杂谷"为脱贫攻坚贡献了产业扶贫新模式。作为河北省省级农业产业化重点龙头企业，河北巡天农业带动 240 多个县（旗）百万农户组建起"张杂谷"专业合作社，发展起集"张杂谷"种业、优质米业、食品加工业和饲草饲料业一体化的"张杂谷"特色产业。为了保障种子质量，自 2012 年起，公司在当地建设"张杂谷"良种繁育基地，采用"企业＋合作社＋农户""企业＋村委会＋农户"的产业化经营方式，在当地开展订单种植、保价收购，2018 年直接带动建档立卡贫困户 63 户 192 人，制种收入 140 万余元，人均 7291 元。2019 年累计制种 1 万余亩，涉及 6 个乡（镇）15 个村，制种收入累计 2000 余万元，"张杂谷"制种已成为当地贫困农户致富增收支柱产业。

3. 文化和旅游部门通过创作扶贫题材艺术作品，丰富贫困群众文化活动等方式，有效激发贫困群众内生动力。依托特色文化和旅游资源，充分挖掘贫困地区文化潜力，开创了"非遗＋扶贫""旅游＋扶贫"模式，着力推动贫困地区文化产业、旅游业和农业生产、加工制造等领域融合发展，有效促进基层群众脱贫增收，实现了富民效益。实际上，旅游扶贫是以乡村旅游为主要载体的，在这个基础上，很多地方开展贫困村旅游资源普查和旅游扶贫摸底调查，建立乡村旅游扶贫工程重点村名录。然后因地制宜打造精准扶贫旅游产品，同时让贫困户充分参与到乡村旅游产业中，增加他们收入的同时，也提升他们的就业能力，激发脱贫内生动力，实现从"要我脱贫"到"我要脱贫"的转变。

河北省平山县是国家扶贫重点县，素有"八山一水一分田"之称。近年来，平山县借势发展全域旅游，走出了一条"旅游＋扶贫"的产业扶贫新路子。2019年，平山文旅扶贫模式入列河北省产业扶贫典型案例。平山县坚持把旅游产业发展作为"一条主线"，绘就旅游扶贫路线图，实施全域旅游和旅发大会"双轮驱动"，构建了"一核引领、两带串联、三网覆盖、四区联动"的旅游扶贫大格局。推进农旅、景村、产销"三体融合"，培育了现代农业园区43家，10个风情小镇、50个旅游专业村，开发了工艺品、土特产等4大类220个旅游文创产品，带起了一批专业村、专业户。

类似上述扶贫模式的案例还有很多。仅河北一个省份，借助产业扶贫项目，就带动了321.4万贫困人口增收。这充分说明了产业扶贫和产业结构升级对脱贫攻坚事业和贫困地区农民的重大意义。

二、贫困地区公共服务体系日趋完善

中国贫困地区的公共服务体系日趋完善，教育、健康和社会保障三个方面尤为重要。基于这三个维度，在扶贫减贫的伟大实践中，中国从儿童到成人的教育扶贫取得巨大进展，看病难问题得到历史性解决，社会保障全面兜底，贫困地区人民的基本生活得到全面有效保障。

（一）教育扶贫开花结果

教育扶贫能提升贫困群众的"造血"能力，有效阻断贫困代际传递，抓好教育扶贫是扶贫开发的治本之计。

1.义务教育全面保障。坚持把"控辍保学"作为实现义务教育有保障底线目标的核心任务，建立了"控辍保学"长效机制。截至2020年底，全国义务教育阶段辍学学生由台账建立之初的60多万人降至682人，其中20多万建档立卡辍学学生实现动态清零，长期存在的建档立卡贫困学生的失学辍学问题得到历史性解决。2020年贫困县九年义务教育巩固率达到94.8%，较2015年提高了近5个百分点，大幅缩小与全国平均水平的差距。贫困地区学校面貌发生了格局性变化，贫困地区办学条件得到根本性改善。

如四川省甘孜州是经济社会发展的滞后区、基层基础的薄弱区、生态环境的脆弱区、扶贫攻坚的重点区，民族教育发展十分滞后，是四川省最落后的地区，因贫失学辍学、因学致贫返贫问题突出。针对上述问题，甘孜州紧紧围绕"发展教育脱贫一批"目标任务，全面实施十五年免费教育计划，多措并举从根本上阻断贫困代际传递，取得了建档立卡辍学学生从台账建立之初的3367人全部"动态清零"、学前和高中阶段教育普及普惠发展、义务教育基本均衡发展的成效，形成从学前到高中阶段"广覆盖、保基本"的十五年免费教育保障机制。2020年，全州学前毛入园率达到86.72%，较2014年底提高35.23个百分点；义务教育巩固率达到95.02%，较2014年底提高25.63个百分点，18个县（市）义务教育县域内基本均衡发展；高中阶段毛入学率达到90.48%，较2014年提高18.69个百分点。

2.发展职业教育，助力脱贫攻坚成效快速显现。党的十八大以来，累计有 800 多万贫困家庭学生接受中高等职业教育，其中通过实施职业教育东西协作计划一项举措，就招收西部地区贫困家庭学生 100 多万人，切实发挥职业教育"职教一个、就业一人、脱贫一家"的作用。

例如，2017 年 4 月，国务院扶贫办在泉州海洋职业学院设立"全国扶贫就业创业培训基地"，重点面向宁夏、甘肃、四川、安徽和河南等五省（区）开展贫困家庭新成长劳动力职业技能培训和稳岗就业工作。在国务院扶贫办的指导下，该校先后合作成立闽宁劳务协作输转基地、闽黔劳务输转培训基地、闽黔东西部人才数据中心等机构，在"二元制"人才培养框架内，瞄准高质量就业这一基本目标，招收宁夏、贵州等省区的贫困学生，在免除学杂费的基础上为他们提供特色岗位技能培训、创业致富带头人培训等一系列适应劳动力市场需求的培训项目，有效提升贫困地区学生的职业技能，提高他们的就业质量保障，服务贫困地区脱贫。

此外，泉州海洋职业学院还联合有关物流和电商企业，发挥自身地域优势，牵头搭建"中经海农扶贫电商平台"，通过冷链物流连接分布在中国东、西部各特色生鲜产区的移动冷库，形成特色的"冷链集市"，同时成立校企联合体的"海农扶贫电商平台"，购买移动冷库并配备部分流动资金，邀请贫困村脱贫致富带头人等以合伙人的身份参与经营"冷链集市"，在共同发展的基础上带动所在村寨发展连片种植、养殖业，实现居家创业，脱贫致富。

截至 2020 年，泉州海洋职业学院下属的各个职业、劳动培训基地等机构，培训致富带头人 310 人，培训各类船员 2200 余人（全部上岗，起薪超过 8000 元），培训企业新员工 2000 余人（全部上岗，起薪超 4000 元），为 4200 多个贫困家庭新增劳动力解决了高质量就业问题，为 300 多个贫困村的农民送去了脱贫致富新技能。同时，该校积极开展船员、远洋渔民、创业致富带头人、企业新员工等培训，惠及 2 万余人，减免培训费用 216.26 万元。接受培训的学员全部在泉州及周边企业就业，开创了贫困地区、贫困家庭、发达地区企业和学校"多方共赢"的扶贫新模式。

自职业教育东西协作行动计划开展以来，东西协作职业教育扶贫各项任务顺利推进，取得了明显成效，为国家层面整体的减贫工作作出了重要贡献。据不完全统计，截至 2020 年底，东部省市资助资金设备额达 18.2 亿元，施援方与受援方共建专业点 683 个、实训基地 338 个，受援方委托施援方管理学校 123 个，共建分校（教学点）63 个，共同组建职教集团（或联盟）99 个；劳动预备制培训 5.9 万余人；就业技能培训 14 万余人；岗位技能提升培训 16 万余人；创业培训 2.3 万余人；依托国家开放大学开展培训 1.4 万余人。

3. 高校特色优势与定点扶贫县发展短板相结合。通过定点扶贫，把先进的理念、人才、技术、经验等要素传播到贫困地区，开展了一系列卓有成效的工作，树立了高校扶贫品牌，已经成为脱贫攻坚不可或缺的重要力量。

例如东华大学在定点扶贫工作中紧紧抓住云南盐津地区脱贫致富的"牛鼻子"，以"教育"的初心阻断贫困的代际传递，对帮扶对象"授之以渔"，提高教育文化素养，围绕"中小学生、大学生、终身教育"三个梯度，进一步加强教育扶贫长效机制，补充"精神之钙"，激发内生动力。学校建立"东华大学扶贫盐津教育基金"，连续三年每年投入不少于 150 万元，设立的奖助学金覆盖当地 20 余所学校，累计资助建档立卡贫困学生 4300 余人次，助力盐津县有效"控辍保学"。开展特色活动、组织结对帮扶、促进资源共享。学校附属实验学校连续多年开展"行走教育"活动，投入近 30 万元，累计组织近 100 名盐津籍品学兼优的中小学贫困生来沪，走入附校课堂、上海学生家庭，参观大学校园等活动，激励学生立志高远、勤奋求学。14 个教工党支部开展"1+1"结对帮扶建档立卡贫困户学生活动，每位贫困学生每年收到资助近 3000 元。东华大学附属实验学校结对帮扶水田二小，建立图书阅览室等教学基础设施，疫情防控期间向盐津中小学提供 4 门类总计 32 节线上教学资源，帮助盐津县"停课不停学"。关注、关心、关爱贫困大学生，为贫困生成长成才搭建坚实阶梯。积极推进"高校专项计划"。2013 年以来，学校从全国贫困县总计招收贫困生 1953 人，招收培养盐津籍贫困生 43 人，目前在读贫困生 1387 人。全校上下关心关爱贫困生学习成长，实施贫困大学生全过程励志培养，学校每年投入经费 600 余万元用于资助贫困地区在校学生。通过社会实践和志愿服务，教育引导贫困大学生感恩社会、反哺家乡，物质和精神双脱贫；盐津籍贫困生积极参与志愿服务，累计完成志愿者服务 3200 余工时，服务 20 余家本土企业，学习实践双丰收。

4. 完善的资助政策体系织牢了兜底保障网。以政府为主导、学校和社会积极参与，覆盖从学前至研究生各个教育阶段的学生资助政策体系更加完善，累计资助贫困学生 6.41 亿人次，从制度上保障了不让一个学生因家庭经济困难而失学。教育部等五部门印发《边远贫困地区、边疆民族地区和革命老区人才支持计划教师专项计划实施方案》，提出从 2013 年起至 2020 年，每年选派 3 万名优秀幼儿园、中小学和中等职业学校教师到"三区"支教 1 年，培训 3000 名骨干教师和紧缺专业教师，提升学校教师队伍素质，为"三区"教育改革和发展提供人才支持。

（二）健康扶贫亮点纷呈

1.基本医保全面覆盖。到 2020 年，基本医保参保率稳定在 95% 以上，农村贫困人口参保率稳定在 99% 以上。贫困人口参保有资助。通过定额资助、全额资助把贫困人口纳入医疗保障的制度范围内。

这对于中国扶贫工作来说是一个巨大的助力。如湖北省荆州市 40 多万贫困人口中，因病因残致贫率达 74% 左右，其中因病致贫率高达 58%。为了筑牢这 58% 贫困人群的健康防线，荆州市执行"基本医保＋大病保险＋医疗救助＋补充医疗保险"四位一体健康扶贫政策，即农村贫困人口在县域内住院，政策范围内医疗费用报销比例达到 90%；大病、特殊慢性病县域内门诊，政策范围内医疗费用报销比例达到 80%；农村贫困人口县域内就医，年度个人负担政策范围内医疗费用控制在 5000 元以内。农村贫困人口按照规定办理转诊手续到县域外指定医疗机构就医的，享受县域内就医健康扶贫政策保障范围和标准。

2.动态参保，三重保障。跟有关部门进行信息共享，尽可能"一个不落"纳入制度保障，最大限度减轻贫困人口的疾病负担，做到保基本、救大病、托底线，并全面取消建档立卡贫困人口大病保险封顶线。目前，贫困人口参保率稳定在 99.9% 以上。据统计，2019 年各项医保扶贫政策惠及贫困人口近 2 亿人次，贫困人口门诊慢特病和住院三重制度综合保障后实际报销比例稳定在 80% 左右。2014—2019 年因病致贫人数下降 96.6%。国家医保局等部门聚焦"贫困人口基本医疗有保障"，建成了世界上规模最大的基本医疗保障网，通过定额和全额资助。

"十三五"期间，健康扶贫向医疗服务"神经末梢"不断延伸。全国1007家城市三级医院累计选派医务人员超过8万人次，在832个贫困县县级医院蹲点帮扶，贫困地区市县级医疗机构累计选派近10万人支援乡镇卫生院和村卫生室，超过100万基层医务人员奋战在扶贫一线。国家医保局统计数据显示，2018年以来，医保扶贫政策累计惠及贫困人口超过5亿人次，帮助贫困人口减负近3500亿元。当下，我国已构建起参保缴费有资助、待遇保障有倾斜、基本保障有边界、管理服务更高效、就医结算更便捷的政策体系，初步建立起"及时发现、精准救治、有效保障、跟踪预警"防止因病致贫返贫工作机制，累计使近1000万因病致贫返贫贫困户成功摆脱了贫困。

3.持续投入提高保障能力。2020年，居民医保人均财政补助标准达到550元以上，较2012年增加了310元。中央财政下达医疗救助的补助资金达到275亿元，90%投向中西部地区。2018年起，连续三年中央财政累计投入120亿元，有力解决深度贫困地区贫困人口的医疗保障问题。在提升参保率的同时，三重保障制度中大病保险和医疗救助均对贫困人口实施了倾斜性补偿政策。以大病保险为例，目前我国全面取消建档立卡贫困人口大病保险封顶线，贫困人口大病保险起付线较普通居民降低50%，报销比例提高5个百分点。有了三重制度综合保障后，贫困人口住院和门诊慢特病医疗费用实际报销比例稳定在80%左右。

（三）社保扶贫兜底功能更加凸显

人社部坚决贯彻落实党中央关于脱贫攻坚的战略部署，提出了在打赢脱贫攻坚战中做好人社部扶贫工作的意见和"三年行动方案"。社会保险扶贫作为落实中央提出的"社会保障兜底一批"的重要抓手，作为人社部扶贫大盘子的重要组成部分和有力举措，发挥了积极作用。

1.代缴参保费，让半亿人受益。2015年，在精准扶贫的大背景下，江西以省委、省政府名义下发决定，明确要求"健全农村低保、新农合、城乡居民基本养老保险等社会保障体系"。江西省人社厅抓住这一重要契机，探索提出建档立卡贫困人员参加城乡居民基本养老保险由政府代缴参保费的设想，并挑选贫困人口规模最小的赣州市南康区作为试点。很快，试点经验就在全省推广。当年仅4个月，江西省内25个国家级定点贫困县符合参保条件的170.25万建档立卡贫困人口的参保率就达到了100%。2017年，全省96个县（市、区）实现财政代缴城乡居民养老保险参保费全覆盖。江西的成功经验很快推广全国，2018年，全国各地财政共为贫困人员代缴城乡居民养老保险参保费28.3亿元。截至2018年底，全国有2195万参加城乡居民养老保险的贫困人员享受代缴参保费政策，2741万贫困老年人按月领取城乡居民养老保险待遇，城乡居民养老保险让4936万贫困人口直接受益。

2.失业保险增强了就业稳定性。主要有以下做法：（1）提高深度贫困地区失业保险金标准。按照人社部下发文件的精神，各地逐步将失业保险金标准提高到最低工资标准的90%，深度贫困地区自2019年1月1日起可将标准直接提高到政策上限。这是提升失业人员生活保障水平最直接的方式，可有效降低因失业致贫、返贫的风险。（2）提高深度贫困地区企业稳岗补贴标准，由50%提高到60%。这一规定不仅有利于稳定深度贫困地区的就业存量，也有利于优化当地营商环境，增加贫困地区的就业机会，确保贫困劳动力就业，助力他们实现稳定脱贫。（3）对深度贫困地区，将职工领取技能提升补贴的条件，由累计参保满3年放宽到满1年。这有利于激励贫困地区员工主动学习技能，增强就业稳定性；也有利于提高贫困地区职工队伍素质，补齐发展中的短板，激发整体脱贫的内生动力。

3. 工伤保险惠民范围更广泛。各地人社部门努力推进扩面，开展"工伤保险进央企"主题普法宣传活动，大力推进建筑业按项目参保，工程建设项目参保率达90%以上。工伤保险是解决因伤致贫的重要举措，在工作时间和工作场所内，因工作原因或者从事与工作有关的预备性或者收尾性工作受到事故伤害的；患职业病的；因公外出期间，由于工作原因受到伤害或者发生事故下落不明的；在上下班途中，受到非本人主要责任的交通事故或者城市轨道交通、客运轮渡、火车事故伤害的情况均应认定为工伤。职工发生工伤后，用人单位应当自事故伤害发生之日或者被诊断、鉴定为职业病之日起30日内，向统筹地区社会保险行政部门提出工伤认定申请，工伤职工或者近亲属、工会组织也可以在事故伤害发生之日或被诊断、鉴定为职业病之日起1年内提出工伤认定申请。被认定为工伤后，职工可以享受医疗费、康复费、辅助器具费、住院伙食补助、异地就医交通食宿费、工资福利、护理费用及一次性补助金等保险待遇。根据2019年人社部统计，全国扶贫车间有3万多个，从业人员达到200多万人，推进扶贫车间参加工伤保险，将有效分散用人单位风险，保障扶贫车间职工工伤权益。

4. 社保信息化与经办扶贫服务得到有力提升。实施大数据找人，实现贫困人口基本养老保险应保尽保。各地充分利用人社扶贫信息平台，开展人社扶贫情况动态跟踪及社保扶贫数据核实工作，动态掌握本地区贫困人员基本情况，精准定位社保扶贫工作对象和重点人群。各地对贫困人员参保信息、享受社保政策情况，以及未参保情况进行精细化管理，为本地社保精准扶贫、参保扩面工作提供目标指引。例如新疆维吾尔自治区阿克苏地区利用社保信息化工程，通过数据资源共享，让乡镇人社站有"小程序"、县级人社部门有"钉钉"平台、市级人社部门有"智慧人社"App，健全了"数据多跑路、群众少跑腿"的社保扶贫信息化机制。

三、脱贫攻坚是一场深刻的思想革命

脱贫攻坚既是一场深刻的物质革命，也是一场深刻的思想革命。在脱贫攻坚过程中，广大脱贫群众通过勤劳双手改变了自身命运，既取得了物质上的累累硕果，也取得了精神上的累累硕果，精神风貌焕然一新，思想认识发生了巨大变化。首先，群众参与集体事务的意识显著提升，主人翁意识显著增强。其次，群众现代化思想观念不断增强，既从物质上改变了贫穷落后的状况，与社会主义现代化生活相对接，又从认识上扭转了固有观念。最后，乡村文明风尚得到广泛弘扬，在脱贫攻坚过程中，原有的乡土气息得到了保留，现代时尚的新风尚普及开来，正在形成新时代的乡村文明新风。

（一）群众参与集体事务的意识显著提升

脱贫攻坚为贫困群众参与集体事务搭建了新平台。扶贫项目实施、资金使用等村级重大事项决策，实行"四议两公开"；建立健全村务监督机制，推广村民议事会、扶贫理事会等制度，让村民做到"大家的事大家议、大家办"，拓展了贫困群众参与脱贫攻坚的议事管事空间，提高了参与集体事务的积极性自觉性，激发了建设家乡的热情，乡村发展的凝聚力大大增强。

"四议两公开"工作法源于河南省南阳市下辖的邓州市对基层党建和社会治理的实践探索和总结提升。"四议两公开",即村党组织提议、村"两委"会议商议、党员大会审议、村民会议或者村民代表会议决议,决议公开、实施结果公开。"四议两公开"工作法于 2004 年提出试行,2009 年习近平同志批示后相继在全国推广。"四议两公开"工作法在推广实施过程中,根据不同地区的实际状况和社会发展过程中出现的新情况、新问题,也在不断创新。如在"四议两公开"工作法的发源地,河南省南阳市对"四议两公开"工作法不断拓展深化创新:在村民小组中实施"一提二审三通过",乡村两级对"四议两公开"开展情况实行"双向述职、双向评议",量化内容、活化形式、细化程序、强化监督、硬化考核。

制度的创新是为了保证基层党组织充分发挥领导核心作用、保证村民自治权利得到充分尊重,也是为了让扶贫攻坚更精准。村级事务管理涉及广大农民群众的切身利益,是农村基层组织建设的重要内容,也是群众比较关注的焦点问题,直接关系着农村的改革、发展和稳定,直接影响党在群众中的执政基础。

(二)群众现代化思想观念不断增强

脱贫攻坚打开了贫困地区通往外部世界的大门。交通基础设施的改善打通了贫困地区与外界的联系,公共文化事业的发展丰富了贫困群众的精神文化生活,网络的普及让贫困群众增长了见识、开阔了视野。贫困群众的开放意识、创新意识、法律意识、科技意识、规则意识、市场意识等显著增强,脱贫致富的点子越来越多、路子越来越宽。

在脱贫攻坚过程中,贫困群众高度的开放意识和对新事物强大的接受能力,以及对现代化的向往和观念的提升,是脱贫攻坚取得全面胜利的重要因素。尤其是在移动互联网时代，电商在整个消费体系中扮演着日益重要的角色，把发展电商作为一种新型的扶贫模式，能够直接缩短贫困地区与消费市场的距离，从而实现增收、脱贫甚至致富的目标。而贫困群众的认识与认同是电商扶贫有效实施的基础。不仅是对新事物的认同与践行利用，对于现代化的发展理念，人民群众在脱贫攻坚过程中也表现出了高度的认同。

（三）乡村文明风尚得到广泛弘扬

脱贫攻坚给人民群众带来的思想上的变革整体表现为乡村文明风尚的改变。社会主义核心价值观广泛传播，俭朴节约、绿色环保、讲究卫生等科学、健康、文明的生活方式成为贫困群众的新追求，婚事新办、丧事简办、孝亲敬老、邻里和睦、扶危济困、扶弱助残等社会风尚广泛弘扬，既有乡土气息又有现代时尚的新时代乡村文明新风正在形成。各地根据实际状况开展了各具特色的系列活动，发挥自身优势，在脱贫攻坚过程中提升整体文明程度。各地在弘扬乡村文明风尚过程中，主要开展了三方面工作：

一是借助中华民族优秀传统文化，提升整体文化素养。中华传统文化是提升群众文化素质的天然土壤，发掘中华优秀传统文化的育人价值，引导人民群众树立正确的观念和文明建设是扶贫工作的重要内容之一。这在一定程度上更有利于巩固扶贫成果，内化并升华群众对脱贫攻坚的认知。

二是以发展当地民俗文化为重点，打造基层文明乡村。民俗文化具有浓重的乡土气息，为一定区域的人民群众所喜闻乐见。打造基层文明乡村，除了要在宏观层面发扬优秀传统文化之外，还必须在具体现实层面将优秀传统文化同民俗文化有机融合。

三是将当地传统文化和特色产业发展相结合，全面提升乡风文明建设。地方传统文化的产业化是脱贫攻坚的又一有机构成部分，既能够现实地增加贫困地区农民的收入，也能够进一步促进文明乡村的建设进程。

例如，福建省南平市延平区炉下镇斜溪社区村在库区淹没后秉承开拓新天地的精神，持续推进乡村文明发展。在乡村产业推动下，社区村依托特色资源，发挥文化动能，成长为社会稳定、经济发展的"排头兵、领头雁"。村成立了"斜溪社区村移风易俗工作领导小组"，明确各成员职责和工作目标。设立斜溪社区村红白理事会、村民议事会、禁赌禁毒会、道德评议会"四会"，出台《斜溪社区村红白理事会章程》，明确操办婚丧宴席控制在 15 桌 180 人内，其他名目的酒席一律不办、禁止封建迷信等内容，设置"红九条""黑五条"《斜溪社区村村规民约》，并将文明家风、移风易俗、人居环境纳入村规民约，力促村民自觉规范日常行为，力争刹住在"红白事"中出现奢华浪费、盲目攀比的不正之风。斜溪社区村利用库区移民整村推进项目和美丽乡村建设项目资金，打造了党建、李侗文化、乡风文明、社会主义核心价值观、孝文化等 6 个特色主题公园，形成"一公园一主题"。结合特有的库区渔文化和理学文化的厚重历史，制定村规民约，开展移风易俗活动，开展"星级文明户""好媳妇""最美家庭"评选等活动，抓榜样典型，宣传正能量，推动形成示范带动的良好氛围，在全村各自然村持续掀起"学先进、争先进"的舆论热潮，打造良好的"家风""民风"。依靠便利的交通以及丰富的文化、自然资源，发展绿色休闲旅游，把传统库区渔文化、理学文化和绿色产业发展相结合，全面提升乡风文明建设。

四、贫困地区基层治理能力显著提升

通过抓党建促脱贫攻坚，贫困地区基层组织得到加强，贫困地区基层治理能力和管理水平明显提高，不仅增强了农村基层党组织的凝聚力和战斗力，也巩固了党在农村的执政基础。2021 年 2 月 25 日，在全国脱贫攻坚总结表彰大会上，习近平总书记提到了这几组数字：全国累计选派 25.5 万个驻村工作队，300 多万名第一书记和驻村干部，同近 200 万名乡镇干部和数百万村干部一道奋战在扶贫一线。特别是青年干部通过驻村了解了基层，学会了做群众工作，在实践锻炼中快速成长。这些同志肩负重任，同当地基层干部并肩战斗，带领贫困群众脱贫致富，用自己的辛苦换来贫困群众的幸福，有的甚至献出了宝贵生命，诠释了扶贫干部的担当和情怀。在 2020 年的新冠肺炎疫情防控中，贫困地区基层干部展现出较强的战斗力，许多驻村工作队拉起来就是防"疫"队、战"疫"队，这同他们经受的脱贫工作历练是分不开的。

脱贫攻坚使得大批干部得到了培养和锻炼，基层党组织凝聚力战斗力显著增强，党群干群关系持续改善，党在农村的执政基础进一步巩固。广大扶贫干部在脱贫攻坚一线建功立业，推动了贫困地区基层治理能力的显著提升。

（一）党在农村基层的组织能力显著提升

农村基层党组织是中国共产党在农村全部工作和战斗力的基础，是贯彻落实扶贫工作决策部署的战斗堡垒。坚持抓党建促脱贫攻坚、抓扶贫先强班子，整顿软弱涣散基层党组织，精准选派贫困村党组织第一书记、驻村工作队，把农村致富能手、退役军人、外出务工经商返乡人员、农民合作社负责人、大学生村官等群体中具有奉献精神、吃苦耐劳、勇于创新的优秀党员选配到村党组织书记岗位上，基层党组织的战斗堡垒作用不断增强，凝聚力战斗力号召力明显提高，党群干群关系更加密切，贫困地区群众对党和政府的信赖、信任、信心进一步增强，党在农村的执政基础更加牢固。

坚持党的领导、强化组织保证，落实脱贫攻坚一把手负责制，省市县乡村"五级书记"一起抓，是农村基层组织能力的重要体现，为脱贫攻坚提供坚强政治保证。

根据党的十九大精神和习近平总书记的重要指示，2017 年 12 月 28 日至 29 日在北京召开的中央农村工作会议上提出了"五级书记抓乡村振兴"，要求乡村振兴实行中央统筹、省负总责、市县抓落实的工作机制，党政一把手是第一责任人。而其中的"五级书记"是指省、市（州）、县、乡（镇）、村这五级。

在后续的多份文件中，都强调"五级书记"抓乡村振兴。如 2018 年 2 月发布的《中共中央国务院关于实施乡村振兴战略的意见》要求，党政一把手是第一责任人，"五级书记"抓乡村振兴。县委书记要下大气力抓好"三农"工作，当好乡村振兴"一线总指挥"。脱贫攻坚任务重的省份，将打赢脱贫攻坚战作为"第一民生工程"和"头等大事"来抓，以脱贫攻坚统揽经济社会发展全局，各级党委作为脱贫攻坚的第一责任主体，为赢得脱贫攻坚战的胜利奠定了政治基础和组织基础。

例如，贵州省铜仁市德江县通过"三步骤"来提升基层组织服务脱贫攻坚能力。近年来，德江县以提升组织力为重点，有力有序推进"村社合一"、支书主任"一肩挑"工作，大力整顿软弱涣散基层党组织，推动基层党组织建设深度融入脱贫攻坚。截至 2020 年 6 月，全县 290 个村 54 个社区中，106 个村实现了支书、主任"一肩挑"，在行政村中的比例达 37%，位列全市第一。在 22 个乡镇（街道）分别打造一个"村社合一"示范点，成熟后大力推广，形成以点带面、百花齐放的格局。在合兴镇长线村推行"村社合一"县级试点基地，基地由长线村"两委"领办、村级集体经济全额注资组建，采取"党支部＋村级集体经济组织＋合作社＋农户"的组织方式，覆盖农户 290 户 1089 人，实现带动长线村群众户均增收 1379 元，贫困户、边缘户户均增收 3284 元，村级集体经济达 24 余万元。通过组织聚力、产业发力、汇聚合力的方式发展壮大村集体经济，奋力推进农村产业革命，走出一条强村富民、增收致富的好路子，为决胜全面小康、决战脱贫攻坚提供坚强的组织保障。

德江采取"三步骤"的途径提升基层组织服务脱贫攻坚能力，发挥了基层党组织的战斗堡垒作用。按照支部班子好、党员队伍好、工作机制好、服务能力好、工作业绩好、群众反馈好的标准，充分发挥党支部示范引领作用，为全县脱贫攻坚巩固提升提供坚强的组织保障。可以看到，这个提升过程表现出德江基层组织服务功能的 4 个特点。一是强化党建引领的服务功能。压紧压实县、乡、村三级书记抓党建促脱贫攻坚巩固提升工作责任，扎实开展基层组织达标、乡村干部能力提升、农村集体经济壮大等专项行动，选优配强乡村基层力量和"领头雁"，提升了乡村党组织凝聚力、战斗力。二是强化示范带动的服务功能。以新时代优秀支部创建为总载体，不断发挥村党组织战斗堡垒和党员示范带动作用。继续执行县领导包乡、副科级以上领导包村、工作队到村、帮扶干部到户、第一书记到岗的工作机制，调动一切力量和资源向脱贫攻坚一线聚焦和倾斜。三是构建村集体经济的建设功能。大力推进"村社合一",按照"支部搭平台、资源架桥梁、产业做纽带、市场增收入"要求发展村级集体经济,完善党员干部考核激励机制,探索将村级集体经济发展业绩与村干部报酬、绩效考核挂钩,调动村干部谋发展、抓发展和干发展的积极性和创造性。四是强化软弱涣散基层党组织整顿,对运转不力、引领带动效应不强的村级基层党组织及时调整和充实。通过项目扶持、产业扶持,把基层党员干部培养成村级主导产业带头人;将责任心强、有奉献精神的产业致富带头人充实和吸收到村支"两委",培养成基层党员干部,培育更多的村级脱贫攻坚领头羊;用"回头看"来不断自我反思和自我纠正,巩固成果、倒逼责任,持续提升服务能力。

(二)基层群众的自治能力显著提升

脱贫攻坚有力推动了贫困地区基层民主政治建设,基层治理更具活力。村委会(居委会)作用更好发挥,贫困群众自我管理、自我教育、自我服务、自我监督不断加强。认真落实村(居)务公开,坚持重大问题民主决策。坚持群众的事由群众商量着办,群众的事由群众定,群众参与基层治理的积极性主动性创造性进一步增强。脱贫攻坚之初,很多贫困村几乎没有集体经济收入,而到2020年底全国贫困村的村均集体经济收入超过12万元。稳定的集体经济收入改变了很多村级组织过去没钱办事的困境,增强了村级组织自我保障和服务群众的能力。

脱贫攻坚的主阵地在基层,基层落实精准扶贫过程中暴露出的一系列问题,如在识别贫困群体中容易产生误差、扶贫效果不可持续等,都与基层群众自治有密切的联系。要从根源上解决基层扶贫出现的以上问题,需要发挥基层群众自治为精准扶贫服务,在协商推进精准扶贫的同时也能反作用于提高基层群众的自治能力,逐步完善基层自治制度和法律体系。因此，精准扶贫和基层群众自治制度有许多相同诉求，实际上是共同推进的。

例如，浙江省温州市泰顺县司前畲族镇在青山绿水中汲取"脱贫"力量。2021年2月25日，在全国脱贫攻坚总结表彰大会上，泰顺县司前畲族镇党委书记刘言素郑重地接过"全国脱贫攻坚先进集体"奖牌。据了解，此次大会浙江共有27家单位获得全国脱贫攻坚先进集体称号，泰顺县司前畲族镇为唯一获此殊荣的基层乡镇。司前畲族镇是浙江省18个少数民族乡镇之一，生态环境优美，畲族风情浓郁。以前的司前畲族镇山路弯曲，下雨天到处泥泞，如今通过泰顺县"一镇带三乡"集聚发展的搬迁政策，司前畲族镇万余人口受惠。为了让村民不仅搬下来，而且要稳得住、富得起，畲乡先后建成畲族风情园等9个下山搬迁点，创新实施产业扶贫、来料加工、光伏小康、金融扶贫、教育扶贫、社会扶贫等"扶贫六法"，打破行政区划跨区域的生态移民、生态大搬迁等相继实施，建成区人口从6000人增加到1.5万人，城镇化率从39%提高到85%。党员带头、能人引领、合作社示范综合施策，先后建成葡萄、猕猴桃等七大特色农业基地1.8万多亩，发展竹木加工特色产业企业25家，带动4000多户农户增收，为下山群众提供就业岗位2000多个，当地农村常住居民人均可支配收入也从过去不足4000元，提高到超过16000元，实现"翻两番"。

司前畲族镇把脱贫致富和乡村振兴有机统一，既做兜底保障，更聚焦产业带动，提升百姓的"造血"功能。2003年，时任浙江省委书记的习近平同志在视察司前畲族镇下山扶贫工作时，提出了"下得来、稳得住、富得起"的九字方针，司前在实施"生态大搬迁"工作中，在全省首创实施了"一镇带三乡"发展模式。司前畲族镇通过美丽城镇建设，在提升居民生活便利度和幸福感的基础上，进一步加强了扶贫力度，通过旅游扶贫、产业扶贫等手段，帮助搬迁移民脱贫致富。司前畲族镇抓人文、建阵地、重基层、强队伍。应对了一个个新任务，涌现了一个个新亮点，打造了一个个新品牌，为公共文化示范区建设吹响号角的同时，畲族镇百姓的生活也增加了鲜亮温暖的色彩，能够结合民族特色从青山绿水中汲取脱贫的能量，突显了少数民族基层群众高超的自治能力。

（三）乡村人才队伍的建设能力显著提升

打好脱贫攻坚战，关键在人。习近平总书记对做好脱贫攻坚人才支撑多次作出重要指示，如"要吸引各类人才参与脱贫攻坚和农村发展""打造一支'不走的扶贫工作队'""要创新乡村人才工作体制机制，充分激发乡村现有人才活力，把更多城市人才引向乡村创新创业"等等，为我国打造精准扶贫人才队伍、完善扶贫人才工作机制指明了方向、提供了遵循。

广大基层干部和扶贫干部心系贫困群众、甘愿牺牲奉献，满腔热情地为贫困群众办实事、解难题，赢得了贫困群众发自内心的认可。在脱贫攻坚的艰苦磨砺中，广大基层干部和扶贫干部坚韧、乐观、充满奋斗精神，带领群众脱贫致富的信心更加坚定、本领进一步增强。大批教育、科技、医疗卫生、文化等领域的专业人才支援贫困地区建设，大批企业家到贫困地区投资兴业，很多高校毕业生放弃城市的优厚待遇回到农村建设家乡。变富变美的农村吸引力不断增强，大批热爱农村、扎根农村、建设农村的人才留下来，为农业农村现代化继续贡献力量。

例如，贵州省遵义市实施"双培养"工程，通过人才赋能跑出了乡村振兴的加速度。2021 年 3 月 3 日，随着最后一个深度贫困县——正安县正式脱贫摘帽，遵义实现了整体脱贫。近年来，遵义市探索实施了乡村振兴村级组织领军人才培养工程和在遵义市中等职业学校实施乡村后备人才培养工程（以下简称"双培养"工程）。该市在具备高中及以上学历，30 岁左右的在任村党组织书记、村委会主任和特别优秀且有培养潜力的村"两委"中选拔 100 人作为市级、474 人作为县级领军人才进行培养。人才培养工程实行"一人一策、一村一策"的培养模式，由县（市、区）党委主要领导同志带头，建立"县级领导＋县直部门＋乡镇班子＋领军人才"帮带机制，确保领军人才所在村产业发展规模大、示范带动效果好、群众增收后劲足。2020 年初，遵义市正式印发《关于在中等职业学校培养乡村振兴人才充实村级后备力量的指导意见》，坚持把在中等职业学校培养乡村振兴人才充实村级后备力量工作，作为推进农村基层党建的战略抓手和重要载体，充分整合学校各类资源，为村级组织储备力量，不断提升乡村干部整体素质与村级班子战斗力。

自"双培养"工程启动实施以来，遵义市坚持高位统筹、纵横联动、高标推进，着力把被动"领命"淬炼成为"主动"领军，把新兴"后浪"培育成为新型"后备"，有效破解"无人领军"瓶颈、"无力后备"壁垒、"无招振兴"难题。"双培养"打破了乡村振兴"人才凋零"的格局，统筹安排领军人才和后备人才培养工作，推动乡村人才队伍建设培育有序、梯次合理、有机衔接。为村级后备人才定位子、压担子、壮胆子，"选准一个人、改变一个村""一人一策""一村一策"等措施因地制宜、因村施策，建立健全双向选择清单等，不断提升"双培"人才的存在感、荣誉感和获得感，坚定他们扎根农村的毅力，聚起了乡村振兴所需的各种资源要素，搭建了更大的事业平台，为发展增加了底气。

（四）乡村社会治理能力显著提升

脱贫攻坚为贫困地区带来了先进发展理念、现代科技手段、科学管理模式，显著提升了贫困地区的社会治理水平。政府治理工具、市场治理工具和社会治理工具的运用越来越协调。脱贫攻坚行之有效的制度体系和方法手段，为基层社会治理探索了新路径，促进了网格化管理、精细化服务、信息化支撑、开放共享的基层管理服务体系的建立和完善，社会治理的社会化、法治化、智能化、专业化水平进一步提升，基层社会矛盾预防和化解能力显著增强，贫困地区社会更加和谐、稳定、有序。

例如，内蒙古自治区鄂尔多斯市鄂托克前旗通过"小网格"激发基层治理"大效能"。鄂托克前旗积极发动全旗机关、企事业单位、社会团体和人民群众，共同参与网格建设，按照"一个网格设置一个网格党小组，组建一支网格管理服务团队，配备1至2名专职网格员"的要求，构建起"网格党小组＋网格管理服务团队＋网格员"的网格化管理、组团式服务模式，全力打造一支业务能力强、联系群众紧、服务意识强的"网格队伍"。随着网格化服务管理的逐步深化，网格员职责已由原先的"惠民便民服务员、社情民意调研员、矛盾纠纷调解员、社会治安巡防员、文明新风倡导员、综治维稳信息员"等六大职责延伸到信息统计、民生服务、产业发展、脱贫攻坚、特殊人群服务等80多项全科服务。由传统的"坐班式"服务转变为上门式"宅急送"服务，由8小时服务转变为24小时全天候服务。2019年以来，鄂托克前旗还开发了"智慧网格"App。对在基层网格管理中遇到的难题和群众诉求，网格员可通过"智慧网格"App及时上报至"鄂托克前旗社会治安综合治理信息平台"，由相关部门迅速协调处置，让群众的问题得到及时有效解决，真正实现了网格的"智能管理、智慧服务""让数据多跑路、让群众少跑腿"。

党的十九届四中全会提出，要坚持和完善共建共治共享的社会治理制度。内蒙古鄂托克前旗认真审视地处三省区接合部，流动人口来往频繁的现实，深刻把握农村牧区地广人稀、居住分散、矛盾纠纷复杂、社会治理难度大的旗情现状，紧紧围绕社会稳定和长治久安的总目标制定具体的治理方案。鄂托克前旗聚焦管理素质提升的惠民工程，创新完善以"网格党小组＋网格管理服务团队＋网格员"为基本架构的社会治理模式，整合驻（包）村干部、村（居）委会干部、辖区民警、专职网格员等力量，建立网格管理服务团队，充当惠民便民服务员、社情民意调研员、文明和谐协管员、矛盾纠纷调解员、政策法律宣讲员、社会治安巡防员，团队成员一般每月对定点服务的群众进行走访，摸清实况，掌握民情，心贴心开展专业化服务。实践证明，这种管理模式提升了管理效能，也密切了人际关系，使信任、互助与和谐的理念心手相传，不仅增强了广大人民群众的发展信心，提升了幸福指数，而且社会治理的经济基础也得到了有效夯实。

脱贫

TUOPIN

第二编

中国脱贫：怎么干

脱贫

中国为什么能

中国脱贫的成功不是天上掉下来的，更不是别人恩赐的，而是中国人民干出来的。中国共产党通过发挥政治优势和组织优势、实施精准扶贫方略、汇聚全社会脱贫合力等举措，不断推动脱贫攻坚取得重大成就。中国共产党是以马克思主义为指导、全心全意为人民服务的政党，是具有强烈历史使命和远大理想抱负的政党，是具有严密组织体系、严格组织纪律的政党。这是中国共产党的政治优势和组织优势。在中国脱贫攻坚实践中，习近平总书记亲自指挥、亲自部署、亲自督战，从党中央到地方党组织、再到基层党组织同发力，省市县乡村"五级书记"一起抓，全党动员、齐抓共管。对于贫困人口规模庞大的国家，找准贫困人口、实施扶真贫是普遍性难题。中国积极借鉴国际经验，运用马克思主义具体问题具体分析的方法论，紧密结合中国实际，创造性地提出并实施精准扶贫方略，科学认真精准识别贫困人口、根据贫困人口致贫原因分类施策、严格根据贫困人口的标准稳定脱贫，增强了脱贫攻坚的目标针对性，提升了脱贫攻坚的整体效能。扶贫减贫是艰巨复杂的系统工程，需要调动各方积极参与。为打赢脱贫攻坚战，中国大力弘扬中华民族扶贫济困的优良传统，加强东西部扶贫协作和对口支援，积极开展定点扶贫，广泛动员社会力量积极参与脱贫攻坚，激发人民群众内生动力，构建起专项扶贫、行业扶贫、社会扶贫互为补充的大扶贫格局，汇聚起全社会脱贫合力。

第三章

充分发挥党的政治优势组织优势

中国脱贫成就是世界减贫史上的一个伟大奇迹。打赢脱贫攻坚战，关键在党。正是发挥了中国共产党的政治优势和组织优势，中国才取得如此大的脱贫攻坚成就。从习近平总书记到各级党员干部，从党中央到各级党组织，全党上下积极行动起来，充分发挥党的领导核心作用，把党的政治优势和组织优势转化为脱贫攻坚的制胜优势。

一、把脱贫攻坚摆在治国理政的突出位置

党的十八大以来，以习近平同志为核心的党中央从全面建成小康社会要求出发，把扶贫开发工作纳入"五位一体"总体布局、"四个全面"战略布局，作为实现第一个百年奋斗目标的重点任务，作出一系列重大部署和战略安排，全面打响脱贫攻坚战。

（一）习近平总书记亲自指挥、亲自部署、亲自督战

贫困是人类社会的顽疾，减贫是一项具有开拓性的艰巨工作。放

脱贫
中国为什么能

眼全球，能够消除绝对贫困，彻底摆脱贫困的国家尚不多见。正反两方面的实践充分证明，实现减贫目标，领导人的情怀、意志和决心至关重要。"40 多年来，我先后在中国县、市、省、中央工作，扶贫始终是我工作的一个重要内容，我花的精力最多。我到过中国绝大部分最贫困的地区，包括陕西、甘肃、宁夏、贵州、云南、广西、西藏、新疆等地。这两年，我又去了十几个贫困地区，到乡亲们家中，同他们聊天。他们的生活存在困难，我感到揪心。他们生活每好一点，我都感到高兴。"[1]2015 年习近平总书记在减贫与发展高层论坛上的这段话，鲜明地表明中国领导人对扶贫的态度和减贫的意志。

党的十八大以来，习近平总书记出席中央扶贫开发工作会议，7 次主持召开中央扶贫工作座谈会，50 多次调研扶贫工作，连续 5 年审定脱贫攻坚成效考核结果，连续 7 年在全国扶贫日期间出席重要活动或作出重要指示，连续 7 年在新年贺词中强调脱贫攻坚，每年在全国两会期间下团组同代表委员共商脱贫攻坚大计，多次回信勉励基层干部群众投身减贫事业。习近平总书记走遍全国 14 个集中连片特困地区，考察了 20 多个贫困村，深入贫困家庭访贫问苦，倾听贫困群众意见建议，了解扶贫脱贫需求，极大鼓舞了贫困群众脱贫致富的信心和决心。[2] 一个个数字背后是习近平总书记的扶贫足迹，是他久久为功、锲而不舍的决心和毅力。

回顾党的十八大以来习近平总书记治国理政的实践历程，扶贫始终

---

① 习近平：《携手消除贫困　促进共同发展——在 2015 减贫与发展高层论坛的主旨演讲》，人民出版社 2015 年版，第 5 页。
② 参见中华人民共和国国务院新闻办公室：《人类减贫的中国实践》，人民出版社 2021 年版，第 11 页。

是他工作的重要内容，花的精力最多。2012 年底，党的十八大召开后不久，习近平总书记就指出"小康不小康，关键看老乡，关键在贫困的老乡能不能脱贫"，强调"决不能落下一个贫困地区、一个贫困群众"，拉开了新时代脱贫攻坚的序幕。2013 年，习近平总书记赴湖南省花垣县十八洞村考察时，首次提出"实事求是、因地制宜、分类指导、精准扶贫"的理念。

2014 年，习近平总书记在参加十二届全国人大二次会议贵州代表团审议时指出："看真贫、扶真贫、真扶贫"。2015 年，习近平总书记出席中央扶贫开发工作会议时指出："要立下愚公移山志，咬定目标、苦干实干"①，吹响了脱贫攻坚战的冲锋号。2017 年，习近平总书记在党的十九大报告中指出："让贫困人口和贫困地区同全国一道进入全面小康社会是我们党的庄严承诺"，"坚决打赢脱贫攻坚战"，② 动员全党全国全社会聚力攻克深度贫困堡垒、决战决胜脱贫攻坚。2020 年，面对突如其来的新冠肺炎疫情，习近平总书记主持召开决战决胜脱贫攻坚座谈会进行再部署再动员，指出农村贫困人口全部脱贫"必须如期实现，没有任何退路和弹性。这是一场硬仗，越到最后越要紧绷这根弦，不能停顿、不能大意、不能放松"③，要求全党全国以更大的决心、更强的力度，做好"加试题"、打好收官战，信心百倍向着脱贫攻坚的最后胜利进军。

心有所念，行有所为。习近平总书记之所以牢牢抓住扶贫工作不放松，源于摆脱贫困的使命和对困难群众的牵挂。对于这一点，他不止一

---

① 《习近平谈治国理政》第二卷，外文出版社 2017 年版，第 83 页。

② 习近平：《决胜全面建成小康社会　夺取新时代中国特色社会主义伟大胜利——在中国共产党第十九次全国代表大会上的报告》，人民出版社 2017 年版，第 47 页。

③ 习近平：《在决战决胜脱贫攻坚座谈会上的讲话》，人民出版社 2020 年版，第 13 页。

次提到过，每次都饱含深情，情真意切。

——2015 年 2 月 13 日，在陕甘宁革命老区脱贫致富座谈会上，在谈到做好老区扶贫开发工作时，习近平总书记说："对这个问题，我一直挂在心上，而且一直不放心，所以经常讲这个问题，目的就是推动各方面加紧工作。"①

——2017 年 6 月 23 日，在深度贫困地区脱贫攻坚座谈会上，习近平总书记说："党的十八大以来，我最关注的工作之一就是贫困人口脱贫。每到一个地方调研，我都要到贫困村和贫困户了解情况，有时还专门到贫困县调研。"②

——2019 年 4 月 15 日，解决"两不愁三保障"突出问题座谈会的头一天，习近平总书记深入石柱土家族自治县的学校、农村，实地了解脱贫攻坚工作情况，他对乡亲们说："脱贫攻坚是我心里最牵挂的一件大事。这次我专程来看望乡亲们，就是想实地了解'两不愁三保障'是不是真落地，还有哪些问题。小康不小康，关键看老乡，关键看脱贫攻坚工作做得怎么样。"③

习近平总书记 7 次主持召开中央扶贫工作座谈会

2015 年 2 月 13 日，陕甘宁革命老区脱贫致富座谈会
2015 年 6 月 18 日，部分省区市扶贫攻坚与"十三五"时期经济社会发展座谈会

---

① 中共中央党史和文献研究院编：《习近平扶贫论述摘编》，中央文献出版社 2018 年版，第 7 页。
② 习近平：《在深度贫困地区脱贫攻坚座谈会上的讲话》，人民出版社 2017 年版，第 1 页。
③ 《习近平在重庆考察并主持召开解决"两不愁三保障"突出问题座谈会时强调 统一思想 一鼓作气顽强作战越战越勇 着力解决"两不愁三保障"突出问题》，《人民日报》2019 年 4 月 18 日。

2016 年 7 月 20 日，东西部扶贫协作座谈会
2017 年 6 月 23 日，深度贫困地区脱贫攻坚座谈会
2018 年 2 月 12 日，打好精准脱贫攻坚战座谈会
2019 年 4 月 16 日，解决"两不愁三保障"突出问题座谈会
2020 年 3 月 6 日，决战决胜脱贫攻坚座谈会

2021 年 2 月 25 日，在全国脱贫攻坚总结表彰大会上，习近平总书记庄严宣告："经过全党全国各族人民共同努力，在迎来中国共产党成立一百周年的重要时刻，我国脱贫攻坚战取得了全面胜利"①。这一亘古未有的伟大壮举，是中华民族发展史上的重要里程碑，是人类减贫史上的奇迹。总结表彰大会召开后不久，联合国秘书长古特雷斯致函习近平总书记，他说："我对您的远见卓识和英明领导深表赞赏。中国取得的非凡成就为整个国际社会带来了希望，提供了激励。"②

（二）明确时间表、路线图

凡事预则立，不预则废。打赢脱贫攻坚战是党肩负的重大历史使命，是中国共产党对人民许下的重要诺言，是全面建成小康社会的重要组成部分，必须如期完成，不得有误。脚踏实地，才能行稳致远；分阶段实现目标，才能更好完成总目标。这就需要明确脱贫时间表，按照一个个时间节点步步推进。然而这个工作并不简单，把时间设定早了，虽然令人向往，但要是不能如期完成，定会失信于民；把时间设定晚了，

---

① 习近平：《在全国脱贫攻坚总结表彰大会上的讲话》，《人民日报》2021 年 2 月 26 日。

② 《联合国秘书长古特雷斯致函习近平 祝贺中国脱贫攻坚取得重大历史性成就》，《人民日报》2021 年 3 月 10 日。

贫困群众就"掉队"了，无法同步享受小康社会成果。

党的十八大以来，中国共产党把脱贫与小康统筹考虑，明确 2020 年完成农村贫困人口摆脱贫困的目标任务。

2015 年 10 月，党的十八届五中全会从实现全面建成小康社会奋斗目标出发，明确到 2020 年我国现行标准下农村贫困人口实现脱贫，贫困县全部摘帽，解决区域性整体贫困。五中全会专门把扶贫攻坚改成了脱贫攻坚，就是说到 2020 年这一时间节点，一定要兑现脱贫的承诺。

2015 年 11 月，《中共中央国务院关于打赢脱贫攻坚战的决定》强调："确保到二〇二〇年农村贫困人口实现脱贫，是全面建成小康社会最艰巨的任务"，"实现到二〇二〇年让七千多万农村贫困人口摆脱贫困的既定目标"。

2017 年 10 月，党的十九大把精准脱贫作为决胜全面建成小康社会必须打好的三大攻坚战之一，重申"确保到二〇二〇年我国现行标准下农村贫困人口实现脱贫，贫困县全部摘帽，解决区域性整体贫困，做到脱真贫、真脱贫"①。

这一时间节点比世界银行确定的在全球消除绝对贫困现象的时间提前了十年，特别是西藏、四省藏区、新疆南疆四地州和四川凉山州、云南怒江州、甘肃临夏州（以下简称"三区三州"）等深度贫困地区，脱贫难度非常大。2020 年脱贫，时间紧，任务重，会不会脱离实际？能不能如期实现？

习近平总书记曾这样解释说："全面建成小康社会、实现第一个百

---

① 习近平：《决胜全面建成小康社会　夺取新时代中国特色社会主义伟大胜利——在中国共产党第十九次全国代表大会上的报告》，人民出版社 2017 年版，第 48 页。

年奋斗目标，农村贫困人口全部脱贫是一个标志性指标"，"不能到了时候我们一边宣布全面建成了小康社会，另一边还有几千万人生活在扶贫标准线以下。如果是那样，必然会影响人民群众对全面小康社会的满意度和国际社会对全面小康社会的认可度，也必然会影响我们党在人民群众中的威望和我们国家在国际上的形象"。① 这一重要论述深刻把握了脱贫与小康的内在联系，找到了脱贫的参照系，找准了实现小康的最大短板。

全国层面有了科学的时间表，干部有消除贫困的工作热情，群众有早日脱贫的急切心情，要是各地落实时层层加码怎么办？确实，在实施过程中，有12个省份提出提前实现脱贫目标，多的提前三年，少的提前一年。省里时间提前了，市里、县里就紧跟着层层加码提前，有的省里定了2020年，市里就定2018年，到了县就定2017年脱贫。有的地方提出的口号是："白加黑、五加二，三年活要一年干"，"奋战三百六十天，贫困帽子甩一边"。西部某深度贫困县贫困发生率高达百分之三十以上，却提出要提前四年摘帽。主观愿望好并不能带来客观好结果，若时间表脱离了实际，无疑会引发虚假脱贫、数字脱贫。

针对这种苗头，习近平总书记及时提醒说："脱贫攻坚多干快干，主观愿望是好的，但这样的时间表是不是符合客观现实？会不会引发'被脱贫'、'假脱贫'？口号喊出去了，到时候做不到就会失信于民。不顾客观条件的层层加码，看似积极向上，实则违背规律、急躁冒进，欲速则不达。有条件的地方可以提前完成，但要量力而行、真实可靠、保证质量，不要勉为其难、层层加码，要防止急躁症，警惕'大跃进'，确

---

① 中共中央文献研究室编：《习近平关于全面建成小康社会论述摘编》，中央文献出版社2016年版，第154页。

保脱贫质量。"①

天下大事必作于细。有了时间表之后，还需要具有可操作性的路线图，这就要分问题、分地区、分方式、分策略地制定打赢脱贫攻坚战的实施方案。

2015年10月16日，在减贫与发展高层论坛的主旨演讲中，习近平总书记指出："我们坚持分类施策，因人因地施策，因贫困原因施策，因贫困类型施策，通过扶持生产和就业发展一批，通过易地搬迁安置一批，通过生态保护脱贫一批，通过教育扶贫脱贫一批，通过低保政策兜底一批。我们广泛动员全社会力量，支持和鼓励全社会采取灵活多样的形式参与扶贫。"② 具体来说，一是发展生产脱贫一批，引导和支持所有有劳动能力的人依靠自己的双手开创美好明天，立足当地资源，实现就地脱贫。二是易地搬迁脱贫一批，贫困人口很难实现就地脱贫的要实施易地搬迁，按规划、分年度、有计划组织实施，确保搬得出、稳得住、能致富。三是生态补偿脱贫一批，加大贫困地区生态保护修复力度，增加重点生态功能区转移支付，扩大政策实施范围，让有劳动能力的贫困人口就地转成护林员等生态保护人员。四是发展教育脱贫一批，治贫先治愚，扶贫先扶智，国家教育经费要继续向贫困地区倾斜、向基础教育倾斜、向职业教育倾斜，帮助贫困地区改善办学条件，对农村贫困家庭幼儿特别是留守儿童给予特殊关爱。五是社会保障兜底一批，对贫困人口中完全或部分丧失劳动能力的人，由社会保障来兜底，统筹协调农村

① 中共中央文献研究室编：《习近平关于社会主义经济建设论述摘编》，中央文献出版社2017年版，第238页。
② 习近平：《携手消除贫困 促进共同发展——在2015减贫与发展高层论坛的主旨演讲》，人民出版社2015年版，第6页。

扶贫标准和农村低保标准,加大其他形式的社会救助力度。"五个一批"工程,找到了解决贫困问题的"药方子",为绘就脱贫攻坚路线图指明了方向。

2015 年 11 月,《中共中央国务院关于打赢脱贫攻坚战的决定》印发,明确了打赢脱贫攻坚战的总体要求、基本方略、基本原则和主要任务。2016 年 11 月,国务院印发我国扶贫开发历史上第一个五年规划《"十三五"脱贫攻坚规划》,系统谋划了"十三五"时期脱贫攻坚工作。《规划》以中央扶贫开发系列决策部署为总遵循,以精准扶贫精准脱贫基本方略为总引领,以确保贫困地区和贫困人口与全国一道进入全面小康社会为总目标,主要阐述了"十三五"时期脱贫攻坚工作的指导思想、基本原则、主要目标、重点任务、保障措施等,明确了产业发展、转移就业、易地搬迁、教育扶贫、健康扶贫、生态保护、兜底保障、社会帮扶、区域发展等方面的重大举措、重大工程和重大项目。《规划》既突出了宏观指导性,也强调了微观可操作性,为打赢脱贫攻坚战指明了前进方向。

(三)咬定目标、苦干实干

愚公移山是广为流传的故事,讲述的是愚公为了挖走挡在家门口的大山,不顾智叟的讥笑,带领儿孙每天挖山不止,最后愚公的精神感动了上天,上天派神仙搬走了大山。千百年来,愚公移山精神成为中华民族迎难而上、奋发图强、艰苦奋斗的精神动力。在我们党领导的革命、建设和改革实践中,愚公移山精神发挥过巨大作用。1945 年,在党的七大闭幕会上,毛泽东讲述了愚公移山的故事,号召全国人民一起推翻封建主义和帝国主义的大山。1981 年,党的十一届六中全会通过的《关于

脱贫

中国为什么能

建国以来党的若干历史问题的决议》号召继续发扬愚公移山的精神，同心同德，排除万难，为把我国建设成为社会主义强国而努力奋斗。党的十八大以来，在脱贫攻坚实践中，习近平总书记再次提到愚公移山，号召全党全国人民咬定目标、苦干实干，打赢脱贫攻坚战。

贫困人口全部脱贫是全面建成小康社会的底线任务和标志性成果。截至 2015 年底，我国还有 5630 万农村建档立卡贫困人口，多数西部省份的贫困发生率在 10% 以上，民族 8 省区贫困率达 12.1%。到这个阶段，依靠常规举措已经很难摆脱贫困了。2015 年 11 月 27 日，中央扶贫开发工作会议在北京召开。这是党的十八届五中全会后召开的第一个中央工作会议，体现了党中央对扶贫开发工作的高度重视。在这次会议上，习近平总书记指出："我们要立下愚公移山志，咬定目标、苦干实干，坚决打赢脱贫攻坚战，确保到 2020 年所有贫困地区和贫困人口一道迈入全面小康社会。"[1]11 月 29 日，《中共中央国务院关于打赢脱贫攻坚战的决定》正式印发。脱贫攻坚战的冲锋号吹响了。

经过艰苦努力，到 2017 年底，贫困人口减少 6853 万，贫困县摘帽 100 多个，脱贫成绩鼓舞人心。但要看到，仍有 3000 多万贫困人口，按照建档立卡的数据，贫困户中因病、因残致贫比例分别超过 40%、14%，65 岁以上的老年人比例超过 16%。特殊群体贫困程度深、减贫成本高、脱贫难度大，多数属于无力脱贫、无法脱贫的情况。如何聚焦最难脱贫群体？如何避免脱贫人群再返贫的困境？如何杜绝数字脱贫？党的十九大把精准脱贫作为三大攻坚战之一进行全面部署，锚定全面建成小康社会目标，聚力攻克深度贫困堡垒，决战决胜脱贫攻坚。2018 年

---

[1] 《习近平谈治国理政》第二卷，外交出版社 2017 年版，第 83 页。

6月,《中共中央国务院关于打赢脱贫攻坚战三年行动的指导意见》就最后冲刺阶段脱贫攻坚进行了部署。

打赢脱贫攻坚战三年行动开展以来,各地咬定 2020 年现行标准下农村贫困人口实现脱贫、贫困县全部摘帽、解决区域性整体贫困的目标任务,进一步强化脱贫攻坚举措,进一步加大支持保障力度。到 2019 年底,脱贫攻坚目标任务接近完成。贫困人口从 2012 年底的 9899 万人减到 2019 年底的 551 万人,贫困发生率由 10.2% 降至 0.6%,连续 7 年每年减贫 1000 万人以上,94.4% 的贫困人口已实现脱贫。"三区三州"的脱贫进展同样顺利推进。2019 年,中央财政专项扶贫资金新增 200 亿元主要用于"三区三州"等深度贫困地区,各部门从投资、信贷、保险、产业、土地等多方面出台倾斜支持政策,加大对深度贫困地区的支持力度。"三区三州"建档立卡贫困人口由 2017 年底的 305 万人减少到 2019 年底的 43 万人,两年时间减少了 85.9% 的贫困人口,贫困发生率从 14.6% 下降到 2%。这一成绩意味着脱贫攻坚取得决定性成就。

然而,在脱贫攻坚进入最后收官战的关键时刻,一场突如其来的新冠肺炎疫情在全国蔓延,对打赢脱贫攻坚战带来了不少新挑战。比如,贫困劳动力外出务工受到影响,如果不采取措施,短时间内收入就会减少;扶贫地区农畜牧产品卖不出去,农用物资运不进来,生产和消费下降,影响产业扶贫增收;易地扶贫搬迁配套、饮水安全工程、农村道路等项目开工不足,不能按计划推进;一些疫情严重的地区,挂职干部和驻村工作队暂时无法到岗;等等。

为及时有效应对新冠肺炎疫情带来的影响,确保取得最后胜利,2020 年 3 月 6 日,习近平总书记主持召开决战决胜脱贫攻坚座谈会。这次座谈会的规格非同一般,是党的十八大以来脱贫攻坚方面最大规模的会议，所有省区市主要负责同志都参加，中西部 22 个向中央签了脱贫攻坚责任书的省份一直开到县级。座谈会一开始，习近平总书记就开门见山指出："今年年初，我就考虑结合到外地考察，把有关地方特别是还没有摘帽的贫困县所有负责同志都请到一起开个会，研究决战脱贫攻坚工作部署。新冠肺炎疫情发生后，也考虑过等疫情得到有效控制后再到地方去开，但又觉得今年满打满算还有不到 10 个月的时间，按日子算就是 300 天，如期实现脱贫攻坚目标任务本来就有许多硬骨头要啃，疫情又增加了难度，必须尽早再动员、再部署。"[①] 这次座谈会向全党全国全社会发出了向贫困发起总攻的动员令，表明了党中央如期实现脱贫攻坚目标任务的决心。

目标再宏伟，唯有紧紧咬定，才能一鼓作气实现；任务再光荣，唯有苦干实干，才能不折不扣完成。根据脱贫攻坚的时间表和路线图，从 2012 年到 2020 年，各地脱贫攻坚按照量力而行、真实可靠、保证质量的要求有序推进，做到扶真贫、真扶贫，脱真贫、真脱贫，如期完成消除绝对贫困的艰巨任务。

二、贫困地区党委和政府的头等大事

无论是就个人来说，还是就组织来说，做一件事，重视与不重视，其结果截然不同。脱贫攻坚是一件难度空前的工作，只有高度重视才能避免流于形式。如果党委和政府重视，提上议事日程，摆在突出位置，

---

① 习近平：《在决战决胜脱贫攻坚座谈会上的讲话》，人民出版社 2020 年版，第 2 页。

脱贫攻坚就能强力推进，按时保质完成。可以说，贫困地区党委和政府能否下决心打赢脱贫攻坚战，直接关系到脱贫攻坚的成效。

（一）以脱贫攻坚统揽经济社会发展全局

"各级党委和政府在贯彻落实五中全会精神、谋划当地'十三五'发展规划时，要抓住主要矛盾，对什么是最突出的短板做到心中有数。凡是有脱贫攻坚任务的党委和政府，都必须倒排工期、落实责任，抓紧施工、强力推进。特别是脱贫攻坚任务重的地区党委和政府要把脱贫攻坚作为'十三五'期间头等大事和第一民生工程来抓，坚持以脱贫攻坚统揽经济社会发展全局。"①这是 2015 年 11 月 27 日，习近平总书记在中央扶贫开发工作会议上的一段讲话，对贫困地区党委和政府提出了明确要求。

强调"头等大事"，是说要把脱贫攻坚摆在首要位置，在思想认识上、工作部署上、条件保障上优先考虑，其他工作都要服从和服务于这项工作，不能有任何闪失。强调"第一民生工程"，是说这是一项与老百姓联系最直接、最紧密的工作，事关群众的幸福生活，要从为民造福、增进民生福祉的高度来认识和推进，不能失信于民。办好"头等大事"，抓好"第一民生工程"，就要坚持以脱贫攻坚统揽经济社会发展全局。

加强组织领导。脱贫攻坚，加强领导是根本。各级党委和政府把脱贫攻坚列入重要议事日程，加强对脱贫攻坚工作的组织领导。河北平泉市成立精准脱贫工作委员会和以市委书记、市长为"双组长"的市扶贫

---

① 《十八大以来重要文献选编》（下），中央文献出版社 2018 年版，第 46 页。

开发领导小组，将脱贫攻坚列入市乡村三级党政一把手工程，坚持"一把手抓，抓一把手"。全市 29 名县处级领导干部以上率下，带头联系贫困程度最深的 118 户贫困户。2017 年到 2018 年上半年，各乡镇扶贫干部取消双休日，奋斗在扶贫一线。河南省兰考县形成"书记县长负总责，四大班子齐上阵"的工作机制，建立"周例会、月推进会"制度，每周一各分管县领导分别召集分管部门召开分项工作例会，每月召开一次脱贫攻坚工作推进会，县领导和行业部门负责人到一线解决问题。

加大资金投入。基础设施建设需要资金，改善教育医疗住房条件需要资金，落实工作待遇需要资金，产业发展需要资金……脱贫攻坚，资金投入是保障。各地加大脱贫攻坚的资金投入，为打赢脱贫攻坚战提供了强有力的资金保障。山西省 117 个县（市、区）中 58 个是贫困县，脱贫攻坚任务艰巨。在财政收支矛盾突出、平衡难度很大的情况下坚持将投入向脱贫攻坚等基层一线倾斜。2017 年，全省"三基建设"资金投入 68.6 亿元，2018 年增长到 78.1 亿元，增幅 13.8%。湖南省持续加大财政投入，2018 年省本级财政投入 38.14 亿元，增幅 13.1%，2019 年投入 45.72 亿元，增幅超过 19%。全省村级组织运转经费由 2012 年村均 4 万元提高到 2019 年村均 24.5 万元，村党组织书记基本报酬由 2014 年月均 800 元提高到 2019 年月均 3167 元，极大激发了基层干部的干事创业热情。

统筹工作安排。脱贫攻坚不是孤立的工作，同经济社会发展紧密相连。以脱贫攻坚统揽经济社会发展全局，不是"只要脱贫攻坚，不要经济社会发展"的关系，而是以脱贫攻坚为抓手，使之成为支撑经济稳定发展的新增长点，实现脱贫攻坚与经济社会发展相辅相成。山西省委、省政府结合省情，把生态扶贫作为脱贫攻坚重要战略，在"一个战场"同时打响脱贫攻坚与生态治理"两场战役"。2017 年实现稳定增收 10 多亿元，惠及全省 50 多万贫困人口，走出了一条生态建设与群众致富双赢的道路。四川省凉山州是全国最大的彝族聚居区，学前儿童听不懂、不会说普通话现象相当普遍。2018 年 5 月，州委、州政府启动实施"学前学会普通话"行动试点工作，成立由四川省政府副秘书长、省扶贫移民局局长降初为组长的凉山州"学前学会说普通话"行动协调小组，探索出"123456"工作法，实际成效明显，为阻断贫困代际传播奠定了基础。

强化监督检查。必要的监督检查有助于及时发现解决弄虚作假、履职不力等问题，确保脱贫攻坚各项政策任务落到实处。江西省广昌县将考核、监督、问责贯穿脱贫攻坚工作始终，将脱贫攻坚工作纳入各乡镇、各部门年度综合考核评估；建立由县级领导带队的监督组，采取不打招呼、直奔现场等方式进行督查；出台脱贫攻坚工作问责办法，严肃查处不作为、乱作为、慢作为和扶贫领域的"微腐败"。重庆市石柱县坚持从严从实、问效问责原则，建立由县委书记、县长、县人大常委会主任、县政协主席以及县委专职副书记牵头的 5 个片区督导组，分别负责 6—7 个乡镇（街道）脱贫攻坚工作的督导。此外，成立腐败和作风、责任落实、业务工作三个专项督导组，形成"5+3"的督战体系。

（二）"五级书记"一起抓

2020 年 4 月 21 日，习近平总书记来到陕西省安康市平利县老县镇，在茶园考察脱贫攻坚情况时的一张照片在网上刷屏。照片中，习近平总书记面带微笑走向正在工作的茶农，身旁有陕西省委书记、安康市委书记、平利县委书记、蒋家坪村支书。这张照片实际上反映出在以习近平同志为核心的党中央领导下，省市县乡村"五级书记"一起抓扶贫的工作机制。

中国问题专家罗伯特·劳伦斯·库恩曾对这一运行机制进行过跟踪研究。他这样评价说：中国共产党的领导"不仅仅是发出指令和公告，而且是通过中央政府和省市县乡村五级地方政府的组织结构，切实执行计划和实施项目。这五级地方政府都由党的书记——五个级别的党组织的书记——直接领导，我跟踪他们的扶贫工作，跟踪每个党组织书记的具体工作职责与他们的集体工作如何有机啮合在一起。所有这些党的书记都认为扶贫是他们最重要的任务——我在中国待了很长时间，很清楚他们不是在为我演戏，也不是为了给我留下深刻印象而编造谎言"①。

中国共产党的组织机构包括中央组织、地方组织和基层组织，这种机构设置层级清晰、职责明确，可以有效确保中央政令畅通、决策落地生根。依托这一组织体系，在脱贫攻坚实战中建立起中央统筹、省负总责、市县抓落实的工作体制，成为中国特色脱贫攻坚制度体系的根本制度。具体来说，中央统筹，就是要做好顶层设计，主要是管两头，一头是在政策、资金等方面为地方创造条件，另一头是加强脱贫效果监管。省负总责，就是要做到承上启下，把党中央大政方针转化为实施方案，加强指导和督导，促进工作落地。市县抓落实，就是要因地制宜，从当地实际出发，推动脱贫攻坚各项政策措施落地生根。而到了乡村，就要扑下身子解难题、办实事。

层级清晰无疑有利于明确分工，但是脱贫攻坚任务艰巨，需要持久作战，随着时间推移，要是出现压力传导逐级递减，责任落实逐层分解的状况怎么办？脱贫攻坚是项系统工程，涉及事务多、工作链条长、统

---

① [美]罗伯特·劳伦斯·库恩等：《脱贫之道：中国共产党的治理密码》，重庆出版社 2020年版，第18页。

筹协调任务重、需要调动的资源多,诸如易地搬迁等工作甚至要跨行政区域,显而易见,单靠一地方一部门之力根本无法推动落实。为避免出现这种情况,我们党基于中央统筹、省负总责、市县抓落实的管理体制,建立脱贫攻坚"一把手"负责制,实行省市县乡村"五级书记"一起抓的工作机制,这就改变了以往扶贫工作由副职分管的状况,为确保脱贫攻坚政策落到实处提供了政治保证和组织保障。

比如,层层签订脱贫攻坚责任书。为了落实脱贫攻坚"一把手"负责制,中央农村工作领导小组和国务院扶贫开发领导小组制定了《脱贫攻坚责任书》。2015 年 11 月,在中央扶贫开发工作会议期间,22 个脱贫任务重的省区市党政主要负责同志向中央签订了《脱贫攻坚责任书》。《脱贫攻坚责任书》一式四份,中央农村工作领导小组和国务院扶贫开发领导小组各留一份,作为对各地脱贫攻坚成效考核的重要依据,还有两份分别由当地省委和省人民政府带回,供对标对表执行。军中无戏言,责任书实际上是给党中央立的军令状,完不成显然要被追责。在此基础上,省、市、县、乡、村各级一把手逐级签订责任书,通过责任书把压力级级传导下去,责任层层落实下去,形成省市县乡村"五级书记"一起抓的工作格局。

又如,实行最严格的考核评估和监督巡查。2016 年 2 月,中共中央办公厅、国务院办公厅印发的《省级党委和政府扶贫开发工作成效考核办法》,提出从 2016 年到 2020 年,由国务院扶贫开发领导小组每年组织一次考核,重点考核减贫成效、精准识别、精准帮扶、扶贫资金四个方面的工作。考核并不是填表格、走过程,特别注重考核结果的运用,发挥考核的指挥棒作用。对考核结果好的,给予表扬和奖励;对问题突出的要约谈,指出问题,督促整改;对不作为的要问责;对问题严重的、违纪违法的严肃处理。在实际工作中，还探索了省际交叉考核等方式，提升考核质量。

"千招万招，不落实就是虚招；千条万条，不落实就是白条。"从上述"硬核"举措可以非常清晰地看到我们党想尽一切办法遏制"上热、中温、下冷"现象，解决"沙滩流水不到头"问题。这些措施有力地推动各级一把手切实担负起领导责任，把脱贫攻坚列入重要议事日程，把这项工作抓紧抓实抓好，抓出成效。落实"一把手"负责制，"五级书记"一起抓，充分发挥出党的政治优势和组织优势，彰显出世界上其他政党都不具有的强大力量。

（三）帮钱帮物，不如帮助建个好支部

"帮钱帮物，不如帮助建个好支部。"这句话既是贫困群众的心声和渴望，也是脱贫攻坚的关键一招和宝贵经验。说起基层党建，有人认为党建是"虚功"，脱贫任务繁重，哪有那么多精力抓党建。在实践中，这种认识的直接表现就是重事务轻党建。事实证明，这种认识是极其错误的。从实际情况来看，导致贫困的原因可以列出很多种，比如自然环境、交通条件、地理位置、资源禀赋等，但基层组织力量薄弱无疑是重要一点。而摆脱贫困的经验可以总结出若干条，但肯定有一条是抓好党建促脱贫。综览全国脱贫地区翻天覆地的变化，"围绕扶贫抓党建，抓好党建促扶贫，检验党建看脱贫"成为脱贫攻坚的必经之路。

湖南花垣县十八洞村，是地处武陵山区的苗族村寨，交通闭塞、产业荒芜，百姓收入低，生活很艰苦，一个月至少有 15 天要靠点蜡烛度过。2013 年，全村人均纯收入 1668 多元，贫困发生率高达 57%。其实，在脱贫攻坚战打响之前，十八洞村就建有党支部，但班子成员只有 3 人，

平均年龄接近 60 岁，两人小学文化，一人初中文化，整个组织软弱无力、形同虚设。2013 年 11 月，习近平总书记来到十八洞村，提出"精准扶贫"的重要思想，极大地鼓舞了当地党员群众。时任老党支部书记石顺莲同志和一些党员群众联系从迪拜务工回来的党员龙书伍，请他带领全村党员群众一起干，拔掉"穷根子"，过上好日子。经过换届选举，三名产业带头人、一名大学生村官被选进班子，党支部结构全面优化。

十八洞村党支部把党小组建在农村合作组织、产业链、村寨网格上，推选支委担任村苗绣公司等新经济组织责任人，推动党的组织有效融入到村建设和发展的各项工作中，党的工作有效覆盖全体村民。组织建立起来，脱贫工作开展起来。十八洞村党支部带领党员群众敢闯敢试，敢想敢干，走出了一条脱贫致富奔小康的新路子。一是通过"党员＋合作社＋农户"、党员分组带产业等方式，大力发展蔬菜、水果、畜禽养殖等产业，变生态优势为经济优势，变自己单干为合伙一起干。二是依托纯净美丽的自然山水、淳厚质朴的民风民俗以及原汁原味的民族风情，建立十八洞村苗寨文化传媒公司，开发乡村旅游。三是从人多地少，产业规模化发展受阻的实际出发，在 30 公里外流转 1000 亩土地，建成猕猴桃种植基地。现如今，村党支部充分发挥战斗堡垒作用，肩负起组织群众、宣传群众、凝聚群众、服务群众的职责。十八洞村产业发展势头向好，乡村旅游红红火火，"飞地"经济硕果累累。党支部的存在感、党员的归属感、群众的获得感都明显提升，致富道路越走越宽广。①

十八洞村党支部的事例很好地诠释了"火车跑得快，全凭车头带"的真谛。脱贫攻坚的政策能否落到实处，贫困群众能否参与进来、行动

---

① 参见中共中央组织部组织二局组织编写：《抓党建促脱贫攻坚案例选：战斗堡垒》，党建读物出版社 2019 年版，第 244—249 页。

起来，关键看基层党组织是否坚强有力。要打赢脱贫攻坚战，必须加强基层组织工作，配齐建强农村党组织班子。正因如此，习近平总书记指出："要把夯实农村基层党组织同脱贫攻坚有机结合起来，选好一把手、配强领导班子，特别是要下决心解决软弱涣散基层班子的问题，发挥好村党组织在脱贫攻坚中的战斗堡垒作用。"① 抓党建促脱贫攻坚的实践表明，抓基层党建，就是抓创造力、凝聚力、战斗力，一个有创造力、凝聚力、战斗力的党组织，什么困难都难不倒。

抓基层党建，就是抓创造力。贫困地区的贫困是日积月累起来的，某种程度上讲，由旧观念、旧做法、旧习俗等构建起的旧格局具有很大的惯性，是脱贫致富的最大"拦路虎"。脱贫攻坚难，难就难在既要打破旧格局，又要打开新局面。党员是所在地区的先锋模范，党员思想解放、观念更新，基层党组织就有活力，就能够带动整个地区打开新局面。通过加强农村基层党组织建设，引导党员在学习新理论、新政策、新经验中解放思想、打开思路、开阔视野，有助于用新思路、新办法来化解矛盾、解决难题，带领父老乡亲找到脱贫新思路、致富新道路。湖北崇阳县坳上村党支部从抓"一五一十"工程入手，探索出乡村治理新路子，刹住了摸牌赌博、好吃懒做的歪风。广西巴马县交乐村党总支带领群众改变油茶、玉米、青菜等低产值的种植模式，确定"一果一虫一朵花"的思路，因地制宜发展核桃、桑蚕、龙骨花，群众收入成倍增加。

抓基层党建，就是抓凝聚力。"人心齐，泰山移。"人心齐，主要的就是思想认识一致，有共同的努力方向。党建工作，实际上就是做人的工作。做好做通党员的思想工作，整个队伍的凝聚力也就慢慢形成了。

---

① 习近平：《在深度贫困地区脱贫攻坚座谈会上的讲话》，人民出版社 2017 年版，第 18 页。

党员生活在群众中，党心连着民心，党心影响着民心，党心凝聚了，凝聚民心就不难了。"人人争当贫困户，户户争要救济粮"曾是贵州安顺市平坝区塘约村的真实写照。面对人心涣散、不思进取的局面，村党总支认识到究其根源是村党总支没有凝聚力，缺乏威信，形成了"没有严肃的党内政治生活，党组织和党员将是一盘散沙"的思想共识。为此，村党总支严格执行基层党组织制度，成立由德高望重的老党员组成的监督委员会进行监督。随着各项制度的规范运行，党员干部的归属感和凝聚力随之增强，村党总支的威信也树立起来，群众的干事热情聚焦到发展上来。

抓基层党建，就是抓战斗力。党章明确指出："党的基层组织是党在社会基层组织中的战斗堡垒，是党的全部工作和战斗力的基础。"完成脱贫攻坚任务，要做大量协调组织落实工作，要应对可预见甚至难以预见的艰难困苦，直接考验着基层党组织的战斗力。软弱涣散、一盘散沙的党组织，显然不可能形成强大的战斗力。战斗力是从党员干部迎难而上、承担责任的担当中来的，从办实事、解难事的高超本领中来的，从一心为民、真抓实干的过硬作风中来的。抓基层党建，一个重要内容就是教育引导党员干部增强责任感、使命感，提升狠抓落实的本领，保持密切联系群众的作风。面对浩大的修路工程，河北灵寿县车谷砣村"两委"班子6人下定决心"要致富，先修路"，自掏腰包凑起启动资金，用了两个半月的时间，硬是把一段长700多米的路基修到了8米宽。修路工程的推进让群众看到了希望，党组织一呼百应，全村修路的热情空前高涨，大家纷纷投入到义务修路当中。

党组织无论在什么时候都是引领党和国家事业的重要力量，在脱贫攻坚工作中，党支部在贯彻落实党和国家政策方面发挥了不可替代的作用。建好党支部，脱贫攻坚政策得到了更准确的宣传，群众更愿意响应党的号召，更愿意参与到脱贫攻坚工作中来，贫困群众有困难，更容易找到组织，更容易有针对性地解决贫困问题；党员干部的创造力得到了激发、凝聚力得到了提升。在党支部有形力量和无形作用的共同影响下，脱贫攻坚得到了稳步而有力的推进。

三、发挥党员干部主力军先锋队作用

"政治路线确定之后，干部就是决定的因素。"[①]革命时期如此，建设时期也是如此。脱贫攻坚任务能否如期完成，很大程度上取决于干部这个"关键少数"。毫不夸张地说，党员干部素质和能力如何，直接影响着脱贫攻坚的成效。

（一）选好配强干部队伍

驻村工作队、第一书记、帮扶责任人……对于贫困群众来说，这些词汇并不是抽象的身份，而是一个个具体的扶贫干部，脑海中浮现出的是他们忘我工作的身影和熟悉而亲切的面孔。打赢脱贫攻坚战，就要尽锐出战，选好配强干部队伍，派最能打的人上前线。党的十八大以来，我们党按照因村派人、精准选派的原则，集中精锐力量投向脱贫攻坚主战场，一大批政治素质好、综合能力强、工作作风实的干部扎根基层扶贫一线，倾心倾力帮助贫困群众找出路、谋发展、早脱贫。

---

① 《毛泽东选集》第二卷，人民出版社 1991 年版，第 526 页。

2014 年 1 月，中共中央办公厅、国务院办公厅印发了《关于创新机制扎实推进农村扶贫开发工作的意见》，创造性地提出了普遍建立驻村工作队（组）的制度，要求确保每个贫困村都有驻村工作队（组），每个贫困户都有帮扶责任人。为更好发挥驻村工作队脱贫攻坚生力军作用，2017 年 12 月，中共中央办公厅、国务院办公厅印发了《关于加强贫困村驻村工作队选派管理工作的指导意见》，就加强贫困村驻村工作队选派管理工作提出指导意见。

干部从哪儿来？县级以上各级机关、国有企业、事业单位要选派政治素质好、工作作风实、综合能力强、健康具备履职条件的人员参加驻村帮扶工作。新选派的驻村工作队队长一般应为处科级干部或处科级后备干部。

干部到哪儿去？每个驻村工作队一般不少于 3 人，每期驻村时间不少于 2 年。坚持因村选人组队，把熟悉党群工作的干部派到基层组织软弱涣散、战斗力不强的贫困村，把熟悉经济工作的干部派到产业基础薄弱、集体经济脆弱的贫困村，把熟悉社会工作的干部派到矛盾纠纷突出、社会发育滞后的贫困村，充分发挥派出单位和驻村干部自身优势，帮助贫困村解决脱贫攻坚面临的突出困难和问题。

选派第一书记是加强农村基层组织建设、解决一些村"软、散、乱、穷"等突出问题的重要举措。第一书记来自各级机关优秀年轻干部、后备干部，国有企业、事业单位的优秀人员和以往因年龄原因从领导岗位上调整下来、尚未退休的干部，主要选派到党组织软弱涣散村、建档立卡贫困村，中央苏区、革命老区、边疆地区和民族地区以及灾后恢复重建地区做到应派尽派，肩负着建强基层组织、推动精准扶贫、为民办事服务、提升治理水平的职责使命。

选得准，才能干得好。但选派毕竟只是第一步，确保发挥出作用才是重中之重。对于这一问题，在政策设计时就有考虑，围绕指导、支持、关爱、管理、考核等方面提出了一系列明确要求，帮助支持第一书记深入基层、融入村民、进入角色。

2016年初，中央组织部和国务院扶贫办联合举办的第一期中央和国家机关选派第一书记示范培训班开班，拉开了第一书记全覆盖培训的序幕。各省市县围绕脱贫攻坚、基层党组织建设等内容分批对第一书记进行培训，增进第一书记对"三农"工作的认识，提升履职能力。

首先，进行支持保障。组织部门积极推动派出单位与第一书记进行项目、资金、责任"三个捆绑"，使第一书记驻村成为部门结对、单位联村的重要纽带，充分利用派出单位职能优势、资源优势助推脱贫攻坚，合力解决派驻村存在的实际困难。其次，安排第一书记定期体检，办理人身意外伤害保险，帮助解决生活等方面的实际困难。原则上第一书记不承担派出单位工作，原人事、工资和福利待遇不变，同时给予适当的生活补助。再次，对干部进行严格管理。第一书记虽然离开原单位，但并非处于管理盲区，而是由县（市、区、旗）党委组织部、乡镇党委和派出单位共同管理。其中，县（市、区、旗）党委组织部和乡镇党委担负直接管理责任，派出单位加强跟踪管理，定期听取工作汇报，以此督促第一书记遵守纪律、履职尽责。最后，对干部进行考核评价。督促激励第一书记干出成绩，必要的考核评价少不了。各地普遍建立了考核评价制度，实行日常考核、年度考核和任期考核相结合。考核评价并非走形式，其结果作为评先评优、提拔使用、晋升职级、评定职称的重要依据。在实践中，既有工作成效明显而得到表彰奖励、提拔晋级，也有工作敷衍不认真受到批评教育，还有近万名因不能胜任被调整岗位。

从长远看，选派的干部总是有限的，何况都有原单位，不可能一直在村里工作，要想形成"永不离开的工作队"，还得靠本地队伍和人才。为此，除了精准选派贫困村党组织第一书记和驻村工作队，在脱贫攻坚过程中还有意识地把农村致富能手、退役军人、外出务工经商返乡人员、农民合作社负责人、大学生村官等群体中具有奉献精神、吃苦耐劳、勇于创新的优秀党员选配到村党组织书记岗位上，不断优化村干部队伍结构。"从 2013 年开始向贫困村选派第一书记和驻村工作队，到 2015 年，实现每个贫困村都有驻村工作队、每个贫困户都有帮扶责任人。截至 2020 年底，全国累计选派 25.5 万个驻村工作队、300 多万名第一书记和驻村干部，同近 200 万名乡镇干部和数百万村干部一道奋战在扶贫一线。"[1]

在总结运用打赢脱贫攻坚战选派驻村第一书记和工作队的重要经验基础上，2021 年 5 月，中共中央办公厅印发了《关于向重点乡村持续选派驻村第一书记和工作队的意见》，提出在全面建设社会主义现代化国家新征程中全面推进乡村振兴，巩固拓展脱贫攻坚成果，把乡村振兴作为培养锻炼干部的广阔舞台，向重点乡村持续选派驻村第一书记和工作队。

（二）党员干部用心用情用力

习近平总书记指出，"打攻坚战的关键是人"[2]。在艰苦、偏远的扶贫一线，党员干部肩负脱贫重任，有与恶劣自然条件顽强抗争的艰难，

---

[1] 中华人民共和国国务院新闻办公室：《人类减贫的中国实践》，人民出版社 2021 年版，第 35—36 页。

[2] 习近平：《在深度贫困地区脱贫攻坚座谈会上的讲话》，人民出版社 2017 年版，第 17 页。

有与人打交道的苦衷，有倾情付出后工作进展缓慢的焦虑，还有工作途中可预见甚至难以预见的危险，但他们任劳任怨、尽职尽责，敢于担当、勇挑重担，挥洒汗水、无私奉献，用心用情用力带领当地群众突破重重困难，修道路、寻出路、兴产业、谋发展，敢于啃下最难啃的骨头、敢于攻克最难攻的堡垒。在决战决胜的最后时刻，面对新冠肺炎疫情带来的新挑战，党员干部努力克服疫情影响，统筹推进疫情防控和脱贫攻坚，攻坚克难完成预期目标和任务。党员干部既是基层党建的"当家人"，也是乡村建设的"规划人"、产业发展的"引路人"，还是群众工作的"有心人"、为民服务的"贴心人"，在解决一个又一个具体而繁琐的大事小事中，硬着头皮，厚着脸皮，磨破嘴皮，饿着肚皮，踏破脚皮，用自己的辛苦指数换来群众的幸福指数。

基层党建的"当家人"。"乡看村，村看户，农村发展看支部。"第一书记或者村支部书记是村里的一把手，肩负着建好建强村党组织的重要职责。邹传彪在中央统战部工作，2017 年 6 月至 2019 年 6 月任甘肃省积石山保安族东乡族撒拉族自治县吊坪村第一书记。刚到吊坪村时，不少村民反映村"两委"班子工作积极性不高，担当意识不强，工作态度消极，干群关系紧张，多次出现到户扶贫资金错拨或漏拨情况。邹传彪观察到村支部书记因多种原因长期休病假，党员年龄偏大，村干部后继乏人，整个班子队伍软弱涣散。他认识到不扭转这种状况，其他工作无从谈起。经过反复权衡后，邹传彪专门登门拜访老支部书记，做他的思想工作。经过深入细致的交谈后，老支书主动表态让贤，支持年轻人工作。2018 年 9 月，支部重新选举产生党支部书记、副书记，班子队伍焕然一新。经过近一年的努力，班子工作职责、值日值班制度、每周学习例会制度、群众反映问题处理流程、脱贫项目进展定期通报等各项规章制度全面建立。此外，邹传彪有意识地从实际工作中发现和培养年轻人，给年轻人创造锻炼机会、提供提升平台，努力把村里的优秀青年发展成党员，把优秀党员培养成村后备干部。在抓好班子建设的同时，邹传彪有意识地通过指导村"两委"班子围绕"两不愁三保障"目标，制定吊坪村脱贫攻坚三年行动规划，协助帮扶责任人为175户建档立卡户制订"一户一策"精准脱贫计划或巩固提升帮扶计划等实际工作，提升村干部的工作能力和信心。过去"开会没人来、说话没人听、办事没人跟"的尴尬局面得到了扭转，全村上下在党支部领导下的干事劲头越来越足。①

乡村建设的"规划人"。"两不愁三保障"是脱贫攻坚主要目标，但并不是脱贫攻坚的唯一工作。同贫困人口减少相伴随的还有村容村貌的变化、精神面貌的变化、基层治理的变化等。可见，脱贫攻坚同乡村建设相辅相成，党员干部既是扶贫干部，要想方设法解决贫困问题，也是乡村建设干部，要谋划好乡村的建设和发展。河北涉县后牧牛池村原本是一个靠耕作梯田维系生活的贫困村，在党员干部的带动下，走上了"产业兴旺、生态宜居、乡风文明、治理有效、生活富裕"美丽乡村的康庄大道，成为闻名燕赵、声扬华夏的"全国文明村镇"。这一变化始于2015年。这年春天，支部书记刘留根在县统一组织下到邢台前南峪村考察学习。考察结束后，刘留根陷入了深思：同样是太行山区，为什么前南峪村就能致富？那次考察对他触动很大，回村后抓紧召集村"两委"班子开会，商讨脱贫致富的对策。通过这次思想风暴，大家认为要借助美丽乡村建设和234国道即将建成通车的机会，重修上山路，统一

① 参见中央和国家机关工委编：《中央和国家机关驻村第一书记扶贫典型案例集》，研究出版社2019年版，第3—7页。

开发梯田资源，调整产业结构，发展生态农业。为此，专门成立邯郸后牧牛池旅游开发公司；建立后牧牛池宅基地开发合作社，对村内50多处闲置农宅进行规划设计，打造精品农家乐；建立土地股份合作社，加快土地流转，统一建成中药材种植园区、生态观光园区等富农园区，着力打造沟域经济发展示范带。小有名气后，又专门聘请规划设计院进行设计，形成了《后池村美丽乡村建设总体规划》，坚持"生态优先、发展产业"，着力打造桃花山、多彩梯田、石头古村落三大特色。如今，登上桃花山，映入眼帘的是绵延10公里的万亩侧柏绿化林、600亩桃花景观林、600亩中药材种植园，以及点缀其间的山杏、葡萄、黑枣等产业化种植园。大量旅客慕名而来，在千亩梯田和十里"天路"中感受自然、流连忘返。"全国先进基层党组织""全国文明村镇""中国好人榜"荣誉称号成为脱贫致富道路上的闪亮"路标"。

产业发展的"引路人"。路修通、房盖好，还需兴产业。产业发展是脱贫攻坚的治本之策。产业发展不起来，百姓就富不起来。作为扶贫干部，工作的重中之重就是要找到适合本村实际的产业发展道路。黄文秀，北京师范大学硕士毕业后放弃在大城市工作的机会毅然回到家乡广西百色工作。2018年3月，响应组织号召赴乐业县新化镇百坭村担任第一书记。百坭村是地处桂西大石山区的偏僻山村，11个自然屯分散在不同山头，有的屯相距10多公里。黄文秀来村时，全村贫困发生率22.88%，是个深度贫困村。她深知要改变村里的面貌，必须摆脱产业基础薄弱的困境。黄文秀通过外出考察学习经验，邀请专家来村指导，村干部协商讨论，最终确定把种植砂糖橘、八角、杉木作为本村的产业。可是，前些年村里的砂糖橘滞销问题很突出，销量死活上不去，加上又是个年轻的女娃娃书记，村民的积极性并不高，要动员大家把砂糖橘产业继续做下去就不那么容易了。

黄文秀挨家挨户做工作，请技术人员教授科学种植方法，用尽十八般武艺，终于说服了村民们。黄文秀深知，解决销售难题是说服村民的最好办法，她一边联系果商收购，一边研究起电商渠道，悄悄地开始攻克令人头疼的销售问题。待砂糖橘成熟的时候，村民们意外发现今年根本不愁卖。经电商销售的多达4万多斤，取得22万元销售额的成绩。来村收购的果商也络绎不绝。班统茂家同一片橘园，2017年销售2万斤，2018年则达到9万斤。就在这一年，全村种植砂糖橘面积从1000余亩增加到2000余亩，八角从600余亩扩大到1800余亩，同样在这一年，百坭村88户418名群众实现了脱贫，贫困发生率下降到2.71%。得益于黄文秀打下的产业基础，2020年，全村实现贫困人口"清零"，人均纯收入超过1.5万元。

群众工作的"有心人"。群众不积极，干部干着急；群众不参与，脱贫难致富。脱贫攻坚不是简单地送钱送物，而是始终坚持扶贫对象的主体地位，鼓励劳动、鼓励就业、鼓励靠自己的努力养活家庭，服务社会，贡献国家，这就要想方设法把贫困群众摆脱贫困的上进心激发起来、勤劳致富的内生动力激活起来。程国华，内蒙古自治区赤峰市宁城县小城子镇党委书记，在走访贫困户中认识到，有些农民致贫的根本原因并不是缺项目缺技术缺钱，而是缺志。本来就头脑空空、求财无门，再加上自暴自弃，日子可不就越来越难过了。村民金丽梅是贫困户，丈夫因病丧失劳动力，自觉老天对他们家不公，一度灰心丧气。程国华了解情况后，将一幅写有"天道酬勤"的字画送到她家里，从"天道酬勤"的字义开始聊起，做金丽梅的思想工作，鼓励她坚定信心、鼓起干劲。看到希望的金丽梅在大家帮助下，开始种植果树，日子逐渐好了起来。

做群众工作不仅要解决思想问题，还要解决实际问题。张忠良虽然在本镇宁北村已有 20 年，但户口却在外地。随着年纪增大，身体上的毛病也多了起来。但是非本地户籍，无法参加建档立卡贫困户识别，也就不能享受政府的扶贫政策。针对这种情况，程国华并没有视而不见，而是主动联系户籍所在地，经过反复沟通协商办理了户籍迁移手续。在脱贫攻坚过程中，诸如程国华的事例还有很多，广大党员干部坚持扶贫与扶志相结合，有效解决了"等靠要""干部干，群众看"等问题。广大群众依靠自身努力，用辛勤劳动改变了贫困落后的面貌，实现光荣脱贫。

为民服务的"贴心人"。发自内心才能温暖民心。中国共产党人扶贫，讲究一个"真"字，不搞形式、不图热闹、不务虚功，实实在在地解决贫困以及群众日常生活中遇到的实际问题，切实让老百姓过上好日子。吴树兰，河南省扶贫办公室副巡视员，2010 年起，经本人主动申请，先后担任河南省新蔡县大吴庄村第一书记、确山县西王楼村第一书记。在西王楼村，当了解到村里小孩上学要早出晚归步行十几里山路，中午只能在校吃凉馒头后，吴树兰和村党支部书记曹川林多次到县里汇报工作，在县委支持下帮助村里进行学校改扩建，提供营养午餐和饮用水，让村里小孩接受良好的教育。吴树兰还组织全体村民参加体检，为每位村民建立健康档案，还规划建设村卫生所；各方筹资争取 70 万元修路资金，解决村民出行问题；不怕碰钉子，吃闭门羹，放下面子联系企业家来村投资，资助贫困户和贫困生……这些民生实事真正扶到百姓的心坎上，扶到困扰群众的紧迫问题上。当收到小学生给她做的自制礼物时，吴树兰在驻村日记中写道："今天有件特别高兴的事，由六七个小学生给我做的千纸鹤和画的画，都是画和写美好生活的，很让人感动，每一个小学生都祝我身体健康，都叫我吴奶奶，都说很爱我，童心无邪，我深信他们是真心的。人世间只要你真心对他们，他们也一定会真心对你。每当想到孩子们对自己的好，我都感到十分欣慰，不论自己付出多少，都是值得的。你看，这么小的孩子都会真心对待我。我尽一切努力把西王楼的工作做好，用成绩回报孩子们的真心。"①

党员干部义无反顾地承担起打赢脱贫攻坚战的使命任务，用心用情用力参与脱贫攻坚，真心真情真意帮扶困难群众，在脱贫攻坚这个没有硝烟的战场上呕心沥血、建功立业，为打赢脱贫攻坚战贡献智慧和力量，用实际行动践行着中国共产党的初心和使命，彰显出新时代中国共产党人的责任和担当。

中国特色社会主义最本质的特征是中国共产党领导，中国特色社会主义制度的最大优势是中国共产党领导，这一点在脱贫攻坚工作中也展现得尤为明显。可以说，正是充分发挥了党的政治优势和组织优势，才保质保量完成脱贫攻坚任务，才如期打赢脱贫攻坚战。党的总书记高度重视脱贫攻坚，全国各级党组织必然尽心尽责；党中央统揽全局协调各方，各部门各地方必然齐心协力；党的各级组织积极策划，带头帮扶，凝聚了人心，激发了力量；党和政府的各级干部发挥先锋模范作用，积极进取，担当尽责，既树立了精神旗帜又贡献了行动力量。这一切都是充分发挥中国共产党的政治优势和组织优势的结果，都为打赢脱贫攻坚战提供了坚强保障、凝聚了磅礴力量、发挥了重要作用。

---

① 中共中央组织部组织二局组织编写：《抓党建促脱贫攻坚案例选：第一书记》，党建读物出版社 2017 年版，第 6 页。

第四章

实施精准扶贫方略

　　湖南湘西十八洞村地处武陵山集中连片特困区，是一个藏在偏僻幽静山谷中的苗族聚居贫困村。过去，这里山多地少、交通闭塞、资源匮乏，加上一些扶持政策针对性不强，结果是"年年扶、年年贫"，老百姓生活没有盼头。到 2013 年，全村贫困发生率高达 57%，集体经济空白。2013 年 11 月 3 日，习近平总书记专程到十八洞村考察，首次提出"精准扶贫"。所谓精准扶贫，就是要对扶贫对象实行精细化管理，对扶贫资源实行精确化配置，对扶贫对象实行精准化扶持，确保扶贫资源真正用在扶贫对象身上、真正用在贫困地区。习近平总书记曾形象地说："新中国成立以后，50 年代剿匪，派大兵团去效果不好，那就是'手榴弹炸跳蚤'，得派《林海雪原》里的小分队去。扶贫也要精准，否则钱用不到刀刃上。"[①] 十八洞村人民在精准扶贫方略指引下，经过艰苦奋斗，到 2017 年 2 月，全村贫困人口全部脱贫。

---

① 《习近平总书记的扶贫情结》，《人民日报》2017 年 2 月 24 日。

一、实施精准识贫

扶贫必先识贫。多年来，我国贫困人口总数是国家统计局在抽样调查基础上推算出来的，没有具体落实到人头上。贫困人口究竟是谁、具体分布在什么地方、致贫原因是什么，这些都不太清楚。有的地方存在人情因素和层层分解指标的做法，造成部分贫困户被屏蔽在扶贫对象之外，一些光景不错的农户反而成了扶贫对象，甚至影响到邻里之间的和谐。精准扶贫，关键的关键是要把扶贫对象摸清搞准，找准病灶，这是前提。心中有数方能工作有方，否则扶贫行动就无处发力。

（一）科学制定贫困识别的标准和程序

2014 年初，十八洞村召开村民大会精准识别贫困户，这在当时还是头一遭。村民大会上，村民意见不统一。全村都穷，评谁不评谁有什么标准？"我家里有一台二手微型车，大家不要评我。"村民龙太金主动站起来"让贫"。受龙太金"让贫"启发，十八洞村率先探索出"九不评"精准识别模式。家里有拿工资的不评、在城里买了商品房的不评、在村里修了 3 层以上楼房的不评……十八洞村识别出贫困人口 542 人，为什么能让村民全都服气？根本原因就在于确定了严格的识贫标准，做到了"扶真贫"。

精准识贫，必先定标准。各地在精准识贫过程中，结合当地实际探索出了一些管用的做法。除了十八洞村的"九不评"，还有贵州省威宁县迤那镇总结出的"四看法"，等等。2015 年 6 月 18 日，在部分省区市扶贫攻坚与"十三五"时期经济社会发展座谈会上，习近平总书记特别肯定了贵州省威宁县迤那镇在精准扶贫实践中总结出的"四看法",认为"'四看法'实际效果好,在实践中管用,是一个创造,可以在实践中不断完善"①。所谓"四看法"是指:一看房、二看粮、三看劳动力强不强、四看家中有没有读书郎。一看房,是了解农户住房条件和生活环境。二看粮,是了解农户耕地及收成情况和生产生活条件。三看劳动力强不强,是了解农户劳动力强弱和掌握生产技能情况。四看家中有没有读书郎,是了解农户可持续发展能力和掌握科技知识情况。实际上,无论是"九不评",还是"四看法",都是实施国家扶贫标准的生动实践。2011年12月,中共中央、国务院印发的《中国农村扶贫开发纲要(2011—2020年)》,勾画了全国扶贫开发愿景,首次提出"到2020年,稳定实现扶贫对象不愁吃、不愁穿,保障其义务教育、基本医疗和住房。贫困地区农民人均纯收入增长幅度高于全国平均水平,基本公共服务主要领域指标接近全国平均水平,扭转发展差距扩大趋势"的脱贫标准。后来,这一标准被进一步明确为"一达标、两不愁、三保障",即家庭人均可支配收入稳定超过国家扶贫标准且实现"两不愁三保障"。

大幅度提高收入标准。2011年,中央扶贫开发工作会议宣布,根据到2020年全面建成小康社会目标的要求,适应我国扶贫开发工作转入新阶段的形势,中央决定将农民人均纯收入2300元(2010年不变价)作为新的国家扶贫标准,这个标准比2009年1196元的标准提高了92%。据权威专家解读,按世界银行2005年公布的购买力平价标准来估算,2300元的扶贫线比国际上日均1.25美元的标准要高出约48%。大幅度提高扶贫标准,把更多低收入人口纳入扶贫范围,这是社会发展

---

① 中共中央党史和文献研究院编:《习近平扶贫论述摘编》,中央文献出版社2018年版,第59页。

的进步，是扶贫力度加大的重要措施。

着力解决"两不愁三保障"问题。2012 年 12 月 29 日至 30 日，习近平总书记冒着零下十几摄氏度的严寒，踏雪前往河北阜平县看望慰问困难群众，考察扶贫开发工作。在连夜听取当地工作汇报、看望困难农户、与干部群众促膝长谈期间，他指出："到 2020 年稳定实现扶贫对象不愁吃、不愁穿，保障其义务教育、基本医疗、住房，是中央确定的目标。"① 但是，各地在推动脱贫攻坚战中，还存在单纯以收入指标作为脱贫标准的问题，忽视了"两不愁三保障"。为此，2019 年 4 月 15 日至 17 日，习近平总书记前往重庆考察。他一下飞机，就转火车，再坐汽车，历经 7 个小时，辗转来到重庆市石柱县土家族自治县中益乡华溪村。习近平总书记说，"换了三种交通工具到这里，就是想实地了解'两不愁三保障'是不是真落地"。在重庆，他主持召开解决"两不愁三保障"突出问题座谈会，强调到 2020 年稳定实现农村贫困人口不愁吃、不愁穿，义务教育、基本医疗、住房安全有保障，是贫困人口脱贫的基本要求和核心指标，直接关系攻坚战质量。当然，在具体落实过程中，还包括饮水安全有保障。

现行的识贫标准是多维的综合性指标体系。把"一达标"和"两不愁三保障"结合起来，克服了单纯收入指标在识别贫困人口中的缺陷，将比较容易识别的衣、食、住房、教育、医疗也作为瞄准的指标内容，从而在技术上解决了识贫的方法问题。我国的识贫标准充分考量了贫困人口的生存权和发展权，总体来看，高于世界银行的极端贫困标准，也高于 2015 年确定的《联合国 2030 年可持续发展议程》确

---

① 习近平：《在河北省阜平县考察扶贫开发工作时的讲话》，《求是》2021 年第 4 期。

定的绝对贫困线，体现了中国经济社会发展的实际和全面建成小康社会的基本要求。尤其是，在脱贫目标上，实现不愁吃、不愁穿的"两不愁"相对容易，而实现保障义务教育、基本医疗、住房安全"三保障"的难度较大。

识贫标准的实施需要制定严格的识贫程序。2014年，在一个有965人的省定贫困村，年老的唐某某被建档立卡，村民们意见很大。唐某某有5个儿子，都认为其父脱贫是国家的事，对父亲不管不问。村民们说，他的儿子们如果每人每月拿100元生活费，唐某某就能脱贫。先例一开，会助长"分家比着来、争当贫困户"的歪风。因此，识贫标准的实施，需要制定科学严谨的识贫程序，避免识贫工作的简单化和随意化。

各地在脱贫攻坚的实践中，创造出了一些行之有效的识贫做法，如"七步法""九步法"等。尽管存在步骤数量上的一些差别，但基本上都要经历农户申请、村民小组评议、数据比对、村民代表大会民主评议、公示公告等环节。贫困户识别必须做到"两评议两公示一公告一比对"，即通过农户自愿申请，村民小组评议，形成数据提交县级部门比对（核实申请贫困户家庭拥有城镇住房、车辆、经营实体、财政供养人员等方面的情况），比对结果再反馈给镇村调查核实（对比对结果不搞"一刀切"，要将调查核实具体情况提交评议），村民代表大会进行民主评议后，形成初选名单，进行第一次公示，经公示无异议后报乡镇人民政府审核；乡镇人民政府对各村上报的初选名单进行审核，确定全乡镇拟定贫困户名单，在各行政村进行第二次公示，经公示无异议后报县扶贫办复审，县级审核确认后在各行政村进行公告，对贫困户结对帮扶，发放扶贫手册，录入国家扶贫开发系统。

（二）对贫困村和贫困人口建档立卡

扶贫开发建档立卡就是要对贫困户和贫困村进行精准识别，了解其贫困状况，分析致贫原因，摸清帮扶需求，明确帮扶主体，落实帮扶措施，开展考核问效，实施动态管理，检查帮扶责任人履职情况和贫困对象脱贫情况。

2014 年 4 月，国务院扶贫办印发《扶贫开发建档立卡工作方案》，开始在全国范围内推动实施贫困户建档立卡工作。同年，全国组织近 80 万人进村入户开展贫困识别。建档立卡对象包括贫困户、贫困村、贫困县和连片特困地区。通过建档立卡，全国共识别 12.8 万个贫困村，2948 万贫困户、8962 万贫困人口，基本摸清了我国贫困人口分布、致贫原因、脱贫需求等信息，建立起了全国统一的扶贫开发信息系统。从各地的具体实践来看，有些地方对建档立卡进行了更加细致的分类处理，创造了一些行之有效的做法。井冈山按照"村内最穷、乡镇平衡、市级把关、群众公认"的原则，根据贫困群众的贫困程度，创新提出三卡识别，把贫困程度较深的作为红卡户，贫困程度一般的作为蓝卡户，2014 年已脱贫贫困户作为黄卡户，做到阳光操作、精准分类，并建档立卡，确保贫困户一个不漏，非贫困户一个不进，贫困原因个个门清，脱贫门路户户有数。

实施"回头看"校准识别不准的问题。在早期的建档立卡工作中，由于标准不清、认识不准、程序不严，尚存在一些识别不准现象，尤其是建档立卡名额在分配和使用上的"两层皮"问题。鉴于此，国务院扶贫办推动实施了"回头看"工作，针对初次建档立卡识别不准的问题进行校准。2016 年，顺利动员了 200 万扶贫干部开展"回头看"工作，在不到一年时间内，清退了识别不准人口929万，补录漏评贫困人口807万，识别精准度进一步提高，为后续成功打赢脱贫攻坚战奠定了坚实基础，充分彰显了我国的治理效能。2017年2月，各地统一对2016年脱贫真实性开展自查自纠，245万标注脱贫人口重新回退为贫困人口。2017年3月至9月，各地统一开展建档立卡动态调整，把符合标准的贫困人口以及返贫人口全部纳入。

建档立卡制度是精准扶贫的重要创新。帮助困难乡亲脱贫致富要有针对性，要一家一户摸情况，张家长、李家短都要做到心中有数。各地花了大量精力做建档立卡工作，把不清楚变成了一清二楚。在摸清扶贫对象的基础上，通过建档立卡，完成贫困人口画像，对扶贫对象进行规范化管理，是一项史无前例的工作，标志着扶贫进入了"滴灌式"精准扶贫新阶段。甘肃等地在建档立卡的基础上绘制贫困地图，全面准确掌握贫困人口规模、分布以及居住条件、就业渠道、收入来源、致贫原因等情况，挂图作业，按图销号，做到一户一本台账、一户一个脱贫计划、一户一套帮扶措施，倒排工期，不落一人。习近平总书记肯定地说："这样的探索符合精准扶贫要求，应该积极提倡。"[1]

2017年，《巴基斯坦观察家报》在题为《中国如何赢得对抗贫困的斗争》的文章中指出，"精准扶贫"意味着合理的资源应当在适当的时间被用于正确的地方，中国政府通过编制详尽的贫困人口数据库，设置扶贫时间表，并根据各地区乃至每个家庭的具体情况作出安排，为民众创造更多、更好的工作机遇，并通过组织培训为产业发展提供专业技能人才储备。文章对中国通过建档立卡编制详尽的贫困人口数据库这种

---

[1] 中共中央党史和文献研究院编：《习近平扶贫论述摘编》，中央文献出版社2018年版，第63页。

做法给予了高度评价。建档立卡制度是中国实施精准扶贫方略的重要创新，是中国扶贫历史上第一个真正意义上的贫困人口瞄准机制。通过这一制度的实施，使我国贫困数据第一次实现了到村到户到人，为中央制定精准扶贫政策措施、实行最严格考核制度和保证脱贫质量打下了基础。

二、进行分类施策

正如国际观察家罗伯特·劳伦斯·库恩所说，"我见到了贫困的中国村民，聆听他们讲述自己的故事。一些人通过做小本生意脱贫，一些人搬迁到了城郊地区，一些患病或体弱的人得到社会帮扶……"精准扶贫，要分类施策。某地搞扶贫，给一贫困村提供了120只母羊。羊毛羊奶都是宝，养羊致富挺好的事儿，农户们却不买账。因为政府出资盖的新房子，没有羊圈的位置，且村子周围全是戈壁荒滩，没有地方养羊和放羊。结果，"扶贫羊"被村民吃掉一半。扶贫不是给几只羊、几袋种子，也不是盖房子或搬走了事。扶贫是大政策，大政策还要细化，就像绣花一样。对不同原因、不同类型的贫困，要采取不同的脱贫措施，对症下药、精准滴灌、靶向治疗。2015年10月，习近平总书记首次提出"五个一批"脱贫举措，即发展生产脱贫一批、易地搬迁脱贫一批、生态补偿脱贫一批、发展教育脱贫一批、社会保障兜底一批，为打通脱贫"最后一公里"开出破题良方。其中，发展生产是主攻方向，易地搬迁是重要补充，生态补偿扶贫是"双赢"之策，发展教育扶贫是治本之计，社会保障兜底是基本防线。

脱贫
中国为什么能

（一）发展生产是根本

脱贫攻坚，产业是根本。发展产业是脱贫致富最直接、最有效的办法，也是增强贫困地区造血功能、帮助贫困群众就地就业的长远之计。早在福建宁德工作期间，习近平总书记就发出了"弱鸟如何先飞"的"脱贫之问"。他强调："要使弱鸟先飞，飞得快，飞得高，必须探讨一条因地制宜发展经济的路子"，"无论是种植、养殖还是加工业，都要推广'一村一品'"。贫困的多维性决定了治理手段的多元化，但产业扶贫由"输血式"帮扶变为"造血式"帮扶，在精准扶贫、精准脱贫方略中发挥着强基固本、行久致远的突出作用。"打工不用往外走，挣钱就在家门口。"发展生产是实现脱贫的根本之策，是推动脱贫攻坚的根本出路。发展一个产业，带动一方经济，富裕一方百姓。

发展产业是脱贫致富的内生动力。扶贫不是慈善救济，而是要引导和支持所有有劳动能力的人，依靠自己的双手开创美好明天。"扶贫"这个词非常形象，就像一个人，如果他站不起来，就扶他站起来；如果他走不好路，就扶他走好。"扶"带有帮助的意思，而不是代替他走路，他还是要站起来，自己走。同样道理，许多贫困对象靠自己没有能力站起来，但不等于扶他站起来之后自己不能走，有时候站起来走不了是因为前面没有路。脱贫攻坚的重要任务之一就是要铺好路，扶助贫困户站起来，让贫困户自己走下去，这条路就是发展生产。"让黄花成为乡亲们的'致富花'"，"小木耳办成了大产业"……产业扶贫，是习近平总书记地方考察的重要内容。近年来，不少贫困地区把发展扶贫产业作为重点工作，一些特色产业蓬勃发展，这既是对党中央战略部署的贯彻落实，也彰显了人民群众脱贫致富的内生动力。

开展产业扶贫要因地制宜。推进扶贫开发、推动经济社会发展，首先要有一个好思路、好路子。要坚持从实际出发，找准突破口。位于大别山集中连片特困地区的河南省光山县，以丘岗和浅山区居多，适宜种植油茶树。过去很多村民外出务工，上万亩丘岗地不是种植效益不高，就是被荒弃。近年来，在退耕还林政策的支持下，光山县大力发展油茶产业，很多年轻人返乡创业。曾经裸露的黄土地，披上了一望无际的油茶"绿"。2019 年 9 月 17 日，习近平总书记来到光山县司马光油茶园，察看当地产业脱贫工作成效。他强调，路子找到了，就要大胆去做。要把农民组织起来，面向市场，推广"公司＋农户"模式，建立利益联动机制，让各方共同受益。如今，茶园有了自己的油茶籽综合深加工生产线，结束了此前完全依赖省外企业加工的局面，实现了种植、加工、销售一体化，带动近 30 万农民增收致富。

产业扶贫是稳定脱贫的根本之策，切忌短平快，应考虑长期效益。《人民日报》曾刊文强调，产业扶贫别"编故事"，多听听农民感受。文章指出，在脱贫攻坚战中，各级政府大幅投入，但钱多了，有的地方不会花了。在产业上没有好思路，"给钱给物"不行，任务完不成不行，于是就想走捷径。扶贫资金在企业里一转，部分以分红的名义分给了贫困户，脱贫效果"立竿见影"。名曰产业扶贫，实则玩"数字游戏"。这样为了完成任务"编故事""算脱贫"，是搞弄虚作假的形式主义，注定扶富难扶贫。脱贫不是为了一时摘帽，找准产业、对准人头，要让贫困户真正参与其中，干得了、干得起、长受益。因此，产业扶贫首先要科学规划，根据不同地区具体情况采取适宜的办法，切忌一窝蜂，防范产业趋同化带来的风险。其次，要做充分的调查研究，在此基础上把脉问诊，精准发力，定好盘子、理清路子、开对方子。再次，要以特色产业为抓手，遵循"宜农则农、宜林则林、宜牧则牧、宜商则商、宜游则游"的原则，因地制宜制定适合本地的脱贫方略，打造特色产业集群，做强特色产业深加工，提升特色产业附加值，这样才能确保产业的根扎得深，成为带动当地永续发展的特色产业。

推动资源优势转化为产业优势。贫困地区虽然经济基础薄弱，但不乏独特的发展资源。阿坝州地处青藏高原东南缘，是四川省第二大藏区和我国羌族的主要聚居区。独特的藏羌文化、红色的长征文化与高原的壮美风景、民族的和谐共处交织，成为这里最具特色的旅游资源，引来八方来客。井冈山依托自身优势和资源禀赋，找准了产业增收的路子，保证家家户户都有产业，实施"一户一块茶园、一户一块竹林、一户一块果园、一户一人务工"的产业发展模式，大力发展茶竹果富民产业。用好用活资源、使资源保值增值，是贫困地区实现高质量发展、可持续发展的关键。产业扶贫的一个重要任务就是将这些蕴含着无限机遇的资源"盘活"，使其开出产业化的"花"、结出市场化的"果"，释放出发展经济的巨大能量，为高质量打赢脱贫攻坚战夯实产业基础，提供有力支撑。

促进传统产业升级迭代。在福建宁德有一个叫下党乡的地方。这个地方落后到什么程度呢？老百姓吵架的豪言壮语就是，我还怕你啊，我连圩上都去过，意思是他赶过集、见过世面。那个地方也怕养肥猪，都是深山，抬不出来。老百姓没看过电影，放映队去放《上甘岭》，放完后就有人拿着筐去找子弹壳。从2014年7月开始，在福建省委组织部派驻下党村第一书记曾守福和村"两委"班子的带领下，下党乡下党村因地制宜，紧紧抓住茶叶这一传统产业，通过开发"扶贫定制茶园"，将原来一家一户零散的种茶卖茶方式，提升为成立专业合作社组织村民按标准化程序科学种植并打造自有茶叶品牌、引入专业茶叶经营公司负责项目推广和销售。产业的升级换代同时带动了农家乐发展，全村发生显著变化。贫困地区传统产业在发展中往往面临着生产效率低、产品附加值低、主导产品更新难、产销脱节、污染环境等问题。更好发挥产业扶贫作用，要顺应时代和市场变化，积极推动传统产业升级迭代，确保这些产业不但立得住、立得稳，更要强起来，不断增强造血机能，提升自我发展能力，持续造福贫困地区群众。

（二）生态补偿是新路

家住黑龙江省塔河县的张建国，祖祖辈辈居住在与黑龙江咫尺之遥的边陲小村，耕种着10余亩河滩地，生活十分艰难。经住在二十二林场的二姐的介绍，张建国将信将疑来到林场工作。绿色发展，生态脱贫，给张建国带来了希望。和他同批进场的80多个"小哥们"拿起了生产工具，住进了帐篷，吃上了"大锅饭"。月末，数着花花绿绿的票子，张建国眉开眼笑。生态补偿脱贫是在生存条件差但生态系统重要、需要保护修复的地区，结合生态环境的保护和治理，将生活在生态脆弱地区、搬不走的建档立卡的贫困人口，转为生态保护人员、护林员，领取工资。2013年以来，共有110多万贫困群众当上护林员，守护绿水青山，换来了金山银山，标志着以生态护林员政策为代表的"生态补偿脱贫一批"任务全面完成。

生态补偿脱贫是"双赢"之路。坐拥青山绿水的优质生态资源，但经济发展水平上不去，所谓"富饶的贫困"是许多贫困地区长期没有破解的难题。党的十八大以来，精准扶贫和生态保护成为两大重要任务，二者不可偏废。习近平总书记指出，"我们既要绿水青山，也要金山银山"。由此可知，脱贫攻坚与生态治理应相互促进，即通过生态补偿助力脱贫攻坚，坚持走绿色发展道路，以生态保护为前提推进脱贫攻坚工作。尤其是，深度贫困地区往往处于全国重要生态功能区，生态保护同经济发展的矛盾比较突出。还有一些地方处在地质灾害频发地带，"十年一大灾、五年一中灾、年年有小灾"，实现脱贫和巩固脱贫成果都存在很大不确定性。在此背景下，中央首次提出生态补偿脱贫，这是一条脱贫攻坚与生态文明建设的"双赢"之路。

将建档立卡的贫困人口转为生态保护员。2015 年 11 月 27 日，在中央扶贫开发工作会议上，习近平总书记提出，"结合建立国家公园体制，让有劳动能力的贫困人口就地转成护林员等生态保护人员，从生态补偿和生态保护工程资金中拿出一点，作为他们保护生态的劳动报酬"[1]。将建档立卡的贫困人口转为生态保护员，是生态补偿脱贫的核心要义。选聘建档立卡贫困人口担任生态护林员，既能有效保护生态，也使无法外出、无业可扶、无力脱贫、固守边疆的贫困人口获得了就业和脱贫机会，特别是对因交通不便、语言不通、自身无增收技能、贫困程度深的贫困人口提供了就业岗位。贫困群众积极参与国土绿化、退耕还林还草等生态工程建设和森林、草原、湿地等生态系统保护修复工作，发展木本油料等经济林种植及森林旅游，不仅拓宽了增收渠道，也明显改善了贫困地区生态环境，实现了"双赢"。

加大贫困地区退耕还林还草的力度。蓝天白云，绿树成荫，鸟语花香，空气清新，这是长期以来人类梦寐以求的生存环境。如今的延安人民，就生活在这样的家园。从 1999 年开始，延安人民坚持一张蓝图绘到底，在世界上水土流失最严重的黄土地上持续实施退耕还林，实现了

---

[1] 中共中央党史和文献研究院编：《习近平扶贫论述摘编》，中央文献出版社 2018 年版，第67—68 页。

山川大地由黄到绿的历史性转变。截至 2020 年 10 月，延安全市累计退耕还林 1077.47 万亩，户均获得退耕还林补助 3.94 万元，聘用贫困户护林员 7064 人次，户均增收 4108 元。因此，在实施生态扶贫过程中，应加大贫困地区退耕还林还草的力度，对贫困地区坡度在二十五度以上的基本农田，可以考虑纳入退耕还林范围，并合理调整基本农田保有指标。通过退耕还林还草，使当地贫困对象获得一些补助和劳动性报酬。

增加重点生态功能区财政转移支付力度。我国大部分贫困人口分布在生态环境脆弱、敏感以及重点保护地区。将建档立卡的贫困人口转为生态保护员，并给予劳动报酬，需要加大资金的支持力度。国家实施的退耕还林还草、天然林保护、防护林建设、石漠化治理、防沙治沙、湿地保护与恢复、坡耕地综合整治、退牧还草、水生态治理等重大生态工程，应在项目和资金安排上优先向贫困地区倾斜，增加对生态脆弱和生态保护重点地区的支持力度。对重要生态区域或者生态要素实施国家购买，建立长效投入机制；在国家财政转移支付项目中增加生态补偿项目，建立有利于生态保护和建设的财政转移支付制度，为生态补偿脱贫奠定资金保障。

（三）发展教育是基础

治贫先治愚，扶贫先扶智。仅有 1300 人的李小楼村，十年中，共走出了 138 名大学生，昔日的"贫困村"逐步变成了"大学生村"。不仅仅是李小楼村，还有于寨、刘小集、信寨……河南省郸城县有很多这样的"大学生村"。在郸城县，发展教育成为县委、县政府的"顶层设计"，县政府通过优先教育预算、创新投入机制、拓宽融资渠道等方式不断加大对教育的投入。县委书记罗文阁说："越是贫困县，越要优先抓教育。一个贫困家庭如果能够培养出一名大学生，基本上就挖掉了这个贫困家庭的'穷根子'。"令人欣喜的是，成功学子反哺家乡帮"穷亲"如今已经成为郸城县的普遍现象，为脱贫攻坚注入了强大动力。根据教育部数据显示，2012年以来，中国累计有514.05万建档立卡贫困学生接受高等教育，数以百万计的贫困家庭有了第一代大学生，高等教育向贫困生倾斜，促进了社会的向上流动。

教育程度低是贫困地区的最短板。越穷的地方越难办教育，但越穷的地方越需要办教育，越不办教育就越穷。这种马太效应，实际上也是一个"穷"和"愚"互为因果的恶性循环。一个水桶能装多少水不是由最长的那块木板决定的，而是取决于最短的那块木板。贫困地区的教育水平就是脱贫攻坚战中的最短板，脱贫攻坚就是要克服教育这块"短板"。在一些深度贫困地区，社会发育滞后，社会文明程度低。由于历史等方面的原因，许多深度贫困地区长期封闭，同外界脱节。有的民族地区，尽管解放后实现了社会制度跨越，但社会文明程度依然很低，人口出生率偏高，生病不就医、难就医、乱就医，很多人不学汉语、不识汉字、不懂普通话，大孩子辍学带小孩。有的地区文明法治意识淡薄，家族宗教势力影响大，不少贫困群众沿袭陈规陋习，有病不就医靠信教、搞法事，婚丧嫁娶讲排场、搞攀比，"一婚十年穷"。相对于经济扶贫、政策扶贫、项目扶贫等，教育扶贫直接指向贫穷落后的根源，牵住了贫困地区脱贫致富的"牛鼻子"。

教育是阻断贫困代际传递的治本之策。古人有"家贫子读书"的传统。把贫困地区孩子培养出来，这才是根本的扶贫之策。贫困地区教育事业是管长远的，必须下大力气抓好。"短期脱贫靠打工，中期脱贫靠产业，长期脱贫靠教育"，这在很多地方已成为共识。贫困之所以长期存在、难以根除，很重要的一个原因就在于主体间的代际相传。造成贫困代际传递的因素是多方面的，不能很好地接受教育无疑是重要原因之一。在现代社会，教育是影响社会分层和社会流动的一个重要因素，也是个体获得较好职业、工资水平、社会地位的关键所在。要改变贫困人口的阶层固化，切断贫困代际传递链条，从根本上说还是要靠发展教育。再穷不能穷教育、再穷不能穷孩子，加强教育扶贫，不让孩子输在起跑线上，努力让每个孩子都有人生出彩的机会。只有让贫困地区的孩子们接受良好的教育，才能有效改善人力资源状况，提升贫困人口的就业意愿和水平，阻断贫困代际传递。

教育扶贫的中国之策。在推动教育扶贫过程中，形成了一些基本的做法。首先，解决基础教育问题。四川凉山彝族自治州是全国最大的彝族聚居区。脱贫攻坚初期，四川最穷的 10 个县，凉山包含了 8 个；全州17 个县市，11 个均为国家扶贫开发重点县，贫困发生率高、贫困程度深、脱贫难度大。教育是凉山脱贫攻坚中最为基础和关键的一环。为此，凉山通过"一村一幼"、大小凉山彝区教育扶贫提升工程等方式，普及九年义务教育、丰富教育体系，切断贫困代际传递。凉山还实施了残疾人15 年免费义务教育，采取"一人一策"，通过"随班就读""送教上门""特殊教育学校入学"等方式，防止残疾儿童失学辍学。"义务教育有保障"是教育扶贫的重要标准和"度量衡"，是"两不愁三保障"的重要内容。大多数贫困地区基础设施落后，历史欠账较多。对此，除了继续加大对贫困地区教育硬件设施的投入外，还着重提高教学质量，积极引进支教大学生和异地教师交流团队，采取集中办学点和分散教学点相结合的方式，保证基础教育质量。其次，鼓励发展职业教育和高等教育。特别是职业教育，其对于提高贫困对象的自我发展能力、增加贫困家庭的收入、促进贫困地区的经济发展，具有无可替代的作用。一个贫困家庭的孩子如果能接受职业教育，掌握一技之长，能就业，这一户脱贫就有希望了。最后，加强宣传，营造重视教育的氛围。我国个别地区的贫困人口对教育重要性的认识不足，影响了教育脱贫的成效。对此，有些贫困地区采取了多种宣传方式，通过"志智双扶"，逐步改变贫困地区落后的教育观念。联合国教科文组织非洲优先和对外关系助理总干事马多戈说中国的成功实践表明，教育和技能培训对消除贫困具有基础性作用，中国作为对联合国教科文组织贡献最大的合作伙伴之一和创始会员国之一，将为世界提供教育减贫的经验与做法。埃及艾尔·凯尔基金会首席执行官阿卜杜勒·拉曼表示，埃及实施了和中国类似的教育扶贫策略，给儿童特别是弱势群体的孩子提供免费基础教育，大力发展职业教育以帮助贫困人口获得脱贫致富的技能。中国分享的教育脱贫经验对于全球共同探索教育互利发展具有重要意义。

（四）易地搬迁妥安置

2021 年初，一部以脱贫攻坚为主题的电视剧《山海情》，以极其曲折动人的故事情节和满屏的宁夏方言成为开年爆款，更让"吊庄移民"这个稍显陌生的名词进入了千家万户。吊庄亦称吊庄移民，是指从 20 世纪 80 年代以来，在国家"三西"扶贫资金的支持下，宁夏回族自治区人民政府将居住在宁夏南部"西海固"地区的一部分由于环境恶劣而无法维持正常生活的群众，集中搬迁到能够得到便利灌溉的黄河灌。遵循国家制定的自愿移民原则，搬迁到新居的群众仍然可以选择回到原居住地，这就形成了两处都有家、两处都有身份的情况，就像一副扁担，两头吊着，这也许就是"吊庄"的本意。当然也有人认为，西海固的原生居民都很穷，几十年的家当，用一副扁担就能担光，所以，这个"吊"字也很形象和贴切。可以说，"吊庄移民"开启了扶贫搬迁的先河。之后，扶贫搬迁成为中国开发式扶贫的重要措施。2015 年 12 月 1 日，国务院召开全国易地扶贫搬迁电视电话会议，对"十三五"的易地扶贫搬迁工作进行动员部署，揭开了新时期易地扶贫搬迁工作的序幕，展开了一场改变近千万人命运的"大迁徙"。"十三五"期间，960 多万建档立卡贫困群众已全部乔迁新居，相当于三峡移民的近 8 倍，相当于一个中等人口规模的国家。他们"挪穷窝""换穷业"，通过易地搬迁"拔掉穷根"，是继土地改革和实行家庭联产承包责任制之后，在我国贫困地区农村发生的又一次伟大而深刻的历史性变革，堪称人类迁徙史和世界减贫史上的伟大壮举。

易地搬迁是不得不为之策。赵家洼村是山西省吕梁山集中连片特困地区的深度贫困村。山大沟深、土地贫瘠，生存环境恶劣和深度贫困交织，"一方水土养不好一方人"。2017 年 6 月 21 日，习近平总书记在赵家洼村考察调研，并在此后主持召开的深度贫困地区脱贫攻坚座谈会上，强调"集中力量，找对路子，对居住在自然条件特别恶劣地区的群众加大易地扶贫搬迁力度"①。俗话说，一方水土养一方人。如果一方水土养不了一方人，就要易地搬迁。生存条件恶劣、自然灾害频发的地方，通水、通路、通电等成本很高，贫困人口很难实现就地脱贫，需要实施易地搬迁。易地搬迁主要解决一方水土养不好一方人的问题，是实现贫困群众跨越式发展的根本途径，也是打赢脱贫攻坚战的重要途径。新时代的易地扶贫搬迁被称为脱贫攻坚的头号工程和标志性工程，是脱

---

① 《习近平谈治国理政》第二卷，外文出版社 2017 年版，第 89 页。

贫攻坚的一块硬骨头，是重中之重，难中之难。

解决"搬得出"的问题。武陵山腹地的玉屏侗族自治县，是贵州省唯一的侗族自治县。近年来，当地利用安置点周围相对集中的闲置用地，为每户免费设立"一分地菜园"。村民们说："一辈子和土地打交道，现在搬出来还是想种点地。""微菜园""安心菜园"的创新实践，让搬迁户真正实现了"身迁心也迁"。"一些贫困群众虽然生活很艰难，但故土难离观念很重"①，即使有了新房还是舍不得故土，一些已经搬迁的贫困户，还是经常回村里。部分年纪大的贫困户，往往把新房给儿女住，自己不搬过去。同时，集中迁入地缺乏稳定就业，搬迁群众生活水平无法得到显著提升，也是搬迁难的重要原因。正如一些老百姓所说："虽然镇上房子条件好、生活好，但没啥好干的活儿，生活来源没了，所以还是要回老家住。"部分山区群众在原住地可以实现肉类、蔬菜自给，对于这部分已经习惯这样生活模式的群众来说，搬入安置点的生活适应难度更大。因此，易地搬迁工作要有序推进，坚持群众自愿、积极稳妥，尊重群众意愿，加强思想引导，不搞强迫命令。

解决"稳得住、能致富"的问题。2020年4月21日上午，习近平总书记来到陕西省安康市平利县老县镇锦屏社区考察调研。在搬迁户汪显平家，习近平总书记同一家老少围坐在一起拉家常。他指出，移得出、稳得住、住得下去，才能安居乐业。锦屏社区是陕南区域规模较大的一个生态移民搬迁安置小区。近年来，先后有11个村的高山危住户、地质灾害户和贫困户，从坡陡路断的大山深处搬迁至此。搬迁社区群众或就近务工，或在社区工厂上班，或在山上的产业园种茶，相继有了稳

---

① 中共中央党史和文献研究院编：《习近平扶贫论述摘编》，中央文献出版社2018年版，第67页。

定的收入，开启了"山民变居民"的社区新生活。易地搬迁不仅是"搬得出"的短期性工作，更是"稳得住、能致富"的长期性工作。要"稳得住"，就要想方设法为搬迁人口创造就业机会，保障他们有稳定的收入，同当地群众享受同等的基本公共服务。"搬得出"的问题基本解决后，后续扶持最关键的是就业。乐业才能安居。解决好就业问题，才能确保搬迁群众稳得住、逐步能致富，防止返贫。

易地搬迁要做好统筹规划。易地搬迁是一项复杂的系统工程，"要做好规划，合理确定搬迁规模，区分轻重缓急，明确搬迁目标任务和建设时序，按规划、分年度、有计划组织实施"[1]。首先，易地搬迁与生态保护相互促进。易地扶贫搬迁的对象主要是资源承载力严重不足以及禁止开发区或限制开发区。由于生态环境脆弱以及发展规划限制，属于此类型的贫困地区经济发展缓慢，群众增收困难。对此，一方面，通过集中安置和分散安置相结合的方式，将群众迁往新的安置点，重新开始生产和生活；另一方面，采取保护措施，恢复迁出地的生态，实现可持续发展。其次，做实易地搬迁的后续帮扶措施。易地搬迁的对象还包括基础设施和基本公共服务设施薄弱地区以及地方病严重、地质灾害频发地区。群众搬出此类区域只是脱贫的第一步，要想实现长期稳定脱贫，必须保证安置区的自然条件、经济条件、社会条件优于迁出区，尤其要妥善处理好安置区经济重组和社会重构引发的一系列问题，只有这样才能保证迁出群众实现"留得住、能致富"的目标。最后，实事求是。在易地搬迁中，避免"急躁症"，切忌急功近利，擅自提高标准。根据地方实际，充分论证，统筹规划，稳步推进易地扶贫搬迁工作。

---

[1] 中共中央党史和文献研究院编：《习近平扶贫论述摘编》，中央文献出版社 2018 年版，第66 页。

（五）社会保障来兜底

"大湾好风景，出门就是岭，不是石头绊了脚，就是茅草割了颈。"
这曾是安徽省金寨县大湾村的真实写照。由于地处深山，因病因残致贫
一直是老大难。2014 年，村里贫困户中因病因残致贫的高达 71%，好些
家庭"辛辛苦苦奔小康，一场大病全泡汤"。2016 年 4 月 24 日，习近平
总书记来到大湾村走访村民，同当地干部群众共商脱贫攻坚大计。这几
年，村里逐步建立了多层次医疗帮扶机制，给每个贫困户明确家庭签约
医生，防止"小病不治成大病""小病没发现，大病花大钱"，大湾村人
民通过兜底脱贫保障过上了舒心日子。

作为脱贫攻坚"五个一批"的重要举措，兜底保障担负着脱贫攻坚
的底线任务，是解决贫中之贫、困中之困、坚中之坚的最后防线。全面
建成小康社会，强调的不仅是"小康"，更重要、更难做到的是"全面"。
只有把特殊困难群众的生活保障好，解决贫中之贫、困中之困，方能做
到小康路上不落一人。2013 年 12 月，习近平总书记在中央农村工作会
议上指出："要紧紧扭住农村基本公共服务和基本社会保障的制度建设，
编织一张兜住困难群众基本生活的社会安全网。"社会保障兜底一批，
旨在对无法依靠产业扶持和就业帮助脱贫的家庭实行政策性保障兜底，
确保不漏一户，不落一人。

社会保障是社会进步的要求。社会救助、社会保险和社会福利，作
为中国社会保障体系的三个核心组成部分，在保障基本生存、缓解贫
困、分散风险和提升福利水平等方面发挥着重要作用。其中，社会救助
是社会保障体系中的兜底制度，政府财政承担贫困人口的基本生活保障
责任，如贫困地区最低生活保障制度、特困人员救助供养制度、临时救

助制度、专项社会救助项目等。社会保险则是社会保障体系中的中间制度，对扶贫开发来说具有有效的责任分担作用，贫困人口在承担一定的缴费后享受保险待遇，一般生活风险得到保障。具体来说，贫困地区的社会保险制度包括新型农村合作医疗制度和新型农村养老保险制度，对贫困地区人口实施基本生活保障。社会福利是社会保障体系中的改善制度，促进社会资源再分配，改善贫困人口生活质量，如贫困地区老年人福利制度、残疾人福利制度、妇女儿童福利制度等。

织密筑牢民生保障"安全网"。没有包含弱势群体的小康就不是真正的小康，我们要实现的全面小康社会，是惠及全体人民的小康社会。社会保障是保障贫困人口基本生活的"安全网"，因此，应给予特殊群体更多关爱。关爱特殊群体，首先，要充分发挥社会保障政策的兜底作用。农村低保标准低于扶贫线的地区要逐步提高标准，用"两线合一"免去贫困户的后顾之忧，真正实现"兜底保障"。其次，要统筹各类制度，构建完整的保障体系。统筹特困供养、医疗救助、临时救助、残疾人补贴等救助制度，可以有效解决特殊群体生活难、看病难等问题。最后，要加强对农村"三留守"人员的关爱。大量青壮年劳动力涌入城市，留守老人承担主要体力劳动，存在较大安全隐患；留守妇女独立承担家庭重任，容易导致婚姻不稳定；留守儿童缺乏父母关爱，容易导致心理产生一系列问题，这些都是值得关注并亟待破解的重要课题。

三、确保稳定脱贫

贫困具有多维性、动态性和成因复杂性等特征，脱贫难，稳定脱贫更难。实现脱贫摘帽并不意味着扶贫画上了句号，如何巩固脱贫成果，防止返贫，是打赢脱贫攻坚战必须解决的一项重要课题。

（一）严格评估验收

脱贫评估验收工作是稳定脱贫的关键环节。在贫困县、贫困户的退出过程中，也曾经发生过一些虚假脱贫现象，或弄虚作假、蒙混过关，或降低扶贫标准、为摘帽而摘帽，出现"数字式"脱贫、"算账式"脱贫、"指标式"脱贫、"游走式"脱贫等问题。脱贫验收工作是一项政治任务，容不得半点含糊，决不允许半点弄虚作假。

严格脱贫验收标准和程序。遏制种种不良现象，关键在于严格脱贫结果的验收。验收的标准和要求高不高，验收是否"走马观花"走形式、做样子，群众的眼睛是雪亮的。中共中央办公厅、国务院办公厅印发的《关于建立贫困退出机制的意见》明确指出，贫困户脱贫的主要衡量标准，是该户年人均纯收入稳定超过国家扶贫标准且吃穿不愁，义务教育、基本医疗、住房安全有保障。所以，即便有的贫困户收入达标了，吃穿不愁了，但如果孩子因贫辍学或者还住在危房之中，就不是真正意义上的脱贫。在验收时，必须要"沉下去"，不能"认认真真"走过场，"大会听汇报，屋里看报表"，一味应付"上级检查"，等等。江苏一位扶贫干部告诉《半月谈》记者：一些评估人员总是问贫困户享受了什么扶贫政策，教育扶贫、健康扶贫怎么做的，贫困户一听这些名词就蒙了，不知道具体指的是啥，有些人没听过这些名词，直接就说没有享受相关政策。如果评估人员能采取贫困户易于理解的询问方式，比如问生病有没有医疗保障，家里获得哪些扶贫收入，评估误差也能有效减少。

引入第三方评估。第三方评估其实质是一种更客观的社会监督，是政府创新管理方式的重要措施，意在通过加强外部监督，更好推动各项政策、措施落实。第三方评估机构既非政策制定者，也非执行者，参与脱贫成效考核可有效避免各级党委、政府在脱贫考核评价体系中既当"运动员"又当"裁判员"的现象，充分发挥社会监督作用，使各项脱贫数据更加可靠、更加公正。将"第三方评估"机制引入精准扶贫，有利于客观了解扶贫工作全局，有利于查漏补缺、改进工作，更有利于总结共性的经验教训。当然，脱贫攻坚第三方评估验收工作是一把"双刃剑"。组织运用得好，它将极大地促进扶贫开发工作的进程；反之，若组织运用得不好，它必将挫伤基层扶贫干部的积极性。所有的技术和评价，都有其限度。如果对客观情况不加分析、不加辨别，机械执行，反而助长脱贫领域新的形式主义和官僚主义。

有序退出，逐户销号。脱贫要设定时间表，实现有序退出。贫困县摘帽要和全面建成小康社会进程对表，早建机制、早作规划，每年退出多少要心中有数。既要防止"拖延病"，又要防止"急躁病"。对于脱贫对象要实行逐户销号，做到脱贫到人。保证各级减贫任务和建档立卡数据对得上。脱贫没脱贫，要同群众一起算账，要群众认账。

（二）摘帽不摘政策

脱贫摘帽不是终点。2020 年 4 月 21 日，习近平总书记在陕西考察调研时说，对于今年全面完成现行指标的扶贫，我是有信心的。我更关心的，就是今年以后是不是能够稳定下来，是不是有一个长效的机制，就看这些基本的措施是不是稳定的、持续的。的确，脱贫摘帽不是终点。在进入"后扶贫时代"后，如何克服贫困治理的"短期效应"，保证扶贫政策和措施稳定持续，提升贫困治理效能，是需要关注的重大议题。

反贫困具有明显的阶段性。党的十九届四中全会提到"坚决打赢脱贫攻坚战，建立解决相对贫困的长效机制"。虽然，在解决绝对贫困问题之外，中央领导也曾多次关注贫困线上的边缘人群，但"解决相对贫困"还是十八大以来首次在中央全会公报中提及。"相对贫困"的概念是英国经济学家汤森在《英国的贫困》中首次提出，其后得到了众多学者的呼应，他们认为贫困不仅仅是收入或者消费不足的问题，同时也是住房、教育、医疗等机会和能力缺失的问题，相对贫困与财富、收入在不同阶层之间的分配有关，也与个人的自我认同以及社会公平观察有关，因而相对贫困是一个客观现象，具有连续性、主观性和发展性等特点。从全世界反贫困历程来看，反贫困战略普遍的演变规律是，从绝对贫困人口向相对贫困人口渐进扩展。在我国，所有贫困地区和贫困人口一道迈入全面小康社会后，伴随着绝对贫困人口的消除，相对贫困问题日益凸显。摘帽只是消除了绝对贫困，"两不愁三保障"的基本问题解决了，但造成长期贫困的产业短板和基础设施不够健全问题，还需要从根本上得到解决，公共服务均等化在贫困乡村的延伸，仍然需要做大量艰苦细致的工作。

"四个不摘"是根本遵循。越到紧要关头，越要响鼓重锤。2019 年 3 月 7 日，习近平总书记在参加十三届全国人大二次会议甘肃代表团审议时强调："贫困县摘帽后，也不能马上撤摊子、甩包袱、歇歇脚，要继续完成剩余贫困人口脱贫问题，做到摘帽不摘责任、摘帽不摘政策、摘帽不摘帮扶、摘帽不摘监管。"①2019 年 4 月，习近平总书记在重庆考

---

① 《以必胜信心打赢脱贫攻坚战——各地干部群众深入学习习近平总书记关于脱贫攻坚的重要讲话》，《经济日报》2019 年 3 月 9 日。

察时重申了这一要求。"四个不摘"是最终打赢脱贫攻坚战的根本遵循，给脱贫群众吃下一颗定心丸。贫困群众在建档立卡期间会集中获得来自政府与社会各界的大力帮扶，脱贫以后难免会与之前的帮扶力度有一定落差。如果之前享受到的各项政策待遇被突然拿走或是扶持力度骤然减弱，很有可能会打击脱贫群众的生产积极性，这样既不利于脱贫群众的进一步发展，也不利于提高脱贫质量，还有可能让贫困群众对退贫产生抗拒心理。因此，在整个"十四五"期间，扶贫政策作了适当调整，逐渐过渡，而不是"断崖式"终止。对退出的贫困县、贫困村、贫困人口，保持现有帮扶政策总体稳定，扶上马送一程。

与乡村振兴有效衔接。当前，伴随着脱贫攻坚取得胜利，我国已开始全面推进乡村振兴战略，这是"三农"工作重心的一次历史性转移。要坚决守住脱贫攻坚成果，必须做好巩固拓展脱贫攻坚成果同乡村振兴有效衔接，实现脱贫攻坚向乡村振兴的平稳过渡。2021年3月，中共中央、国务院印发的《关于实现巩固拓展脱贫攻坚成果同乡村振兴有效衔接的意见》，明确要求在西部地区脱贫县中集中支持一批乡村振兴重点帮扶县，增强其巩固脱贫成果及内生发展动力。乡村振兴和脱贫攻坚实际上是一个问题的两个方面，而不是两个问题。乡村振兴解决的是乡村的发展问题，而贫困又是乡村发展问题中的一个最大、最核心的问题。所以绝对贫困问题的解决，实际上是解决了乡村振兴工作中一个最大的短板。可以说，乡村振兴是脱贫攻坚的一个升级版，脱贫攻坚是乡村振兴的一个基础性工作。从聚焦贫困这样一个相对窄的乡村发展，向比较宽的乡村振兴方面转变，这是一个工作连续的过程。从国务院扶贫办转化到国家乡村振兴局这样一个制度设计，实际上是非常有机的体制衔接过程。

（三）动态管理监测

稳定脱贫且不返贫才是真脱贫，因此，对贫困户的动态监管非常重要。2020年4月，国务院扶贫办、财政部联合印发关于贯彻落实《关于建立防止返贫监测和帮扶机制的指导意见》的通知，要求加快建立防止返贫监测和帮扶机制，提前采取针对性的帮扶措施。

明确监测对象和范围。地处大凉山腹地的火普村是典型的高寒山区极度贫困村。2018年2月11日，习近平总书记曾来这里看望困难群众。如今，已经实现脱贫的火普村把防止脱贫人口因病返贫、边缘人口因病致贫作为重要任务。为坚守"两不愁三保障"底线，该村对村民进行实时跟踪管理，将人均纯收入低于5000元且有返贫风险的农户作为脱贫监测户或边缘户。在监测对象和范围的选择上，各地存在一些不同。一般来说，监测对象以家庭为单位，主要监测建档立卡已脱贫但不稳定户，收入略高于建档立卡贫困户的边缘户。监测范围，主要包括人均可支配收入低于国家扶贫标准1.5倍左右的家庭，以及因病、因残、因灾、因新冠肺炎疫情影响等引发的刚性支出明显超过上年度收入和收入大幅缩减的家庭。患病是致贫返贫的重要原因，对于刚刚实现脱贫的扶贫对象来说，一场大病足以让他们重新回到贫困人口的行列。因此，对存在患病风险的对象，应实施重点监测。

严格监测管理程序。一般来说，防止返贫监测要通过农户申报、乡村干部走访排查、相关行业部门筛查预警等环节，由县级扶贫部门确定监测对象，录入全国扶贫开发信息系统，实行动态管理。贵州省江口县黑岩村探索出一条"网格化"管理、常态化监测的路子。在村委会办公室的墙上，挂着一张"网格员"责任表，上面用红、橙、黄、绿四种颜色标注了四类重点人群的状态，即家庭年人均纯收入低于 4000 元、因病因学刚性支出过高家庭、因灾突发事故困难家庭、兜底保障户。对四类人群中的重点监测对象，确保户均有一到两个产业覆盖，能通过分红、务工、入股等方式，长效增收、稳定脱贫。这实际上是一种集监测、预警、保障为一体的立体监测、动态预警机制。对重点人群进行动态管理、多重保障、重点帮扶，降低了致贫返贫风险。

合理落实帮扶措施。对具备发展产业条件的监测对象，加强生产经营技能培训，提供扶贫小额信贷支持，动员龙头企业、专业合作社、贫困村创业致富带头人等带动其发展生产。对有劳动能力的监测对象，加强劳动技能培训，帮助其转移就业。统筹利用公益岗位，多渠道积极安置监测对象。鼓励监测对象参与农村项目建设。对无劳动能力的监测对象，进一步强化低保、医疗、养老保险和特困人员救助供养等综合性社会保障措施，确保应保尽保。引导监测对象通过生产和就业脱贫致富，对自强不息、稳定脱贫致富的监测对象，探索给予物质奖励和精神激励。鼓励各地创新帮扶手段，多渠道筹措社会帮扶资金，为监测对象购买保险，及时化解生活生产风险，并广泛动员社会力量参与扶贫助困。

第五章

汇聚全社会脱贫合力

"人心齐，泰山移。"坚持全国一盘棋，调动各方面积极性，集中力量办大事是我国社会主义制度的显著优势。习近平总书记指出，扶贫开发是全党全社会的共同责任，要动员和凝聚全社会力量广泛参与。在脱贫攻坚的战场上，中国大力弘扬中华民族扶贫济困的优良传统，充分发挥制度优势，广泛有效动员各方参与，汇聚了全国之力、全民之智、各方之志。

一、实行东西部扶贫协作和对口支援

东西部扶贫协作和对口支援，是推动区域协调发展、协同发展、共同发展的大战略，是实现先富帮后富、最终实现共同富裕的大举措。

（一）开展东西部扶贫协作

改革开放以来，我国东部地区的省市依托国家政策、地理位置、人口聚集等有利因素，走在了经济发展的前沿。而西部地区的省市则受制于产业发展单一、经济动能不足、地理位置偏僻等因素，逐渐落后于东部省市。东西部扶贫协作正是立足于这一发展现状提出的政策，是指在党和国家的组织领导下，东部经济较发达地区的省市县通过向西部贫困地区的省市县提供资金、技术、人才等援助，缩小东西部发展差距，以促进贫困地区发展。

东西部扶贫协作最早可以追溯到 1994 年，《国家八七扶贫攻坚计划（1994—2000 年）》提出沿海发达地区省市要帮扶贫困地区省市。1996 年，国务院扶贫开发领导小组《关于组织经济较发达地区与经济欠发达地区开展扶贫协作的报告》明确了经济发达地区与经济欠发达地区之间的帮扶关系，确定了北京、天津、上海、江苏等东部 9 个省市以及大连、青岛、深圳、宁波 4 个计划单列市帮扶西部 10 个省市，搭建起东西部扶贫协作的整体框架，标志着东西部扶贫协作制度正式落地。

"志合者，不以山海为远。"正如习近平总书记在宁夏考察时提到的，东西部扶贫协作是加快西部地区贫困地区脱贫进程、缩小东西部发展差距的重大举措，必须长期坚持并加大力度。在近 30 年的实践中，东西部扶贫协作不断完善，是中国走出特色扶贫开发道路的重要一环，充分体现了我国先富帮后富的发展模式。

1. 聚焦精准，调整和完善协作关系。聚焦精准，东部地区的各种资源才能用在西部贫困地区的"刀刃"上。进入新时代，面对贫困人口情况不明、扶贫针对性不强、扶贫资金和项目指向不准等问题，党中央在东西部扶贫协作关系、县级及以下扶贫策略、瞄准建档立卡贫困人口等方面直接发力，精准帮扶关系得以确立。

首先，对东西部扶贫协作关系进行了调整。2016 年，党中央对扶贫协作关系进行了调整，东部省市对西部贫困地区帮扶的范围和力度均有所扩大和加强，实现了对民族自治州和西部贫困程度深的市州全覆盖，并落实北京市、天津市与河北省扶贫协作任务。2020年已经形成东部9个省、14个市结对帮扶中西部14个省区市。

其次，开展县级结对帮扶。实施东部经济强县与西部贫困县"携手奔小康"行动，推进县与县精准对接，并鼓励探索乡镇、行政村之间结对帮扶。例如，2016年8月，根据中央部署和广东、云南两省扶贫协作计划，在国家扶贫办的具体指导下，相距2000多公里的广东省珠海市与云南省怒江州结成了"亲戚"；济南市7个区、76个街道、81个社区分别与湖南省湘西土家族苗族自治州7个县、98个贫困乡镇、109个村结对帮扶。截至2017年初，我国共确定了东部地区267个经济较发达县（市、区），与西部地区390个贫困县开展"携手奔小康"行动，其中少数民族县占267个。①

最后，瞄准贫困人口直接发力。东部地区在推进扶贫协作中，改变了以往通过侧重投资文化馆、体育场等来拉动西部贫困地区经济增长的方式，更加侧重瞄准建档立卡贫困人口切实需要，紧密围绕"两不愁三保障"开展帮扶工作。

2.重在部署，建立高层联席会议制度。高层联席会议由东西部扶贫协作双方共同牵头，以召开会议的形式研究推进扶贫协作工作。高层联席会议使得帮扶方与被帮扶方充分了解到一方所需和一方所供，有助于因地制宜地制定扶贫协作战略，充分体现了"先谋划再协作"的帮扶思路，使得扶贫协作工作更具科学性和可行性。高层联席会议制度的建立，切实落实了习近平总书记所强调的"要加强组织领导，双方党政主

---

① 参见《携手奔小康行动结对帮扶名单》，《人民日报》2017年1月6日。

要负责同志要亲力亲为推动工作，每年要召开高层联席会议，把实现西部地区现行标准下的农村贫困人口如期脱贫作为主要目标，加大组织实施力度"① 这一要求。

自高层联席会议制度建立以来，浙江省和四川省广元市市级主要领导交流互访 19 次、县级主要领导对接 66 次，召开联席会议 60 次。天津市与甘肃省召开的市级层面会议累计 83 次。高层联席会议召开次数、高层领导互访频率不断增加，共商东西部扶贫协作重大事项，充分发挥了高层联席会议的制度优势，促进了东西部扶贫协作的顺利开展。

3. 落地实践，扩宽扶贫协作领域。他山之石，可以攻玉。"要强化东西部扶贫协作。东部地区不仅要帮钱帮物，更要推动产业层面合作，推动东部地区人才、资金、技术向贫困地区流动，实现双方共赢。"② 习近平总书记指出了产业合作对促进东西部资源互补、经济发展的强大作用。在东西部扶贫协作中，东西部劳务对接、东部产业带动、东西部人才输送等扶贫协作内容不断完善，创新实施方法不断涌现，"攻玉"成效显著。

建立东西部劳务对接机制。在劳务对接中，东西部双方职责均明确到位，东部企业负责招收建档立卡家庭的劳动力，西部贫困地区负责摸清劳动力的基本情况，形成信息的双向流动。同时，开展职业教育东西协作行动计划和"千校行动"，大大增加了西部贫困地区家庭子女的受教育机会。例如，在山东省的帮扶下，湖南省花垣县设立了山东蓝翔技

---

① 中共中央党史和文献研究院编：《习近平扶贫论述摘编》，中央文献出版社 2018 年版，第102 页。

② 中共中央党史和文献研究院编：《习近平扶贫论述摘编》，中央文献出版社 2018 年版，第100 页。

师学院分院——十八洞分院，让当地贫困群众免费学习挖掘机技术。这类举措使西部地区贫困群众获得一技之长，为脱贫"造血"赋能。

实施东部产业带动脱贫。在东部产业的带动下，西部地区建设了一批特色产业基地，培育出一批有带动性的龙头企业，引进了一批岗位需求较多的劳动密集型企业。例如，天津市创新开展了"津企陇上行"活动，向甘肃省引进了一批龙头企业；珠海市在怒江全州组织发展出羊肚菌特色产业，惠及建档立卡贫困户数千余人；浙江省与广元市实施"十个万亩百个千亩"农业工程，建成了许多特色产业基地。

开展东西部人才输送与交流行动。首先，建立了干部培养使用机制。东部帮扶方和西部贫困地区分别选派大批优秀后备力量，开展双向挂职、两地培训，促进了帮扶双方观念互通。其次，扩宽了各领域人才交流。东部帮扶方在教育、卫生、科技、文化和社会等各领域对西部贫困地区进行人才支持，有力地传播了先进理念、技术、经验等。最后，以政策激励加大东西部人才流动。2019年，国家人社部实行"双定向"职称评审和"单独划线"政策，这在一定程度上推动了东西部人才流动，促进了西部贫困地区稳定人才、留住人才、吸引人才。此外，各扶贫协作方也纷纷出台激励政策。例如，浙江省和广元市大力实施"四大人才支援扶贫计划"，互派党政干部挂职，开展人才交流，建立专家工作站等，促进两地人才双向互动。

4.物质支撑，加大财政援助资金。财政援助资金是扶贫工作的有力支撑。脱贫攻坚以来，党中央在支持引导东部增加对西部贫困地区资金投入的同时，积极鼓励各地结合实际制定资金支持方案，加强资金监管。2015年制定的《中共中央国务院关于打赢脱贫攻坚战的决定》提出：东部地区要根据财力增长情况，逐步增加对口帮扶财政投入，并列入年度预算。2016 年《关于进一步加强东西部扶贫协作工作的指导意见》在《决定》的基础上，进一步提出西部贫困地区要整合好支援资金，东西部都要加强资金监管，提高使用效益。在相关文件精神的指导下，京、津、沪、辽、鲁 5 个省（市）已经明确了每年向西部帮扶地区递增 8% 的增长机制，各扶贫协作方也相继出台适合双方实际情况的资金援助文件。

据统计，脱贫攻坚以来，东部 9 省市共向扶贫协作地区投入财政援助和社会帮扶资金 1005 亿多元，东部地区企业赴扶贫协作地区累计投资 1.1 万亿元。[①]

5. 强化保障，建立考核评价制度。考核压实责任，扶贫协作步子才能更齐，动力才能更足，达到吹糠见米的效果。"加强考核，确保成效。要用严格的制度来要求和监督，不能做与不做一个样、做多做少一个样。要抓紧制定东西部扶贫协作工作考核评价指标。"[②] 习近平总书记的期盼最终落到了实处。2017 年，国务院扶贫开发领导小组出台《东西部扶贫协作考核办法（试行）》。在考核评价内容上，不仅把东西部扶贫协作工作纳入脱贫攻坚考核范围，还建立起涵盖减贫成效、劳务协作、产业合作、人才支援、资金支持五个方面的考核评价制度。在考核评价方式上，形成横纵双向交叉的考核评价方式。从纵向采用不仅考核东部，也考核西部的双向考核办法；从横向采用交叉考核的方式，如江苏考核广东、广东考核浙江、浙江考核山东。在考核评价时间上，2017 年至

---

① 参见中华人民共和国国务院新闻办公室：《人类减贫的中国实践》，人民出版社 2021 年版，第 56—57 页。

② 中共中央党史和文献研究院编：《习近平扶贫论述摘编》，中央文献出版社 2018 年版，第 112 页。

2020 年，国务院扶贫开发领导小组每年都对东西部扶贫协作进行一次考核。

（二）开展对口支援

1979 年，中共中央在北京召开全国边防工作会议，明确"组织内地发达省、市实行对口支援边境地区和少数民族地区"，标志着我国对口支援正式启动。对口支援是在党中央的指导下，我国发展水平较高的地区对发展水平较低的地区进行社会帮扶和指导的一项发展模式。对口支援作为一项政治任务，不仅在短期上对完成脱贫攻坚任务发挥了重要作用，从长期上看，可以在后脱贫时代演进为支援方与被支援方之间的经济合作交流活动，充分体现了党中央布局中国脱贫的大局观和长远观。

"鞋子合不合脚，自己穿着才知道"。如今，对口支援在我国实践了40 余年，这项政策走在中国特色社会主义发展的道路上，走在中国脱贫的道路上，不断得到完善。少数民族及边疆地区对口支援、高校对口支援以及临时重大灾难对口支援这三类行动在中国脱贫的实践中发挥出重大效用，在中国脱贫的伟大宏图中勾勒出浓重的一笔。

1.少数民族及边疆地区对口支援。脱贫攻坚，一个都不能掉队。据统计，集中连片特困区、国家级贫困县以及深度贫困"三区三州"中的绝大部分都集中在少数民族及边疆地区。因此，这是我国实现全面脱贫中最难啃的硬骨头，需要党中央对其加大布局力度、重点谋划，以强有力的政策安排推动全国各地区对少数民族及边疆地区的对口支援。事实表明，再难啃的骨头也终究会被我们啃下，再难打的脱贫攻坚战也终究会打赢。在党中央的指导下，全国各地区对少数民族及边疆地区倾力相助，在对口支援中发挥出了最大效用。2012 年，民族八省区贫困人口为

3121万人，贫困发生率为20.8%。到2020年，这些数字一并清零，内蒙古、青海、西藏等省区实现贫困县全部脱贫。①

首先，党中央谋划部署，把好对口支援方向盘。从中央层面先后出台了《关于开展对口帮扶贵州工作的指导意见》（2013）、《发达省（市）对口支援四川云南甘肃省藏区经济社会发展工作方案》（2014）等方案政策，特别是2018年6月，《中共中央国务院关于打赢脱贫攻坚战三年行动的指导意见》正式对外发布，要求"实施好'十三五'对口支援新疆、西藏和四省藏区经济社会发展规划，严格落实中央确定的80%以上资金用于保障和改善民生、用于县及县以下基层的要求"②。此外，脱贫攻坚战打响以来，党中央还分别召开了中央新疆工作座谈会和中央西藏工作座谈会。中央层面方案的出台和座谈会的召开为少数民族及边疆地区的对口支援工作提供了未来的方向和根本遵循，有力地推动了对口支援工作的展开。以对口援藏为例，党的十八大以来，先后召开了中央第六次西藏工作座谈会和中央第七次西藏工作座谈会，两次座谈会都从"中央支持西藏、全国支援西藏"的原则出发，加强对口支援工作力度，提出明确要求，对口援藏工作取得实质性进展，建档立卡贫困人口和贫困发生率实现了双"清零"，全部贫困县区实现摘帽，贫困人口人均纯收入也有所增加。

其次，各主体同发力，人财物投入持续加强。目前，全国18个省市，中央机关50多个部委和单位，15家国有重要骨干企业参与对口支

---

① 参见国家民委党组：《凝心聚力夺取民族地区脱贫攻坚战全面胜利》，《旗帜》2020年第11期。

② 《中共中央国务院关于打赢脱贫攻坚战三年行动的指导意见》，人民出版社2018年版，第27—28页。

援，围绕社会经济和民生领域为少数民族及边疆地区完成脱贫任务出谋发力。例如，国家统计局结合江西寻乌果业大县的实际，充分发挥"国家智库"优势，帮助寻乌县走上致富之路。如协调连锁零售企业为寻乌果品设立专柜，争取减免入场费和宣传费等；协调联系相关电商来寻乌开展电子商务规划设计，创优电子商务产业发展环境；通过阿里旗下1688平台与网络采购商建立购销联系，促进群众增收致富。各省市和其他中央企业单位也纷纷发力，"十三五"期间，广东选派各类干部人才赴贫困地开展对口支援工作；国家开发银行向"三区三州"发放了扶贫贷款5181亿元；中国石油化工集团帮助西藏把特色冰川水打入内地市场；等等。

2.高校对口支援。扶贫，既要短平快，又要谋长远。高校对口支援以各高校为主体，支援校对于受援校的需求、建设等更易于把握，从长远来看，还可以带动当地文化教育的发展。高校对口支援最早可以追溯到2001年，国家教育部下发《教育部关于实施"对口支援西部地区高等学校计划"的通知》，确定了清华大学、北京大学等13所高校对口支援发展相对滞后的13所高校。党的十八大以来，"结对帮扶"的名单已日益完善，以团队化为特征的高校对口支援模式在全国大地开花结果。例如，天津大学分别在2013年和2017年与青海民族大学、兰州交通大学结成对口支援关系；以北京师范大学为组长单位，携手山东大学、兰州大学、陕西师范大学对口支援青海师范大学……这是我国高等教育领域中集中力量办大事的生动实例，充分调动了支援和受援高校师生的积极性、主动性和创造性，促进了教育资源共享，有力推动了贫困地区的高校建设。

高校对口支援在中国脱贫的实践中形成了一系列成效显著的经验。

首先，支援高校坚持以人为本，加强受援高校高层次人才队伍建设。以天津大学支援的青海民族大学为例，双方按照"请进来，走出去"的原则，互派优秀教师赴对口支援高校进修学习，并引进对口支援高校的资深人才来校讲学、任教、挂职，全面提高师资队伍建设水平，加快高层次人才队伍建设。其次，支援高校发挥学科优势，帮助受援高校提升学科建设水平。北京大学在对口支援石河子大学的 20 年间，帮助石河子大学持续强化农、医学科，大力发展理、工、经济、教育、管理等学科，协调发展法学、文学、艺术、历史等学科，使其学科结构得到优化，学科建设水平明显提高。最后，双方强化部署，定期召开对口支援工作会议。例如，以清华大学为组长单位的 12 所高校对口支援新疆大学，支援高校与受援高校每年召开对口支援新疆大学工作会议，自党的十八大以来已连续召开 8 次。

二、开展定点扶贫

舟曲县位于甘肃南部，以高山峡谷地貌为主，交通不便，"八山一水一分田"是对当地地理环境的真实写照。为解决该县贫困人数多、贫困发生率高的问题，自 2010 年起，中组部将舟曲县列为定点帮扶县，分批次选派优秀干部挂职扶贫，有序推进舟曲县的扶贫开发工作，通过人员培训、发展劳务经济、培育特色产业、完善基础设施、发展基层党建等方式助力舟曲县脱贫致富。

定点扶贫是我国扶贫开发的又一重大举措。党政军机关、企事业单位开展定点扶贫，是中国特色扶贫开发事业的重要组成部分，也是我国政治优势和制度优势的重要体现。面对脱贫攻坚的艰巨任务，定点扶贫肩负着更加重要的使命。要继续推进中央和国家机关各部门、民主党派、人民团体、国有企业和人民军队等积极作为，投身到扶贫建设中，坚持"谁的孩子谁抱"，重点啃硬骨头，实现"滴水穿石"，向着以"点"带"面"的全方位脱贫而努力。

（一）中央单位持续开展扶贫工作

中央单位定点扶贫是我国定点扶贫工作的重要组成部分。改革开放以来，各中央单位利用自身优势，与贫困地区结定点帮扶对子，因地制宜开展扶贫工作，帮助我国脱贫攻坚事业迈出了坚实步伐。2020年是我国脱贫攻坚的收官之年，各中央单位坚决践行定点扶贫的政治责任，继续有序推进定点扶贫工作，坚持为贫困地区谋发展、为贫困群众谋福利，积极探索各具特色、富有成效的扶贫经验，在扶贫开发事业发展中起到了重要作用。

中央和国家机关定点帮扶工作推进会提出，要继续深入学习习近平总书记关于中央单位定点帮扶的重要精神，坚决贯彻定点扶贫的重要指示，并在此基础上进一步对我国未来的定点扶贫工作作出了战略部署。新形势、新任务对定点扶贫工作提出了新要求，中央单位各部门要更加积极完成所承担的定点扶贫任务，不折不扣地落实好帮扶责任。

1.突出政策倾斜。政策支持是打赢脱贫攻坚战的一剂"强心针"。定点扶贫地区是我国脱贫攻坚要啃的硬骨头，要从政策层面向贫困地区倾斜，督促各中央单位坚决履行定点扶贫责任，完善政策支撑体系，加强协调统筹能力，保证扶贫政策的精准性和有力性，如期完成深度贫困地区的脱贫攻坚任务。

定点扶贫任务下达以来，各中央单位坚定不移贯彻落实习近平总书记的重要战略部署，将政策扶贫融入定点扶贫的大格局之中，使扶贫政策更加精准、支持更加有力，使政策支持成为定点扶贫地区脱贫的"金钥匙"。江西省遂川县、莲花县作为民政部的定点扶贫单位，脱贫攻坚任务艰巨。为改善两县贫困现状，民政部深入推进"订单式"政策扶贫，不断完善政策机制，充分结合两县的现实需求，在政策方面为两县"量体裁衣"，以绣花的功夫精准施策，用好用活中央的政策资源，帮助两县脱贫致富。

2.加大资金投入。打赢脱贫攻坚战，资金保障是关键。面对定点扶贫地区这一"硬骨头"，要加大资金投入力度，为贫困地区脱贫致富保足"粮草军需"。在定点扶贫的战场上，各中央单位坚决履行政治责任。2013年至2020年，中央单位累计投入帮扶资金和物资427.6亿元，帮助引进各类资金1066.4亿元，为脱贫攻坚提供了重要的资金支持。

全国中央企业在63个定点扶贫县开展了"同舟工程"专项救助活动，重点帮扶医疗费用负担过重的困难家庭和因病致贫家庭，在政府救助的基础之上给予资金支持，充分体现了"同舟共济、共渡难关"的良好风气。"同舟工程"是中央单位定点扶贫的一次积极尝试，将"救急难"作为工作重点，是各单位社会责任意识和扶贫参与程度的集中体现。其中，奉节县是中国长江三峡集团有限公司的定点扶贫县，也是"救急难"项目的参与县，长江三峡集团为奉节县的脱贫攻坚贡献了重要力量。

3.注重项目支撑。狠抓帮扶项目，夯实脱贫基础。实现脱贫攻坚，产业扶贫是重要举措，其中项目支撑是关键。定点扶贫地区多存在交通不便、年轻劳动力流失、缺乏支柱产业等情况，无法为脱贫攻坚提供发展动力。面对实体产业发展艰难的现实困境，各中央定点扶贫单位立足于当地的优势资源，坚持以实现农民增收为主要目标，以帮扶项目为重要抓手，积极推进扶贫项目的引进和落地建设。扶贫项目的引进，真正解决了贫困地区群众发展难的问题，使群众在家门口就能增加收入，提升生活水平。

贵州省三都县是中央统战部的定点扶贫县，2020年，中央统战部在新冠肺炎疫情的大背景之下，在全力推进存留扶贫项目复工复产的基础之上，更加积极强化项目引进力度，推动新增项目落地实施。三都县顺利完成了2019年12个存量项目的建设任务，积极推进在建的18个存量项目建设进度。同时，中央统战部计划在2020年实施帮扶项目26个，全面保障三都县的产业发展。黄羊养殖产业扶贫是中国工商银行在四川省南江县探索的一种可持续扶贫模式，以"借羊还羊"和"托管代养"两种方式实现群众的脱贫致富，这一定点扶贫项目也入选了全球减贫最佳案例。

4.搭建人才纽带。"些小吾曹州县吏，一枝一叶总关情。"扶贫干部是人民群众与中央单位之间的纽带与桥梁，肩负着上传下达的重要责任。只有建设一支立场坚定、素质过硬、为民爱民的扶贫干部队伍，才能保障脱贫攻坚工作的顺利开展。因此，要把干部的锻炼培养与定点扶贫工作有机结合起来。首先，各中央单位定期选派优秀青年干部深入定点帮扶地区挂职扶贫，在贫困地区有组织地开展培训、教育等工作。其次，完善工作队伍考核机制。因此，要更加严格地开展扶贫干部的考核监督工作，将工作实效作为重要的考核依据，坚决杜绝弄虚作假、不严不实等问题，对表现优秀的扶贫干部在同等条件下原则上可优先提拔任用。

2013年至2020年，自中央部署开展定点扶贫工作以来，中央单位共累计培训基层干部、各类技术人才 368.8 万人次，许多干部成为脱贫攻坚一线的中坚力量。中央单位实施定点帮扶，是加强干部队伍建设的重大举措，也是培养锻炼、考察识别、选拔重用干部的重要途径。因此，要继续将定点扶贫作为锻炼干部、选拔干部的重要平台，将广大扶贫干部的初心和使命写在脱贫攻坚一线。

5. 强化科技助力。近年来，科技成为我国扶贫开发工作的重要推动力量。在定点扶贫地区要更加注重发挥科学技术的作用，以先进、实用、高效的科技成果支撑扶贫工作，帮助贫困群众脱贫致富。中央各个单位坚持以科技助力贯穿于定点扶贫全过程，首先聚焦当地的技术瓶颈，精准赋能，提升产业效益；其次瞄准当地的人才短板，选派人才，打造先进队伍；最后评估当地的科技资源，整合要素，聚集优质资源。

在定点扶贫工作中，科技部充分发挥自身的部门优势，实施推进科技扶贫"百千万"工程，向井冈山、永新、屏山等五个定点扶贫县投入并引进大量资金，培训基层干部、技术人员，推进技术创新，强化产业支撑。经努力，五个定点县的产业发展水平快速提升，全部实现脱贫摘帽。党的十八大以来，我国共选派 28.98 万名科技特派员奔赴脱贫攻坚一线，实现了对全国近 10 万个建档立卡贫困村科技服务和创业带动全覆盖。

中央单位定点扶贫是中国特色社会主义制度优势的体现。为响应党和政府的号召，各中央单位勇担使命，各展所长，推动着贫困地区的基础设施建设快马加鞭，迎头赶上。各地国有企业也写下担当，"百县万村"等定点扶贫项目如雨后春笋般在群众中落地生根。在扶贫的道路上，中央单位绵绵用力，久久为功，以一砖一瓦铺设出一条条脱贫攻坚的康庄大道。

（二）人民军队扎实参与扶贫工作

在我国脱贫攻坚的伟大事业中，人民军队发挥了举足轻重的作用。习近平总书记在出席十三届全国人大三次会议解放军和武警部队代表团全体会议时指出，军政军民团结是我们党和国家的显著政治优势，人民军队要在完成好军事任务的同时，肩负起脱贫攻坚的重要使命，维护好社会大局稳定。

党的十八大以来，我国人民军队积极响应习近平总书记发出的脱贫攻坚号召，坚持爱民为民的优良传统，坚决贯彻党中央的决策部署，深入到老少边穷地区，尤其是"三区三州"等特贫地区，利用组织、技术、人才、资源等优势支援贫困地区的经济文化建设，创造出一个又一个脱贫成果。据统计，人民军队定点帮扶4100个贫困村，帮助29.3万户贫困户、92.4万名贫困群众全部实现脱贫。

1.因地制宜，明确扶贫思路。"吃别人嚼过的馍没味道。"扶贫开发不能一味照搬照抄，要结合贫困地区的现实状况，挖掘贫困地区的优势资源，取长补短，因地制宜，精准施策。

作为省级贫困村，吉林省通化市六盘村基础设施建设落后，年轻劳动力不足，村内发展受限。2016年火箭军96752部队被指定为六盘村的定点扶贫部队，带领六盘村走上了脱贫之路。从接到定点扶贫的指令开始，部队官兵积极作为，通过完善基础设施建设、加强医疗援助、结对助学等活动为六盘村的脱贫攻坚注入有生力量。

山西省岢岚县是有着光荣革命传统的地区，但是受制于自然条件、交通等因素，经济社会发展较为落后，被纳入了贫困县。战略支援部队某部将岢岚县团城中心村作为定点扶贫村，多次实地考察农村发展现状，与当地政府共同谋划定点扶贫的具体工作规划，充分利用自身优势，通过发展特色产业、扩大就业培训帮扶，稳步推进定点扶贫工作。

河北省涞水县赵各庄镇福山口村是中央军委办公厅的定点扶贫村。中央军委办公厅通过实地调研，与当地政府有关部门和村"两委"班子共同制定脱贫工作办法，致力调动群众的主动性、积极性，以内生动力助力脱贫攻坚；同时，善于运用当地优质红色资源，开拓扶贫开发的新思路。

2.多面发力，推进扶贫工程。"聚沙成塔，集腋成裘"，贫困并非一因之果。因此，为了更好地打赢脱贫攻坚战，要多措并举，在多个领域推进定点扶贫工程。在扶贫开发的过程中，健康扶贫、教育扶贫、产业扶贫成为定点扶贫的重要内容。

扎实推进健康扶贫工程。人民军队开展了军队健康扶贫"三大工程"，致力于改善贫困地区群众的医疗卫生水平。安徽省金寨县古碑镇通过与无锡联勤保障中心南京总医院的协调联动，使古碑镇的居民足不出户就能享受视频问诊服务，有效解决了看病难的问题，是军队健康扶贫的重要典范。

着力打造教育扶贫工程。习近平总书记指出："教育是国之大计、党之大计。"[①]扶贫不能仅满足于改变表面现象，要深挖贫困背后的教育根源，通过教育扶贫激发群众脱贫致富的内在动力。对此，人民军队开展了一系列如"1+1"助学活动、"蓝天春蕾计划""火箭军助学金工程"等活动，助力贫困学生实现上学梦。

积极发展产业扶贫工程。产业扶贫是强化贫困地区"造血"功能，

---

① 习近平：《在教育文化卫生体育领域专家代表座谈会上的讲话》，《人民日报》2020年9月23日。

进一步巩固脱贫成果的重要举措，也是脱贫攻坚的长远之计。怒江州沙瓦村是云南省怒江军分区的定点扶贫村，怒江军分区官兵依据该村以坡地为主的地势条件，带领广大村民发展猕猴桃产业，化不利为有利，走出了一条特色产业扶贫之路。

从改善村容村貌到健全基础设施，从提升医疗卫生水平到开展教育帮扶，从丰富文化活动到发展特色产业，人民军队在定点扶贫工作中的参与程度日益加深，朝着更加细化更加精准的目标前进。在投入到定点扶贫的过程中，人民子弟兵始终保持优良作风，坚持"真扶贫、扶真贫、真脱贫"，以实际行动帮助贫困地区的人民群众实现脱贫梦想，在脱贫攻坚的战场上书写了新时代的军民鱼水情，为我国定点扶贫工作提供了优质榜样，也辐射带动了定点扶贫在更大范围内开展。

（三）各民主党派助力扶贫工作

党的十八大以来，各民主党派主动肩负扶贫使命，积极投身于脱贫攻坚的伟大事业中，发挥建言献策、团结联合的重要作用，是中国特色政党制度的优势体现。

在党中央的统一安排下，我国八个民主党派分别承担起了 8 个县的定点扶贫任务。各民主党派深入贯彻习近平总书记对定点扶贫工作的重要指示精神，按照中共中央、国务院的决策部署，切实把握新形势、适应新要求，按照定点扶贫责任书的郑重承诺，充分发挥独特优势，扎扎实实开展工作，助力我国脱贫攻坚事业再上新台阶。

"小水窖，同心建，统一战线来支援，人背马驮看不见，山乡处处涌清泉……"1988 年，中共中央、国务院在乌蒙山腹地建立了毕节试验区，党中央确立了各民主党派定点扶贫的新机制，开辟了定点扶贫的新局面。毕节试验区成立以来，各民主党派深入贫困基层，开展了一系列帮扶活动。在各民主党派和广大人民群众的不懈努力下，纳雍火电站、金沙电厂、胜天水厂等项目顺利建成，为毕节试验区内的脱贫致富谱写了崭新篇章。各民主党派积极参与毕节试验区定点扶贫的实践，是多党合作新的实践形式，为我国的扶贫事业增添了鲜明的底色。

近年来，在党中央的领导下，各民主党派持续推进定点扶贫工作，充分利用贫困地区的优势资源，创新脱贫工作形式，从产业扶贫、教育扶贫、医疗扶贫、就业扶贫等方面综合发力，努力完成帮扶使命。

宁夏红崖村 2012 年被确定为民革宁夏区委会的定点帮扶村，民革宁夏区委会自 2014 年起派出工作队前往红崖村，工作队成员积极作为，带领村民改变灌溉模式，改善产业结构，开展教育扶贫与文化扶贫等工作。在驻村工作队和广大群众的不懈努力下，红崖村焕然一新，将脱贫攻坚的烙印留在了红崖村的土地上。红崖村是我国定点扶贫事业的一个缩影，民革宁夏区委会是脱贫工作队伍的先进典范。各民主党派在中国共产党的带领下，坚守使命职责，始终与中国共产党想在一起，与人民站在一起，与扶贫队伍干在一起，推动了定点贫困地区的脱贫摘帽进程，为我国的脱贫攻坚事业作出了重要贡献。

经过长期不懈的努力，我国如期完成了脱贫攻坚的战略目标，现行标准下农村绝对贫困人口全部脱贫，贫困县全部摘帽，进入了巩固脱贫成果的关键时期。新的历史使命也要求各民主党派展现出新的作为。民进中央计划以教育和医疗为立足点，利用自身优势资源和定点扶贫经验，在教育和医疗领域作出更大贡献；农工党中央计划深耕医疗扶贫，以建立健康脱贫的长效机制作为定点扶贫工作的重点，提升贫困地区的医疗水平；台盟中央计划以"两岸同心""筑梦培训"等项目为抓手，继续推进在医疗、教育等方面的定点帮扶。

定点扶贫，是党中央交给各民主党派的一项重要政治任务。在脱贫攻坚战中，各民主党派同心聚力，积极谋划，建言献策，发挥了重要作用。脱贫不是终点，而是新的起点。面对脱贫攻坚的伟大成就，如何巩固脱贫成果，防止返贫，对各民主党派又提出了新的更高要求。征途漫漫，惟有奋斗。各民主党派在中国共产党的领导下，也将继续肩负使命，坚定扶贫决心，整合资源力量，发挥优势作用，在巩固脱贫攻坚成果的基础上，携手同心续写乡村振兴的新篇章。

三、动员全社会力量参与扶贫

聚全国之力、汇全民之智、集各方之志，引导社会各界关注贫困问题，动员全社会力量共同参与扶贫开发，广泛汇聚社会资源支持脱贫攻坚，是我国扶贫开发事业的成功经验，也是中国特色扶贫开发道路的重要特征。

（一）调动各部门资源开展专项扶贫

1.易地扶贫。易地扶贫是指将生存地区条件较差的贫困人口搬迁安置到其他地区，并通过改善安置区的生产生活条件、调整经济结构和拓展增收渠道，帮助搬迁人口逐步脱贫致富。2015 年 12 月，国家发展改革委、扶贫办、财政部等 5 部门联合印发《"十三五"时期易地扶贫搬迁工作方案》。根据《方案》，"十三五"时期将坚持群众自愿、积极稳妥方针，坚持与新型城镇化相结合，对居住在"一方水土养不起一方人"

地方的建档立卡贫困人口实施易地搬迁，加大政府投入力度，创新投融资模式和组织方式，完善相关后续扶持政策，强化搬迁成效监督考核，努力做到搬得出、稳得住、有事做、能致富，确保搬迁对象尽快脱贫。

2.消费扶贫。消费扶贫是社会各界通过消费来自贫困地区和贫困人口的产品与服务，帮助贫困人口脱贫的一种扶贫方式。但在脱贫攻坚进入关键冲刺的最后阶段，新冠肺炎疫情对我国社会经济生活带来了重大冲击，增大了决战决胜脱贫攻坚难度。对此，2020年，国家发展改革委印发《消费扶贫助力决战决胜脱贫攻坚2020年行动方案》，联合中央宣传部、农业农村部、商务部等27个部门和单位开展30项具体行动，多方发力，多措并举，持续释放消费扶贫政策红利，助力决战决胜脱贫攻坚。贵州省铜仁市玉屏侗族自治县政府与贵阳、铜仁、黔东南等地超市联系，帮助村民销售当季蔬菜；青岛西海岸新区大场镇通过"内部接龙＋朋友圈外销"方式，帮助当地草莓种植户销售草莓。各种土特产焕发新光彩，其背后是大扶贫格局下多元力量的共同推动。

3.产业扶贫。产业扶贫是指以市场为导向，以经济效益为中心，以产业发展为杠杆的扶贫开发过程，是促进贫困地区发展的有效途径，是扶贫开发的战略重点和主要任务。产业扶贫是一种内生发展机制，目的在于促进贫困个体（家庭）与贫困区域协同发展，根植发展基因，激活发展动力，阻断贫困发生的根源。空山土豆作为四川省通江县的代表性农产品，曾经因销售渠道单一，农民长期只能依靠菜贩上门收购等传统买卖方式，导致市场销量一直不尽如人意。2018年4月，通江县开始在产业扶贫上做文章，通过引入电商企业，利用线上宣传带动线下销售，线上线下同时发力，一千多户贫困户和两千多户非贫困户成为直接受益者。

4.教育扶贫。教育扶贫是通过在农村普及教育，通过提高思想道德意识和掌握先进的科技文化知识来实现改造和保护自然界的目的，同时高质量地生存。2016年1月22日，54所高校代表聚集北京，宣读《高校参与脱贫攻坚倡议书》，倡议动员更多高校和社会力量深度介入教育扶贫工作，努力打造教育扶贫培训平台、互动平台、交流平台、公益平台。据统计，2019年全年，清华大学教育扶贫办公室开展了9期基层干部专题培训和17期各类乡村教师专题培训，培育出了大量人才。与此同时，还建立了上千个县级远程教学站，使优质免费的教育课程和服务源源不断地传输到贫困地区，极大满足了不同贫困人口的需求，进一步提高了贫困家庭脱贫能力。

5.医疗扶贫。因病致贫、因病返贫，是不少贫困家庭的心头事，也是脱贫攻坚中的"硬骨头"。没有全民健康，就没有全面小康。中国扶贫医疗项目是中国扶贫开发协会等单位共同主办推出的重点公益项目，致力于推动我国扶贫医疗公益事业，缓解贫困地区因病致贫、因病返贫等问题。2017年至2020年期间，配合政府有关部门、公益组织、医学院校、专科医院等爱心单位与社会力量协作开展扶贫医疗公益项目。随着健康扶贫工程深入推进，医疗服务种类越来越多，医疗保障、远程服务、村医上门、集中托养……优质医疗资源不断下沉，让贫困地区百姓享受到更加优质便捷的医疗卫生服务，为脱贫攻坚筑起一道道"健康防线"。

6.就业扶贫。就业是最大的民生。习近平总书记指出，一人就业，全家脱贫，增加就业是最有效最直接的脱贫方式，长期坚持还可以有效解决贫困代际传递问题。党的十八大以来，人力资源和社会保障部会同有关部门，大力开展劳务协作，扶持发展扶贫车间，加强创业带动，强化技能培训，开发公益性岗位，就业扶贫成效显著。为促进就地就近就业，创新就业创业载体；为引导外出就业，探索劳务协作渠道；为发挥托底安置作用，开发各类就业扶贫公益性岗位；为完善就业服务，探索多种新型服务手段。推动就业扶贫，才能激发群众内生动力，才能增强贫困群众底气，才能稳定脱贫。

7.生态扶贫。生态扶贫是将生态保护与扶贫开发相结合，统筹社会效益、经济效益、生态效益，以实现贫困地区可持续发展为导向的一种扶贫工作模式。国家林业和草原局会同国家发展改革委、财政部、生态环境部、国务院扶贫办等部门充分挖掘行业优势，将生态文明建设与贫困群众脱贫增收同步谋划、同步推进、同步落实。通过规划引领、资金项目支持、督查检查指导、人才科技支撑等组合拳，形成生态扶贫工作体系；通过实施生态补偿、国土绿化、生态产业和生态环保等措施，激发贫困人口内生动力，吸纳贫困人口就地参与劳务，促进增收脱贫，最终实现脱贫攻坚与生态文明建设"双赢"。

（二）广泛动员民营企业参与扶贫

"乘众人之智，则无不任也；用众人之力，则无不胜也。"习近平总书记指出："社会是企业家施展才华的舞台。只有真诚回报社会、切实履行社会责任的企业家，才能真正得到社会认可，才是符合时代要求的企业家。"[①] 民营企业是我国经济活动的主要参与者、就业机会的主要提供者、技术进步的主要推动者，尤其是在脱贫攻坚战中能够发挥巨大作用，既成为一股重要有生力量，也是对政府扶贫职能的巨大补充；既展

[①] 习近平：《在企业家座谈会上的讲话》，人民出版社 2020 年版，第 8 页。

现出应有的历史担当和政治责任，也是我国政治优势和制度优势的重要
体现。

"万企帮万村"精准扶贫行动是社会参与扶贫众多品牌项目之一，
行动以建档立卡的贫困村为帮扶对象，以签约结对、村企共建为主要形
式，助力全社会形成广泛参与的大扶贫格局。各级工商联、扶贫办和光
彩会在总结提升以往工作经验的基础上，指导民营企业因地制宜选择具
体帮扶途径，包括：

1.产业扶贫。引导民营企业通过投资兴办企业，开发结对村资源，
提高生产力、提升附加值，带动贫困村经济发展。如广东金友米业股份
有限公司，携手其广东省分行定点扶贫南雄市贫困村，探索"企业＋基
地＋贫困村户"的稻米产业扶贫新模式，建立了"三位一体"的产业扶
贫通道。

2.商贸扶贫。发挥民营企业的市场开拓能力以及渠道和信息优势，
通过采购、代销、委托加工、农企直通车等形式，帮助结对村对接外部
市场，带动农户增收。如湖南省浏阳市淳口镇举办的"消费扶贫社群
节"，由知名企业家、创业者、网红等组成五大直播团队，进行直播活
动为优质特色农产品带货。

3.就业扶贫。引导民营企业采取多种形式，通过本企业或上下游企
业为结对村提供就业岗位，加大培训力度，提高就业质量，增强劳动力
的可持续就业能力。如新疆枣兔农牧发展有限公司通过其兔养殖基地、
屠宰场、饲料厂，以及成熟的养殖经验和完整产业链，为农户提供饲养
技术和设备，帮助151名村民在企业实现了稳定就业。

4.捐赠扶贫。引导民营企业发扬中华民族扶危济困传统美德，弘扬
社会主义核心价值观，通过捐款捐物、助学、助老、助残、助医等形

式，改善结对村群众的生产生活条件。如湖南省湘西土家族苗族自治州的凤凰县以着力抓好"两新"组织，积极发动爱心企业、人员等为乡村贫困学校送物资、捐善款。

5.智力扶贫。引导民营企业借助人才优势开展智力帮扶，向结对村群众教授实用技术，帮助结对村群众更新生产生活观念，提高生产技能和生活质量。如安徽省淮北市濉溪县工商联，结合劳动者意愿，有针对性地在铁佛镇开展"民企帮村"智力扶贫就业培训，培训结束经考试合格者，统一颁发人社部门认证的从业技能资格证书，并介绍到本地和外地企业就业，实现"一人就业，全家脱贫"。

6.其他扶贫。引导民营企业积极创新扶贫模式和途径，如：指导和扶持结对村致富带头人创办企业，激活贫困地区内生动力；牵头组建或参与管理农村专业合作社，提高贫困群众的生产组织化水平；在结对村设立产业帮扶基金，按照低息运行、滚动发展原则，以金融手段帮助农户发展生产；借鉴定点扶贫工作经验，从企业中选派人员驻村帮扶，带领贫困群众创业致富；利用互联网技术，开展电商扶贫；等等。

2018年10月20日，习近平总书记给"万企帮万村"行动中受表彰的民营企业家回信，对民营企业积极承担社会责任，踊跃投身脱贫攻坚的行为予以肯定，勉励广大民营企业家坚定信心，办好企业，为实现中华民族伟大复兴的中国梦作出新的更大贡献。截止到2020年6月底，已有10.95万家民营企业精准帮扶超过12.71万个村，总投入近1100亿元，受惠贫困人口1564.52万人。脱贫摘帽不是终点而是新的起点。民营企业要把自身发展同国家繁荣、民族兴盛、人民幸福紧密结合在一起，继续发挥自身优势，带动群众就业，促进群众增收，巩固脱贫成果，提高脱贫成色。

（三）开展向贫困地区、贫困群众献爱心活动

扶贫帮困、乐善好施是中华民族的传统美德。为认真贯彻落实党中央、国务院关于扶贫工作的相关政策，多方宣传工会统筹开展内容丰富、形式多样的"献爱心日"活动，为爱心企业、爱心人士与贫困群体牵线搭桥，切实帮助贫困地区群众解决实际问题。献爱心活动向贫困地区、贫困群众提供了大量扶贫资源、缓解了政府扶贫的财政压力，营造了人人关心扶贫、人人支持扶贫、人人参与扶贫的浓厚氛围，体现了社会各主体在脱贫攻坚中的责任担当，为传播慈善文化，弘扬人道精神，助力脱贫攻坚，实现共同富裕发挥了积极作用，成为打赢脱贫攻坚战的强大合力。

1.扶贫济困捐赠。守望相助、扶贫济困是中华民族的优良传统，也是当今世界各国、各地区解决贫困问题的通行做法。爱心活动捐赠是政府扶贫济困工作的重要平台，发挥着搭建政府与捐赠单位及困难群体的重要桥梁作用。通过向爱心企业及爱心人士传达国家有关扶贫政策，让他们真切了解帮扶需求，激发捐赠意愿，切实提高扶贫工作的精准性、有效性和持续性。广东是改革开放的排头兵、先行地和实验区，率先完成了国家标准下的绝对贫困减贫任务，创建了"6·30"广东扶贫济困日活动平台。在"广东扶贫济困日"活动的示范引领下，广东全社会正在形成"人人皆能为、人人皆愿为、人人皆可为"的扶贫氛围和全民慈善的社会氛围。

2.教育助学捐赠。扶贫必扶智，作为阻断贫困代际传递的重要途径和提升贫困群众"造血"能力的重要抓手，教育扶贫受到了党和国家的高度重视。发展乡村教育，让每个乡村孩子都能接受公平、有质

量的教育，阻止贫困现象代际传递，是功在当代、利在千秋的大事。教育是打赢脱贫攻坚战的优先任务和治本之策，贫困生的学业与生活，是社会各界的重点扶贫方向。在党和政府的引导下，社会组织开展的重大项目往往与此相关，如"希望工程""慈善文化进校园"项目、"爱加餐"项目等，主要以贫困地区儿童为资助对象，通过捐资建学、文具用品发放、学杂费生活费和科研经费资助等形式，致力于推动贫困地区教育事业发展。

3. 紧急救援捐赠。由于地域广阔、地形多样、人口众多，中华民族自古以来就饱受各类自然灾害的侵袭。在党和政府的积极鼓励、支持和组织下，紧急救援捐赠主要用于洪水、干旱、地震、暴雪等自然灾害的紧急救援和灾后重建。其中，社会组织的捐赠成为突发自然灾害防护物资的主要来源，在紧急防护、物款捐赠、行动救援和灾后重建中发挥着重要作用。自1998年中华慈善总会初步确立社会组织接收救灾捐赠主体地位以来，共组织参与多种自然灾害救援捐赠，为灾区募集了大批的物资援助和现金支持。一次次灾难面前，在党的坚强领导下，举国力量向灾区汇聚，为夺取抗震救灾全面胜利，应对"因灾致贫"和"因灾返贫"，促进经济社会又好又快发展贡献了智慧和力量。

一次捐赠送出一份温暖，一颗爱心带来一份感动。献爱心活动搭建起社会力量与贫困群众联系帮扶的桥梁，是汇聚全社会力量助力脱贫攻坚、助推经济社会发展的重要方式，既增强人们的社会责任感，也传播公益精神和慈善文化；既体现慈善事业的重要作用，也助推公益全民化、持续化、系统化发展；既体现人类的高尚品质和美好情操，也是社会文明与进步的标志。

四、激发人民群众内生动力

摆脱贫困首要并不是摆脱物质的贫困，而是摆脱意识和思路的贫困。要注重扶贫同扶志、扶智相结合，把贫困群众积极性和主动性充分调动起来。精准脱贫在于激发贫困群众内生动力，围绕既要"富口袋"也要"富脑袋"，变"输血"为"造血"，变"要我脱贫"为"我要脱贫"三大行动计划，助推脱贫攻坚取得显著成效。

（一）既要"富口袋"也要"富脑袋"

扶贫必扶智，治贫先治愚。贫穷并不可怕，怕的是智力不足、头脑空空，怕的是知识匮乏、精神委顿。脱贫致富不仅要注意"富口袋"，更要注意"富脑袋"。这一重要指示，为深化扶贫与扶智相结合提供了重要遵循。

扶贫必扶智。扶智的本质是教育脱贫，从根本上消除带来贫困的思想根子。贫困群众受教育程度普遍较低，接受新知识新技术的能力不强。因此，首先要抓好基础教育扶贫，保障落实贫困家庭子女就学，才能阻断贫困代际传递，帮扶工作才真正扶在点上。其次，扶贫先扶智，扶智先通语。信息化时代，语言也是生产力。要让国家通用语言文字得到更为广泛充分的应用，让更多群众走上脱贫致富之道。最后，授人以鱼不如授人以渔。对于贫困地区的劳动群众，扶智要做到"授之以渔"，根据贫困地区的就业需求，开展职业教育，提高劳动力素质，助力脱贫攻坚。教育扶贫，既立足当下，又惠及长远；既雪中送炭，又授人以渔。

治贫先治愚。乡风文明是乡村振兴的保障，移风易俗是提升乡风文明的关键，加强文明乡风建设是深入推进脱贫攻坚的重要抓手。随着扶贫工作的稳步推进，特别是物质扶贫的深入推进，加强贫困地区移风易俗工作，推进乡风文明建设刻不容缓。为贯彻落实中央农村工作领导小组办公室、中央组织部、中央宣传部、中央文明办、农业农村部等 11 个部门联合印发的《关于进一步推动移风易俗建设文明乡风的指导意见》，各有关部门整合各方资源、发挥各自优势，通过增加基础公共设施投入、规范"婚丧嫁娶"事宜、开展文艺汇演与核心价值观宣传教育、强化农村基层党组织建设等移风易俗工作，加强乡风文明建设，成效显著，有效遏制了贫困地区存在的宴请随礼、浪费攀比和婚丧奢靡等陈旧风俗。当然，移风易俗不可能一蹴而就，也不能操之过急，是一个循循善诱、潜移默化的过程，需要长期坚持、久久为功。

（二）变"输血"为"造血"

扶贫不只是"输血"，更着重在"造血"。如果说精准扶贫的第一步是给钱给物给政策的"输血"，可持续脱贫之路则是激发内生动力的"造血"。扶贫不是慈善救济，不是按人头分钱，而是引导和支持所有有劳动能力的人，依靠自己的劳动开创美好明天。

脱贫攻坚，群众动力是基础。习近平总书记指出："用好外力、激发内力是必须把握好的一对重要关系。对贫困地区来说，外力帮扶非常重要，但如果自身不努力、不作为，即使外力帮扶再大，也难以有效发挥作用。只有用好外力、激发内力，才能形成合力。没有比人更高的山，没有比脚更长的路。只要贫困地区干部群众激发走出贫困的志向和内生动力，以更加振奋的精神状态、更加扎实的工作作风，自力更生、艰苦奋斗，我们就能凝聚起打赢脱贫攻坚战的强大力量。"①

扶贫与治病一样，"造血"才是治本之策。提高贫困群众的科学文化素质，培养就业能力、生产经营能力，是实现从"输血型"扶贫转变为"造血型"脱贫的关键环节。脱贫攻坚，必须始终坚持依靠人民群众，正确处理外部帮扶和贫困群众自身努力关系，做好对贫困地区干部群众的宣传、教育、培训、组织工作，充分调动贫困群众积极性、主动性、创造性，激发造血"干细胞"的活性，培育贫困群众自立奋斗意识，提高贫困群体自我发展能力，推动扶贫工作从"输血式"向"造血式"转变，形成长效机制，用人民群众的内生动力支撑脱贫攻坚。

（三）从"要我脱贫"到"我要脱贫"

好日子是干出来的。扶贫先扶志，变"输血"为"造血"，就是要改变贫困群众的精神面貌，激发内生动力，变"要我脱贫"为"我要脱贫"。内生动力在哪里？就在广大基层群众的心里、手上和脚下，心里要谋划"如何脱贫"、双手要往"我要脱贫"上使劲、脚下要奔向"致富之道"。

在党和政府的帮扶下，贫困户能享受多重真金白银的政策利好，不少帮扶干部帮着、推着甚至替着干。因为有"兜底保障一批"，部分基层干部和贫困户掉进了"靠着墙根晒太阳，等着别人送小康"的福利陷阱，让帮扶政策打了折扣。2013年11月3日，习近平总书记到湖南省湘西州花垣县十八洞村考察，首次提出"精准扶贫"。此后，十八洞村通过创新推行群众思想道德星级化管理，开展丰富多彩的文化活动，过

① 习近平：《认清形势聚焦精准深化帮扶确保实效　切实做好新形势下东西部扶贫协作工作》，《光明日报》2016年7月22日。

去在脱贫中"等、靠、要"的思想观念悄然发生了转变。十八洞村第一书记孙中元说：村民脑袋富了，干劲足了，思想观念悄然转变，群众脱贫致富的信心大、愿望强、劲头足。

脱贫小故事，展示了贫困群众自力更生的奋斗历程，也营造了脱贫光荣、自给自足的社会氛围。习近平总书记在东西部扶贫协作座谈会上讲到，摆脱贫困首要并不是摆脱物质的贫困，而是摆脱意识和思路的贫困。脱贫攻坚以来，这样的变化真实发生在每一个走出贫困的村庄。打赢脱贫攻坚战，离不开从上到下的好政策，离不开奋战在脱贫攻坚一线的人们，也离不开村民们"拔穷根"的干劲。脑子换了，心气儿足了，就一定能看清致富道，走上致富路。

脱贫

T U O P I N

第 三 编

中国脱贫：怎么能

脱贫

中国为什么能

　　在人类历史发展的长河中，无论对哪一种文明、哪一个民族来说，反贫困都始终是关乎治国安邦的一件大事。世界各国、各民族的历史传统和发展状况各有差异，但在贫困治理上却面临着一些共同的难题。解决这些难题首先必须在科学的理论指导下，研究贫困产生的根源和人类反贫困的基本规律，为消除贫困奠定坚实的理论基础。中国共产党在马克思主义指导下，深刻认识到贫困是生产不发达的产物，摆脱贫困必须通过大力发展生产来实现。同时，贫困是一定社会关系的产物，因此，摆脱贫困不能仅仅停留在生产本身，还必须建立平等的政治结构、经济结构和文化结构，并在强有力的政党领导和国家力量的作用下才能达到消除贫困的目的。

　　中国共产党在不断探索反贫困规律的基础上，领导全国人民经过不懈斗争和艰辛探索，逐步建立了平等的政治结构、经济结构和文化结构，为消除贫困奠定了坚实的制度基础、形成了显著的制度优势。中国共产党领导中国人民始终践行摆脱贫困的初心使命，坚持以人民为中心的立场，坚持党集中统一领导扶贫事业，发挥社会主义制度优势为脱贫赋权增能，把消除贫困、实现共同富裕目标作为社会主义本质特征，利用社会主义国家集中力量办大事的优势，系统推进消除贫困的伟大事业。

　　消除贫困从根本上依靠发展，但发展要坚持什么样的理念，遵循什么样的发展规律，这是当今世界消除贫困面临的难题。中国共产党在深刻总结国内外经济社会发展经验教训的基础上，提出了创新、协调、绿色、开放、共享的新发展理念。新发展理念本身也是新发展规律，是中国特色反贫困理论的核心要义，指导了中国的反贫困实践，为世界反贫困贡献了中国智慧和中国方案。

第六章

中国共产党对反贫困问题的认识

　　贫困是人类社会的顽疾。在人类历史发展的长河中，无论对哪一种文明、哪一个民族来说，反贫困都始终是关乎治国安邦的一件大事。世界各国、各民族的历史传统和发展状况各有差异，但在贫困治理上却面临着一些共同的难题。当今世界，在众多处于多维贫困状态的人口中"有8亿人生活在极端贫困之中，每年近600万孩子在5岁前夭折，近6000万儿童未能接受教育"①。针对这个世界难题，联合国也将消除贫困作为其首要任务：1992年，第47届联合国大会决定将每年的10月17日定为"国际消除贫困日"；2000年，联合国千年首脑会议又提出将世界极端贫困人口减半的"千年发展目标"（MDGs）；2015年，联合国大会第七十届会议上通过的《2030年可持续发展议程》（A/RES/70/1）提出了17项可持续发展目标，其中排在前两个的目标分别是消除贫困、消除饥饿。

　　贫困是什么？贫困是怎样发生的？怎样消除贫困？这一系列涉及贫困和反贫困的问题，需要从理论上加以回答。贫困和反贫困问题，长期以来受到理论界的关注，尤其是在第二次世界大战以后，随着发展经济

---

① 《习近平谈治国理政》第二卷，外文出版社2017年版，第524页。

学的兴起，反贫困理论有了新发展。西蒙·史密斯·库兹涅茨（Simon Smith Kuznets）提出在从前工业文明向工业文明极为快速转变的经济增长早期，不平等扩大，一个时期变得稳定，后期不平等缩小的观点。阿尔伯特·赫希曼（Albert Otto Hirschman）以此理论为基础，提出了经济发展的"涓滴效应"理论，认为在经济发展过程中不必给予穷人特殊的优待，率先发展起来的地区和群体会通过创造就业、扩大消费等方式惠及贫困地区和贫困人口，即经济发展的成果会像流水一样自然渗入到穷人手里。威廉·阿瑟·刘易斯（William Arthur Lewis）则认为，发展中国家同时存在着传统的自给自足的农业经济体系和城市现代工业体系两种不同的经济体系，农业经济体系劳动生产率低下，让劳动者摆脱贫困的办法是促进农村剩余劳动力向非农部门转移。西奥多·舒尔茨（Thodore W. Schults）也提出，农业中的贫困应该在农业领域解决，办法就是提高农业的工业化水平和农民的受教育程度，即通过提高农村的人力资本来消除贫困。卡尔·冈纳·缪尔达尔（Karl Gunnar Myrdal）提出了贫困的多因素说，认为在社会经济动态运行序列中，诸多因素互相影响、互为因果的循环变动导致了贫困的产生，发展中国家的贫困绝不仅仅是一个经济问题，而是政治、经济、文化等诸要素共同作用的结果。因此，反贫困就不单单是一个经济问题，更要在社会政治、制度、文化等各个方面进行全面改革。阿马蒂亚·森（Amartya Sen）提出了"能力贫困"和"权利贫困"的问题，认为贫困人口之所以陷入贫困，是因为他们缺乏获得维持正常生活所需收入的能力和机会。因此，只有通过相应的制度安排，建立一套政治和社会体制，保障贫困者享有基本的政治与公民自由、获得基本生活需要和教育、医疗卫生等权利和能力，才能解决贫困问题。这些关于贫困及其治理方案的理论虽然从不同侧面揭示了贫困的原因，但并没有从根本上揭示出贫困的经济根源和政治根源，更不能作为中国反贫困事业的理论依据。

马克思主义理论从人民的立场出发，运用唯物史观的方法论，从经济根源、政治根源、社会根源等多个方面，科学揭示了贫困产生的深刻原因和消除贫困的基本条件。中国共产党是以马克思主义为指导思想的政党，在反贫困事业的推进过程中坚持运用马克思主义立场、观点和方法来认识和把握贫困发生的规律。在中国共产党的领导下，历史性地解决了绝对贫困问题，不仅创造了前无古人的中国奇迹，也创造了人类发展史上的奇迹。

中国共产党的反贫困事业之所以能，就是因为它始终坚持以马克思主义为指导，坚持从中国国情出发，牢牢抓住反贫困的历史任务，在实践中不断探索反贫困规律，创造反贫困的条件，开辟反贫困的道路，实现了消灭绝对贫困的目标。中国共产党的反贫困理论，为世界反贫困提供了中国方案、贡献了中国智慧。

一、发展生产是摆脱贫困的物质基础

人类要生存繁衍、追求美好生活、获得自身的解放和发展，首先必须解决衣食住行等基本生活问题，这是马克思主义认识人类社会历史的第一个前提。正如马克思、恩格斯指出的："我们首先应当确定一切人类生存的第一个前提，也就是一切历史的第一个前提，这个前提是：人们为了能够'创造历史'，必须能够生活。但是为了生活，首先就需要吃喝住穿以及其他一些东西。因此第一个历史活动就是生产满足这些需要的资料，即生产物质生活本身，而且，这是人们从几千年前直到今天单是为了维持生活就必须每日每时从事的历史活动，是一切历史的基本条件。"① 因此，人类的第一个历史活动就是通过发展生产来创造那些满足人类生存发展需要的物质资料，考察贫困问题也应该从这里出发。

（一）贫困是生产不发达的产物

什么是贫困？对此可能很难下一个精确的定义。在自然经济占主导地位的社会阶段，贫困通常用人们获得物质生活资料的水平来衡量，例如一个人或一个家庭面临吃不饱穿不暖的状况，就是处于贫困之中。在商品经济占主导地位的社会里，贫困需要用货币收入水平来衡量。例如，一个人或一个家庭所获得的收入无法购买到生存所需的必要生活资料，就意味着他们处于贫困的境遇中，这种状态通常被称作"绝对贫困"。当然，在现实生活中，衣食无忧不意味着就彻底消除了贫困，当一些人住在高楼大厦，过上了现代化的生活时，另一些人却仅仅勉强解决了温饱问题，仍住在年久失修的破旧老屋之内，医疗卫生等也缺乏保障。事实上，这些人同样也处于一种贫困状态，这种状态通常被称作"相对贫困"。关于相对贫困，世界银行在《1981年世界发展报告》中有过这样的描述：当某些人、某些家庭或某些群体没有足够的资源去获取他们那个社会公认的、一般都能享受到的饮食、生活条件、舒适和参加某些活动的机会，就是处于贫困状态。

在今天，世界范围内的贫困现象既有绝对贫困，也有相对贫困，但首要解决的"头号大敌"是绝对贫困，这是人类社会一直以来的顽疾。

---

① 《马克思恩格斯选集》第1卷，人民出版社2012年版，第158页。

解决贫困要靠发展生产，但发展生产不是一时一地之功。在世界其他地区的发达国家正享受着农业、制造业等领域的现代化升级带来的便利时，低收入和贫困国家的人民仍然要为了自身的温饱和健康而奋斗。放眼全球，虽然世界各国和一些国际性的非营利性组织在卫生、健康、基础设施建设、疾病控制等方面对非洲贫困国家提供了相当大的援助，但这些帮助仍然难以直接提升非洲贫困国家的生产水平和生产效能，物质生活资料的极度匮乏依旧使相当一部分国家的人民忍受着营养不良和饥荒的折磨。由此可以看出，贫困与生产发展不足密切相关。理论上说，当人类的劳动能力在一定时期生产出来的物质产品能够满足个人和家庭需要的时候，人类就有了摆脱贫困的能力。因此，从根本上看，大力发展生产，不断提高生产力水平，是摆脱贫困的经济基础和物质前提。只有社会创造的财富在总量上不断增加，让物质财富的"蛋糕"不断做大，才能从更深层次解决致贫的问题。

（二）资源禀赋影响生产发展

贫困与生产力发展水平密切相关，而生产力的构成要素包括人的因素即劳动者的劳动能力，物的因素即生产资料（包括劳动资料和劳动对象）。那么，在生产力水平既定的条件下，为什么还会有富裕和贫困的差别呢？这种差别无非是两个方面：或者是劳动能力的差别，或者是拥有生产资料的差别。在此我们先分析拥有生产资料的差别，在后文再分析关于劳动者的劳动能力的差别。

拥有生产资料的差别分为两种情况：一种情况是生产资料被别人垄断，劳动者自己因为没有生产资料而陷入贫困，比如奴隶的贫困、租地农民的贫困、雇佣工人的贫困等，这是由社会经济制度原因造成的贫困。另一种情况是生产资料自身匮乏带来的贫困，包括劳动资料和劳动对象的匮乏，这实际上是客观自然条件的匮乏带来的贫困。例如，一个国家或地区拥有独特的自然地理位置，在过于潮湿干旱、炎热寒冷，偏居一隅的情况下，获取物质生活资料的能力和水平呈现出明显的不足。马克思曾经指出："资本的祖国不是草木繁茂的热带，而是温带。"[1] 这不是讲环境决定一切，而是讲自然资源条件对人类发展生产具有重要影响。在经济学上，我们把这种自然资源条件通常称为"资源禀赋"。特定地区内部资源禀赋与该地区贫困状况的复杂关系也受到了经济学家们的高度关注。例如，诺贝尔经济学奖得主阿马蒂亚·森在对贫困的分析中就曾指出，如果说拥有某项能力是实现自由生活的必备条件，那么这种能力、权利或发展机会的缺失不仅可能源于个体后天的不努力，更有可能源于个体所处的环境或社会环境的影响。低收入和财产的缺失仅仅是贫困的一个结果，而贫困发生的原因则同自然资源禀赋的先天不足密切相关，由此导致在不施加外部调控的情况下，贫困地区低收入群体摆脱贫困的能力被"先天地剥夺"了。在现实生活中，贫困人口往往都聚集在交通不便、自然条件较差的农村地区，这在世界范围内是一种较为普遍的现象。根据地理空间致贫问题的研究，可以发现地理区位与农村贫困发生率之间存在正相关关系，地理位置既对经济增长的减贫效率存在影响，也会辐射到农村公共物品的减贫效率中；而在大多数农村地区，农业生产能力决定了农户的收入和福利水平，而农业生产能力又与气候、水土、地形等自然条件相关联。因此，农业自然条件的资源禀赋直接反映出农村贫困的空间格局。

---

[1] 《马克思恩格斯选集》第 2 卷，人民出版社 2012 年版，第 240 页。

　　虽然资源禀赋可能成为地区发展的障碍，但如果利用好禀赋差异，找到合理的区域定位，也可能为地区发展带来积极效能，关键在于如何通过战略策略，化不利因素为有利条件。有些贫困地区确实身处"穷山恶水"的自然环境中，但这种独特的自然环境在一定情况下反而可以转化为脱贫致富的源泉，"穷山恶水"也可以变成"金山银山"。例如，偏居中国西南一隅的云南省借助其独特的资源禀赋和生态基础，正在经济加速发展的跑道上阔步前进。云南地势西北高东南低，海拔高差异常悬殊，大面积土地高低参差、纵横起伏，相对平缓的山区只占全省土地总面积的10%。气候方面，云南冬夏两季受不同大气环流的控制和影响，夏季潮湿闷热降水充沛，冬春季节干旱。这样的自然条件，显然难以通过发展传统农业实现自身的脱贫致富。但云南充分利用自身自然资源，在保护生态环境的基础上大力发展服务业和旅游业，充分践行"绿水青山就是金山银山"的发展理念，化自然条件限制为自然资源红利。2020年，云南省GDP增速为4.0%，排在全国前列；2021年上半年，云南省GDP同比增长12.0%，两年平均增长6.1%，开辟出一条化不利为有利，依托特殊自然资源禀赋发展自身的致富道路。

　　资源禀赋能否被有效利用，在现代社会还取决于外部资源和市场能否有效循环。现代世界的高度联通性，为具有特殊资源禀赋的地区在更大的经济体系中发挥特殊作用提供了可能。中国有句俗语："巧妇难为无米之炊"，对贫困地区而言，发展生产离不开物质性的前提条件，尤其是资金、技术等要素。在市场经济条件下，贫困地区实现脱贫目标不仅要有生产条件和能力，大力发展产业还要有流通的条件，让生产出来的东西能够卖得出去，让产品变成收入。这就需要建立起良好的基础设施，比如便利的交通运输条件、必要的公共服务等，这些公共产品投资规模大、见效慢，往往需要政府投入。由于贫困地区自身生产和积累能力弱，外部资源的有效进入和对口帮扶为贫困地区的发展带来了"活水"：资金支持的强化、人才交流的加强、各类项目的带动，使贫困地区拥有了发展的"第一动力"，这些支持和帮扶，为贫困地区提高自身发展能力方面起到重要支撑作用。

面对资源禀赋差异所导致的贫困，我们需要在系统思维下解决问题。解决一个国家范围内的贫困，需要"全国一盘棋"；解决世界范围的贫困，需要将全球看作一个合作体系。《世界资源 2005：穷人的财富——通过管理生态系统来战胜贫困》指出，坦桑尼亚政府对苏库马（Sukuma）700000 公顷退化的林地和牧场进行了有效的控制和管理，既提高了当地居民的家庭收入水平，又增加了当地树木、鸟类和其他动物种类；斐济政府对蛤蚌养殖和海岸水体进行了严格管理，尤库尼瓦诺（Ucunivanua）当地的红树林龙虾和成熟蛤蚌的数量大幅增加；印度社会团体对流域的良性控制管理使得代尔洼地（Darewadi）村的农作物种植现金收入增加了近 6 倍。与中国的云南省一样，发生在世界各地的这类事实充分表明，地方资源的有效运用和由此产生的正向效能，体现了反贫困的一般规律。如果能够将具有不同资源禀赋的地区放置在整个世界体系中，使资源和市场有效循环起来，资源禀赋不足地区的贫困问题将会得到很好的解决。

（三）发展生产是摆脱贫困的首要前提

贫困意味着人们生产生活的物质资料处于匮乏状态。要解决这个问题，从根本上看要靠发展生产；要发展生产，就要依靠生产要素的有机结合。在生产活动中，基本的生产要素包括人的劳动和生产资料，离开生产资料，劳动就无法有效进行；同样，仅仅有闲置的生产资料，而没有人的劳动去使用，也不能生产出任何产品。因此，发展生产必须依靠劳动力和生产资料的有机结合。一旦劳动者和生产资料处于相互分离的状况，那么它们仅仅具有成为可能性的生产要素，只有二者相结合，让劳动者运用劳动资料进行劳动，使劳动对象产生符合预期的变化，才能生产出人们需要的产品。

贫困地区发展生产，遇到的障碍通常是劳动力的数量和质量不高，或者是资源禀赋差，缺少劳动资料或劳动对象。因此，发展生产要在多个领域同时创造条件，增强贫困地区的"造血能力"。从劳动力要素的角度看，增强"造血"功能，主要是提高教育水平，增加劳动技能。从生产资料的运用角度看，要因地制宜发展相关产业。例如，巴西对中西部和北部地区实施农林经济开发、技术创新推进等政策，在开发落后地区方面探索出一整套以因地制宜、产业升级为核心的思路。贫困地区开发治理不仅要制定循序渐进的发展规划，因地制宜选择主导产业，更要重视教育和人力资源投资，推动制度创新和科技创新，在市场机制的基础上借助开发政策提升贫困地区生产的"造血"效能。

又如，20 世纪 90 年代巴西卡多佐政府领导的全面的经济体制改革，强化政府在社会政策领域的统筹与协调功能，从 1994 年起，州、市两级政府在社会项目融资方面承担更大责任，联邦政府加大对地方政府的资金转移支付，最终，巴西在社会事业领域的发展取得了明显的进步。不难看出，贫困地区以外地区的生产发展，为贫困地区同发展较快地区进行区域合作提供了重要机会。中国在这方面更是为世界作出了典范性的经验贡献。

2016 年 7 月 20 日，习近平总书记主持召开东西部扶贫协作座谈会并发表重要讲话，强调东西部扶贫协作和对口支援是推动区域协调发展、协同发展、共同发展的大战略，是加强区域合作、优化产业布局、拓展对内对外开放新空间的大布局，是实现先富帮后富最终实现共同富裕目标的大举措。他指出，组织东部地区支援西部地区 20 年来，党中央不断加大工作力度，形成了多层次、多形式、全方位的扶贫协作和对口支援格局，使区域发展差距扩大的趋势得到逐步扭转，西部贫困地区、革命老区扶贫开发取得重大进展。事实证明，我国的东西部扶贫协作是脱贫攻坚的重要内容之一，以深入推进长江经济带发展等重大战略为引擎，通过培育若干带动区域协同发展的增长极，最大限度发挥辐射带动作用，为西部贫困地区实现跨越式发展开拓新空间、注入新动力。这说明系统思维的重要性，也说明国家统筹能力的重要性。

二、建立平等社会是摆脱贫困的制度基础

上面的分析，是抽象掉社会制度属性，单纯从社会生产一般角度来认识问题的。事实上，人类从诞生第一天起，就在一定社会关系中进行活动，没有离开制度约束的生产。因此，分析贫困问题，不可能脱离开社会关系和作为社会关系载体的社会制度结构和制度体系。

纵观人类社会的发展历史不难发现，有些社会属于平等社会，有些则属于不平等社会。区分它们的最基本方式，是看它们的社会结构支持平等还是支持不平等。一般来说，社会结构支持平等与否，主要可以从三个方面进行判断：一是是否支持政治平等，也就是人们有没有平等参与政治活动的权利；二是是否支持经济平等，也就是人们有没有平等占

有生产资料进而占有产品的权利；三是是否支持文化平等，也就是人们有没有平等享有文化教育、享受精神文化的权利。在原始共同体中，生产资料的性质属于所有成员，人们共同劳动、共同生活、共享劳动果实，是一种形式上的"平等社会"。但是由于生产力水平极低，劳动所得仅限于维持最低水平的生存，这种平等并不是人类真正向往的平等。随着生产力的发展，剩余产品和私有财产开始出现。这些变化使社会成员的生活境况产生差异，不平等的社会开始形成，社会政治、经济、文化等多个领域的不平等使财富集中在少数人手里，多数人处于贫困状态。这样的社会制度的产生有其历史的合理性，但必须认识到的是，这些社会中的贫困不是单纯的生产造成的，而是包含制度因素。解决贫困问题既要靠发展生产，也要建立平等的社会制度，使其具有支持平等的社会结构。

在现实生活中，任何生产活动都是在一定社会生产关系下的活动，当人类社会处于生产资料私有制的生产关系条件下时，人类劳动所生产出来的生产资料和生活资料不是被劳动者所占有和消费，而是被垄断生产资料但却不从事劳动的人所占有和消费，于是在社会层面产生了剥削关系。在剥削关系中，劳动者的劳动被划分为必要劳动和剩余劳动。必要劳动所创造的物质产品，是用来满足劳动者个人和家庭生存需要；而剩余劳动所创造的物质产品则被生产资料垄断者无偿占有。在这种关系中，贫困就意味着劳动者获得物质生活资料低于必要劳动创造的东西，本该属于必要生活资料的部分被生产资料垄断者据为己有。由此可见，人类的贫困既与人类自身劳动能力有关，也与社会制度结构密切相关，如果我们抛开社会制度谈论贫困，就抽象掉了人类经济活动的社会性质。正因为如此，我们会看到当今世界范围的贫困同时存在于生产力落后和生产力发达国家之中。在生产力发达国家存在的贫困，绝不是因生产能力不足造成的，而是由社会制度带来的。例如，美国是世界上最发达的国家，完全有能力消灭贫困，但美国在发达国家中是贫富差距最大也是贫困率最高的国家，这种不正常的贫困现象显然是美国私有制制度、种族制度等一系列不平等社会制度结构带来的结果。

建立平等的社会结构是调动贫困人口向贫困宣战、产生脱贫内生动力的不竭源泉。恩格斯在《反杜林论》中指出："一切人，作为人来说，都有某些共同点，在这些共同点所及的范围内，他们是平等的，这样的观念自然是非常古老的。但是现代的平等要求与此完全不同；这种平等要求更应当是从人的这种共同特性中，从人就他们是人而言的这种平等中引申出这样的要求：一切人，或至少是一个国家的一切公民，或一个社会的一切成员，都应当有平等的政治地位和社会地位。"① 生产的发展总是要在一定的社会制度内实现，而先进的制度对于发展生产必然发挥着积极作用。人类社会进步的一个重要标尺，就是不断走向平等的社会结构。相较于之前的社会而言，资本主义社会在社会平等性方面有了一定的进步性，而这种进步性有效推动了社会生产力的快速发展，也在很大程度上提高了人们普遍的福利水平。正如马克思、恩格斯所言："资产阶级在历史上曾经起过非常革命的作用。"②"资产阶级在它的不到一百年的阶级统治中所创造的生产力，比过去一切世代创造的全部生产力还要多，还要大。"③ 但也正是由于制度的制约，使得资本主义社会在生产力高度发达的情况下却无法解决贫困问题。

---

① 《马克思恩格斯选集》第 3 卷，人民出版社 2012 年版，第 480 页。
② 《马克思恩格斯选集》第 1 卷，人民出版社 2012 年版，第 402 页。
③ 《马克思恩格斯选集》第 1 卷，人民出版社 2012 年版，第 405 页。

虽然平等已经成为现代社会的基本价值取向，但对于平等的内涵，人们的理解并不完全一致，在现实生活中仍然存在着广泛的不平等。这些不平等有的源于历史传统，在政治领域的体现就是平等政治地位的缺失；有的源于社会因素，在经济领域的体现就是平等经济权利的匮乏。因此，摆脱贫困需要一个坚实的制度基础，构建这个基础的必要途径就是建立平等的社会结构，政治上确保社会成员的生存权和发展权等基本权利，经济上确保社会成员彼此拥有平等的发展机会，文化上确保社会成员通过有效途径获取摆脱贫困的内生性的发展能力。

（一）政治平等保障发展权利

政治平等是生存权、发展权等基本权利的保障，是消除因种族、民族、性别等差异造成贫困的重要条件。只有在平等政治前提下，贫困人口才能切实获得生存和发展的物质生活资料，而在一个没有平等政治地位的社会里，贫困会被视作无产者理所当然的处境。以人类社会发展的五种社会形态为例，奴隶社会和封建社会的成员就饱受不平等政治地位的侵害。例如，两千多年前的罗马就是一个典型的奴隶制社会，在征服别的国家之后，罗马人就把该国的居民变成奴隶。在此，奴隶是其主人的私人财产和自属商品，没有任何形式上的"公民权利"，连子女也都世代为主人所用，奴隶主更是可以任意处置自己的奴隶，无论何种行为都不会受到当时律法的追究。又如，汉朝儒学家董仲舒提出"君要臣死，臣不死是为不忠；父叫子亡，子不亡则为不孝"等，便是封建社会中极大限度地扩张君权、压制臣民权利的观点。政治地位的差异，反映出人们创造出的财富经历了一个由奴隶向奴隶主、由租地农民向封建地主的无偿输送过程，且这一过程中并不存在对"不公平""不正义"的有效反思。因此，在政治权利极度不平等的情况下，对物质产品的不当占有建立在人身关系的不平等之上，政治地位低下的人群的贫穷是必然的、不可避免的。

资产阶级在历史上的多次革命为打破这种政治不平等提供了一种方案。"资产阶级在它已经取得了统治的地方把一切封建的、宗法的和田园诗般的关系都破坏了。它无情地斩断了把人们束缚于天然尊长的形形色色的封建羁绊……一切固定的僵化的关系以及与之相适应的素被尊崇的观念和见解都被消除了，一切新形成的关系等不到固定下来就陈旧了。"① 在英国、法国、美国等地相继取得胜利的资产阶级革命推翻了封建专制制度，君主的统治让位于资产阶级的统治，资本主义的意识形态和政治制度相对以前的社会有一定的进步性，资产阶级启蒙思想家的思想，在摧毁封建社会自给自足的小生产方式，推动形成社会化生产方式方面发挥了重要作用。建立在社会化生产方式和市场经济基础上的资本主义制度，客观上要求在政治上有形式上平等，因此，自由、民主、博爱、人权成为资产阶级最重要的政治口号，宣扬"主权在民""天赋人权""分权制衡""社会契约"等政治思想。这些政治内容一定程度上革除了先前社会中存在的极端政治不平等现象，在形式上给予社会成员平等的政治权利。自由、平等和民主是人类文明进步的产物，也是人类社会进步的重要标准。资本主义社会与以前社会相比有了巨大的进步，但资本主义社会的自由、平等和民主依然存在很大局限性，其实质是资产阶级的自由、平等和民主，广大无产阶级无法真正获得这些必要的政治权利。这就是西方发达国家仍然存在贫困问题的制度原因。

---

① 《马克思恩格斯选集》第 1 卷，人民出版社 2012 年版，第 402—403 页。

（二）经济平等获得发展机会

政治源于经济，资产阶级政治平等的不彻底性根源于经济权利的不平等。摆脱贫困不仅要有足够的生产能力，还要有获得劳动成果的经济权利，即平等的经济权利。如果不能从根本上为财富的获得提供保障，那么摆脱贫困就无从说起。要保障社会成员获取应得财富，就必须超越少数人垄断生产资料的社会制度结构，形成平等占有生产资料的社会制度结构。生产资料所有制性质决定经济关系的性质，拥有平等的占有生产资料的经济权利，才能为平等获得收入分配提供现实依据。

如前所述，资产阶级通过确立资本主义制度革除了奴隶社会和封建社会的政治不平等，试图用资产阶级民主来建构一种形式上的政治平等，但这种改变无法祛除事实的不平等，因为事实的不平等建立在经济权利不平等的基础上。在奴隶社会，最基本的社会经济结构是奴隶主占有全部生产资料，奴隶也是奴隶主的私有财产，是奴隶主"会说话的工具"。因此，奴隶生产出来的劳动产品完全归奴隶主支配，奴隶获得生活资料的多寡则取决于奴隶主的赏赐。封建社会的经济权利关系建立在农民租种地主土地的基础上，相较于奴隶社会，这一时期农民对地主的人身依附关系有所松动，但地主对农民的剥夺并没有减弱，无论是实物地租、劳役地租还是货币地租，都把农民推向了贫困的境遇。资本主义社会的经济权利关系则建立在雇佣劳动基础上，相较于奴隶社会、封建社会劳动者的劳动形式，雇佣劳动的一个重大区别就在于劳动者摆脱了人身依附关系，在形式上获得了人身自由，这是人类文明的进步。在资本主义市场经济中，劳动者看似拥有对工作的自由选择权，但在这种表面的平等关系背后隐藏的是资本主义基本矛盾下更深层次的不平等：第一，工人必须有充分的就业机会，否则他们就将面临失业的困扰；第二，劳动力供给与需求相匹配，否则社会就将没有那么多岗位。但事实上，资本主义市场经济中，由于生产力发展和技术不断进步，机器不断替代劳动力，工人常常被抛入劳动力的"蓄水池"，不充分就业是一种常态，这是造成工人阶级贫困的根源，也是资本主义社会贫富两极分化愈发严重的根源。

只有在平等地占有生产资料的经济权利得到保障的前提下，我们才能探索经济平等基础上的其他方面的平等：平等的就业机会、平等的创业机会、平等的获得初次分配和再分配权利等。

首先，从反贫困的角度来看，就业始终是中国现代化建设道路上一个重要的问题。为了充分保障就业，中国在反贫困过程中多措并举，解决当下劳动关系的突出问题，着力通过保障就业实现让贫困群众脱贫的目标。在全面打赢脱贫攻坚战收官之年的时间节点上，2020 年全国贫困劳动力务工规模达到 3243 万人，90％以上建档立卡贫困人员得到产业、就业扶贫支持，开展各类补贴性职业技能培训 2540 万人次，组织贫困劳动力培训约 240 万人次，技工院校招收贫困家庭学生 8 万余人。

其次，创业是解决贫困的重要渠道。创业活动的主体是创业者，营造有利于创业者健康成长的良好氛围，充分激发微观主体创造财富、获得收入和价值的活力，是保障创业者拥有平等创业机会的必要前提。2020 年，为了鼓励人们创业，在常态化疫情防控之下持续激发市场活力，国务院推出四条举措力促"大众创业万众创新"：中央预算内投资安排专项资金支持"双创"示范基地建设，鼓励建设大中小企业融通、跨区域融通发展平台，鼓励金融机构开展设备融资租赁和与创业相关的保险业务，实施创业带动就业示范行动。

最后，收入分配状况是直接反映社会成员能否获取平等经济权利的"晴雨表"。放眼世界，各国财富基尼系数快速攀升，财富分布差距快速增长，财富对于收入分配不平等的作用开始增加。作为全球创新中心、金融中心和文化中心的美国和欧洲，其顶级富翁财富提升速度十分惊人：按照福布斯财富榜统计，前500强的财富在1987—2017年之间年均财富增长速度为8.9%，而对整体人群而言，这一数据仅为2.7%。法国经济学家托马斯·皮凯蒂（Thomas Piketty）用主要发达国家200多年历史证明，资本的回报率（r）大于国民财富的增长率（g）。也就是说，经济发展的成果大部分被资本所占有，劳动收入长期处于低水平，他预计这种不平等在将来的100年内仍将持续。在改革开放的几十年间，中国的收入分配差距也出现拉大的趋势，但中国的基本制度决定它"共同富裕"的价值取向。共同富裕是中国特色社会主义的根本原则，实现共同富裕是我们党的重要使命，要坚持以人民为中心的发展思想，在高质量发展中促进共同富裕，正确处理效率和公平的关系，鼓励勤劳创新致富，坚持在发展中保障和改善民生。共同富裕本身就是社会主义现代化的一个重要目标，随着我国开启全面建设社会主义现代化国家新征程，必须把共同富裕摆到更加重要的位置，更加积极有为地向着这个目标努力。

纵观全球，主要发达国家贫富差距不是在缩小，而是在扩大。根据经济合作与发展组织（OECD）（以下简称"经合组织"）在2011年发布的一篇题为《为何减少不平等有利于所有人》的报告中可知，经合组织的34个成员国中，最富有的10%人口收入是最贫穷的10%人口收入的9.6倍，在20世纪80年代，这一数字仅仅是7.1倍。在社会财富一定的情况下，收入分配两极分化的状况从一个侧面为马克思的判断提供了佐证：一极是财富的积累，一极是贫困的积累。财富水平的差异在收入分配不平等的过程中正产生着不容忽视的影响，而这种差异无疑对一些国家的反贫困事业提出了挑战。中国在就业创业和改善分配方面的做法，使就业工作取得了历史性成就、发生了历史性变革，就业总量持续增长、就业结构不断优化、就业制度实现根本性变革。中国经济始终保持稳中向好发展态势，经济运行延续增速基本平稳、结构调整优化、质量效益改善、风险总体可控的局面，内在动力不断增强，新旧动能有序转换，经济转向高质量发展的特征进一步显现，为扩大就业创造良好条件、奠定坚实基础，为推进世界范围的减贫事业提供了中国经验。

（三）文化平等获得发展能力

"文化"的概念广泛而深刻。立足消除贫困的视野，文化平等主要分为两方面的内容：第一，获得平等的教育机会，培养贫困地区群众创造财富的劳动能力；第二，获得有效沟通和建构良好风俗的机会，建构起贫困地区群众创造财富的通道。贫困地区群众要想真正"走出财富洼地"，这些条件都是不可或缺的。

获得文化平等的最主要途径是教育。教育平等是阻断贫困代际传递的根本之策，平等的教育机会是让贫困地区群众有能力参与社会竞争的基础。当代政治哲学家罗纳德·德沃金（Ronald Dworkin）接受了"敏于志向而钝于禀赋"的理论目标，他通过"嫉妒的检验标准"（envy test）的思想实验，试图说明人们的生活境况应当真实反映出他们的意愿和对生活态度的差异，而不应当受制于先天条件或自然资质的不同。①

---

① 参见 Ronald Dworkin, What is Equality? Part I: Equality of Welfare; Part II: Equality of Resources, *Philosophy and Public Affairs*, 1981, p.285。

这种先天差异，除了表现在贫困地区与发达地区之间的自然禀赋差异即自然环境不同之外，还显著地表现为贫困地区与发达地区教育资源的不均等，而且后者可能更重要，因为自然禀赋的改变也需要接受过良好教育的人来努力实现。

文化与教育的关系是深刻而复杂的。一个国家的教育所反映出来的问题，往往并不是教育本身的问题，而是社会问题，而社会问题的背后则往往又是更为深刻的文化问题。因此，一种平等社会的形成需要平等文化的支持，而一种平等文化的形成也必将深刻地影响教育平等。1949年新中国成立之后，中国共产党力图通过一系列基本制度的改造和建设，将中国塑造成一个高度平等的社会。在这一过程中，建立在平等主义基础上的平等文化也被塑造出来，并深刻地影响了包括教育在内的各个社会领域。平等社会的建构，既与新中国成立初期的发展需要相契合，也与社会主义的基本价值追求相契合，还与长期存在的"不患寡而患不均"的中国民众心理深度契合。建基于平等制度上的平等文化在中国有深厚的社会基础，而教育平等恰恰是承载这一平等文化的重要制度。自古以来，平等的教育和平等的选拔机制都是中国社会阶层流动的通道，是中国社会的"稳定器"。今天，中国的教育仍然发挥着这种功能，区别只在于，新中国成立之前的中国社会是一个高度不平等的社会，而新中国成立之后的中国社会是一个高度平等的社会。改革开放给中国经济带来了高速增长，也使先前高度平等的中国社会向更加注重公平的社会转型，在此过程中出现了社会分化。在这一过程中，先前形成的平等文化呈现出更加多面的特征，当前中国正在新的社会地基上重塑新的公平文化，教育也将在新的文化地基上面对更为复杂的社会问题。这就要求中国的教育在效率与公平之间，在推动社会发展和保障社会公平的双重压力下保持一种辩证的均衡。改革开放后中国教育的发展成果表明,它为包括减贫事业在内的各项事业的发展提供了一种变革的动力,为正在中国形成的一种新的公平文化提供了教育资源的支持。

教育是使社会保持活力、促进阶层"跃迁"的重要途径,是改变"寒门"命运的一条大路。现代社会的教育资源发展依然不平衡,教育差距往往造成贫富差距甚至代际贫困,这已经是不容忽视的事实,就连一些发达国家也不例外。因此,在制度设计上,如何在有限教育资源下实现教育公平,是一个关乎治理理念的重要问题。放眼世界,教育的平等性问题一直引发关注。经合组织发布的《教育概览2020》显示,新冠肺炎疫情危机暴露出世界各地教育体系的诸多不平等现象,关键是要长期维持公共教育支出的优先地位,以确保每个年轻人都有同样的机会继续接受教育,获得学业成就和发展所需的技能,为社会作出贡献。有数据表明,高中等学历能很好地防止失业。在经合组织国家中,25—34岁没有受过高等教育的人有61%找到了工作,而最高学历为高等教育或中等后非高等教育的人则有78%找到了工作。可见,获得教育机会、增强自身能力,是勤劳致富的有效途径。

中国共产党始终高度重视教育在反贫困中的重要作用。根据联合国教科文组织的统计,中国的文盲率已经从新中国成立之初的80%下降到2015年的3.6%。《2020年全国教育事业发展统计公报》显示,中国学前教育的毛入园率从1950年的0.4%提高到2020年的85.2%,小学学龄儿童净入学率从1949年的20%达到2020年的99.96%,初中阶段毛入学率从新中国成立之初的3.1%提高到2020年的102.5%,高中阶段毛入学率提高到2020年的91.2%。党的十九大进一步强调:"要全面贯彻党的教育方针，落实立德树人根本任务，发展素质教育，推进教育公平，培养德智体美全面发展的社会主义建设者和接班人。推动城乡义务教育一体化发展，高度重视农村义务教育，办好学前教育、特殊教育和网络教育，普及高中阶段教育，努力让每个孩子都能享有公平而有质量的教育。"因此，补齐贫困地区义务教育发展短板，让贫困家庭子女都能接受公平而有质量的教育，是夯实脱贫攻坚根基所在。

在补短板方面，让贫困地区义务教育学生有学上、上好学，是教育扶贫工作的关键所在，要把发展教育扶贫作为治本之计，推进城乡义务教育一体化发展，缩小城乡教育资源差距，确保贫困人口子女都能接受良好的基础教育。在强能力方面，职业教育应当成为贫困地区群众脱贫致富的"发动机"，通过提供学习专业技能的平台培养、训练受教育者的专业技能，为他们提供不竭的脱贫动力。"职教一人，就业一个，脱贫一家"的"造血式"精准扶贫机制，精准阻断了贫困代际传递，精准改变了贫困地区面貌，以职教促产业，以产业助脱贫。在兜底线方面，立体化资助的扶贫方式确保不让任何一个孩子因贫失学，在为贫困户建档立卡的基础上，来自各方的助学贷款等教育资金精准到户，随着学生资助政策的不断完善，越来越多的家庭经济困难学生得以继续完成学业，享受到更公平的教育机会。

总体来看，在脱贫攻坚的全过程中，事关教育扶贫的学生资助一项实现了所有学段、所有学校、所有家庭经济困难学生"三个全覆盖"，教育正在向更公平的方向发展。这将不仅为未来中国经济的可持续发展提供充足的人才资源，也将为当今中国转型社会公平文化的良性、纵深发展提供坚实的社会基础。

三、国家力量是摆脱贫困的根本保障

贫困问题的综合性和复杂性，决定了反贫困事业必须要有国家力量的支持才能完成。国家不是从来就有的，而是社会发展到一定历史阶段的产物，恩格斯曾指出："这个社会陷入了不可解决的自我矛盾，分裂为不可调和的对立面而又无力摆脱这些对立面。而为了使这些对立面，这些经济利益互相冲突的阶级，不致在无谓的斗争中把自己和社会消灭，就需要有一种表面上凌驾于社会之上的力量，这种力量应当缓和冲突，把冲突保持在'秩序'的范围以内；这种从社会中产生但又自居于社会之上并且日益同社会相异化的力量，就是国家。"[1] 可以说，国家是具有政治统治和社会管理职能的有组织的力量，它同时起着政治统治和管理社会生活的作用。在现代社会，国家运行都是由执政党领导的，而一个国家的执政党的纲领、理念、发展方略等内容，无疑对国家发展至关重要。除此之外，社会制度体系、国家整体经济发展水平、国家精神调动社会力量等因素，也在由国家主导的反贫困事业中发挥着不可替代的作用。

（一）执政党的纲领、理念和发展方略

执政党的纲领、理念反映其执政的宗旨和指导思想，是关于为谁执政、靠谁执政和怎样执政的理性认识，也反映出执政党在执政过程中的整体态度，这种理性认识和整体态度将进一步转化为路线、方针、政

---

① 《马克思恩格斯选集》第 4 卷，人民出版社 2012 年版，第 187 页。

策，贯穿于所有构成执政活动的要素之中。可以说，执政党有什么样的执政纲领和理念，国家就会采取什么样的发展方略。在消除贫困的问题上，执政党的执政纲领和理念以及与之相适应的发展方略具有决定性的意义。执政党树立怎样的执政理念来应对贫困问题，从根本上决定着一个国家的发展方略。在世界上一些贫困肆虐、饥饿横行的国家，统治者宁愿选择利用国家机器来巩固自身统治，而不是去设法消除贫困，这显然不能从根本上解决社会动荡问题。

中国共产党从成立之日起，就坚持把为中国人民谋幸福、为中华民族谋复兴作为初心使命，团结带领中国人民为创造自己的美好生活进行长期艰辛奋斗。无论是新民主主义革命时期党团结带领广大农民实行"耕者有其田"，帮助穷苦人翻身得解放；还是新中国成立后党团结带领中国人民完成社会主义革命，推进社会主义建设，确立社会主义基本制度；又或是改革开放以来党团结带领人民大力解放和发展社会生产力，进行有计划、有组织的扶贫开发，在改善民生方面取得了世界瞩目的成绩，都体现着我们党蕴含在执政纲领中的消除贫困的初心使命。

在执政理念上，中国共产党强调必须坚持立党为公、执政为民，精辟地回答了为谁执政的问题。对于中国共产党这样一个马克思主义执政党来说，消除贫困、改善民生、实现共同富裕，是社会主义的本质要求。习近平总书记强调，我们搞社会主义，就是要让各族人民都过上幸福美好的生活。全面建成小康社会最艰巨最繁重的任务在贫困地区，特别是在深度贫困地区，无论这块硬骨头有多硬都必须啃下，无论这场攻坚战有多难打都必须打赢，全面小康路上不能忘记每一个民族、每一个家庭。始终把人民放在心中最高位置，以人民对美好生活的向往为奋斗目标，充分诠释了中国共产党的执政理念。也因此，中国共产党才能团结带领广大中国人民不懈奋斗，吹糠见米，久久为功，取得脱贫攻坚战的全面胜利。

中国共产党的执政理念和发展方略，也为世界其他亟须摆脱贫困、实现可持续发展的国家提供了重要启示。在 2020 年福建省福州市召开的"摆脱贫困与政党的责任"国际理论研讨会上，各国与会代表高度评价中国的脱贫攻坚成就，认为中国提前 10 年实现《联合国 2030 年可持续发展议程》的减贫目标，成为世界其他国家脱贫攻坚的楷模。这场国际理论研讨会不仅让与会代表充分了解到宁德令人震撼的脱贫过程，看到中国共产党坚持一张蓝图绘到底，精准扶贫、精准脱贫的生动实践，更增强了各国推进本国减贫事业的信心。

（二）国家动员社会力量的制度体系

反贫困事业同每一个成员的切身利益都密切相关。创造美好生活是人类社会发展的共同追求，也是人类文明不断提高和进步的体现。人是社会关系中的人，不是生活在孤岛上、与世隔绝的"鲁滨逊"，贫困本质上是社会问题，消除贫困必须依靠社会力量。在动员社会力量的各类主体中，国家无疑是最具代表性的。国家可以发挥治理职能，集中人力物力财力消除本国区域性的贫困现象。但必须明确的是，不同国家各具差异的制度体系决定了这些国家"集中力量"推进反贫困事业的效果也是千差万别。

世界上任何一个国家在产生之初便具备管理社会的职责，国家运用政府权力管理社会公共事务，这便是国家社会职能的体现。从逻辑上看，只有国家对社会进行有效管理，制定相关的社会秩序，让社会能够顺畅运行，统治阶级才能稳固自身的政权。因此，古往今来的统治阶级都十分重视社会稳定，而这一目标的实现，离不开国家对社会力量的动员。在不同的社会中，社会力量的表现各具差异。例如，在封建王朝，国家出面派遣大臣赴各地兴修水利工程等，就是凝聚国家力量搞基础建设，在国家力量的支持下，以世族强宗、富商大贾等为代表的上层社会力量和贤良、游侠等为代表的中下层社会力量方能发挥出其内生活力。在现代社会，社会化大生产的形式从客观上减少了个体对社会的影响，相应的，社会秩序对国家力量的需求则日益增加。国家力量具有庞大的凝聚力，能够集中力量为社会建设和发展提供导向和有效助力，这是民间的社会力量难以做到的。在资本主导的现代社会，国家的社会职能实际上以资本职能的方式表现出来，这就意味着社会需要一种新的制度体系来充分发挥国家力量的作用，消除贫困现象。

我们党始终发扬密切联系群众的优良传统，团结人民、依靠人民，把人民的力量汇集于所办的国家大事当中，实现这一点的重要前提就在于人民利益与国家利益是高度一致的，而中国共产党之所以能够做到这一点就在于其人民性的宗旨。习近平总书记在 2015 减贫与发展高层论坛的主旨演讲中指出，我们坚持动员全社会参与，发挥中国制度优势，构建了政府、社会、市场协同推进的大扶贫格局，形成了跨地区、跨部门、跨单位、全社会共同参与的多元主体的社会扶贫体系。新华社国家高端智库向全球发布的《中国减贫学——政治经济学视野下的中国减贫理论与实践》智库报告中指出，民营企业、社会组织、公民个人是中国减贫的三支新生队伍，"万企帮万村"、就业扶贫、消费扶贫等行动凝聚起全社会扶贫合力，来自贫困地区本土的致富能手、外出务工经商人员、大学毕业生成为中国减贫中的"新乡贤"，发挥了"头雁效应"。不仅如此，多年来，中国还开展国际减贫合作，引进国际成功的减贫理念和方法，世界银行、联合国开发计划署、美国盖茨基金会等国际机构也积极参与助力中国减贫。

（三）国家的整体经济发展水平

国家的整体经济发展水平在两个方面对摆脱贫困具有重要意义：一是制定反贫困战略的依据；二是调动反贫困的资源水平。反贫困是一项综合性、持久性的事业，必须有动态性的战略规划作为基本依据，而反贫困动态变化的基本依据就是一个国家经济发展水平和脱贫的基本情况。中国共产党的反贫困战略有过四次重大调整，而每一次调整都与中国经济社会发展状况密切相关。新中国成立之前，中国共产党领导中国人民反贫困，始终是在国内外战争中进行的，没有真正的反贫困的社会基础，党在敌后革命根据地、在解放区，主要是通过土地革命、减租减息等方式减少贫困。新中国成立以后，中国共产党进行了新一轮土地革命，彻底消灭封建土地所有制，把土地归还给农民，进而通过实行土地集体所有制，让农民在集体经济中摆脱因为土地私有制带来的贫困，为消除贫困建立了平等的经济制度和政治制度。但由于新中国建立在一穷二白的基础上，社会生产力发展水平总体较低，同时中国又需要为建立现代化工业体系进行初始积累，不得不暂时在农业发展上做出牺牲，因此农民的贫困问题并没有得到根本解决。改革开放时期，家庭联产承包责任制调动了农民生产劳动积极性，提高了农村劳动生产率，使一部分农民摆脱了贫困。加上乡镇企业、城市工业的快速发展，很多农民通过劳动力转移也就是以农民工的形式，也摆脱了贫困。但是，对于农业人口规模庞大的中国来说，贫困问题必须通过国家战略布局的方式才能得到解决。于是，中国共产党制定了长期的"扶贫"战略。2012年党的十八大以后,中国经济发展取得举世瞩目的伟大成就,贫困却依然没有彻底消除,剩余的贫困都是深度贫困,是难啃的"硬骨头"。中国共产党顺应时代要求提出"精准扶贫"新战略,成为最终彻底消除绝对贫困的依据和抓手。

国家的整体经济发展水平决定了调动反贫困资源的水平。无论一个国家执政党的反贫困理念和方略多么坚定,这个国家动员社会力量的制度体系多么完备,其反贫困事业的根基都要建立在充足的物质资源基础上。因此,执政党既要有动员社会力量开展扶贫的能力,更要有可供调配的经济资源。回顾中国的脱贫攻坚之路不难发现,无论是坚持实事求是的原则实施精准扶贫与精准脱贫、用建档立卡的方式将"精准扶贫"从战略理念向工作机制层层推进,还是在"扶贫扶智""扶贫扶志"过程中抓好产业扶贫这个根本之策,或是因地制宜发展贫困地区的产业,每一环节的工作都离不开强大的国家经济实力作为支撑。

《人类减贫的中国实践》白皮书显示,脱贫攻坚以来,中国坚持脱贫攻坚投入力度同打赢脱贫攻坚战要求相匹配,持续加大财政投入。中央、省、市、县财政专项扶贫资金累计投入近 1.6 万亿元,其中中央财政累计投入 6601 亿元。土地增减挂指标跨区域调剂和省域内流转资金 4400 多亿元。扶贫小额信贷累计发放 7100 多亿元,扶贫再贷款累计发放 6688 亿元,金融精准扶贫贷款发放 9.2 万亿元。东部 9 省市共向扶贫协作地区投入财政援助和社会帮扶资金 1005 多亿元,东部地区企业赴扶贫协作地区累计投资 1 万多亿元。统筹整合使用财政涉农资金,强化扶贫资金监管,确保把钱用到"刀刃上"。真金白银的国家投入,为打赢脱贫攻坚战提供了强大资金保障。可以说,各级财政不断加大投入力度,构建多元资金投入体系,凝聚了脱贫攻坚的强大力量,而这一切都离不开我国整体经济水平的不断发展。自新中国成立以来，特别是改革开放以来，中国经济社会快速发展，经济总量不断跃升，综合实力显著提升，既对减贫形成了强大的带动效应，也为大规模扶贫开发奠定了坚实基础、提供了有力保障。

（四）国家的精神力量

从人类发展史上看，反贫困事业无疑是最符合全人类共同价值、最具备人道主义精神的伟大事业之一，反贫困的过程体现着强者帮助弱者的道义精神和民族共同奋斗的集体主义精神。在一个信奉个人主义价值观，个人主义盛行的社会里，消除贫困的事业难以得到全社会力量的支持，因为这种价值观自身暗含着"宿命论"的历史观，也就是信奉"穷者自省"的价值理念。只有在一个尊重个人利益，同时强调个人利益与整体利益相互统一的社会里，才能更好地汇聚社会各方力量，形成反贫困的"合力"。

现代社会的个人主义价值观与资本主义兴起密切相关。决定资本主义社会发展的逻辑是由资本塑造的，而资本的本性是在竞争和扩张中获取最大利益。资产阶级作为"资本的人格化"，无疑会大力宣扬自由竞争、个人主义的理念；资本主义国家作为资产阶级实行统治的工具，其国家精神也必然渗透着个人主义、自由竞争的价值观。从思想史上看，这种精神起源于资产阶级的思想家们。例如，17世纪英国政治家、哲学家托马斯·霍布斯（Thomas Hobbes）的社会契约论为现代政治社会的诞生奠定了基础，而其"自然状态"学说也因此广为人知。霍布斯将自然状态看作一种对人性最坏状况的极端描述，认为在人类社会产生之前的自然状态中，只要有足够的实力，人可以奴役他人，可以争抢他人的财产，可以夺去他人的生命，可以为所欲为。因此，自然状态就是一个弱肉强食的世界，意味着所有人对所有人的战争，人与人的关系就如同狼与狼的关系一般。自然状态之所以是"自然的"，就是因为它是人的"自然本性"的结果。自利的个人为了获得自我保全，自觉地让渡一部分权利出来组成一个公共权力——利维坦，通过对社会秩序的建构和一系列的强制手段来保护自己的利益。在这里，国家本来就是自利的个人依据自己利己的目的建立起来的，公益只是一种"不得已"的产物。这样的社会显然是个人主义盛行的、崇尚"适者生存"的社会。在这样一个社会中，富人的富庶全靠他们自身足够的努力，穷人的贫困只因他们自身的懒惰，富人对穷人的帮助反而损害了勤劳者的利益。扶贫事业在这些标榜个人主义的人们看来是属于政府的职能，应当通过政府对贫困线以下的穷人进行直接救助、间接救助，对贫困地区实行优惠政策等方式来推进，而不是"从他们的口袋里掏出钱来递给穷人"。因此，以独立、竞争、个人奋斗为核心的价值序列，成了个人主义盛行的国家最鲜活的"名片"，"自己奋斗""各凭本事"等观念充斥在这些国家的反贫困事业之中。其结果只能是"赢者通吃""穷者认命"。

中华优秀传统文化中始终蕴含着大道之行、天下为公的集体主义精神。这种文化在与社会主义文化相遇后形成一种新的文化，成为支撑当代中国社会主义脱贫事业的强大精神力量。习近平总书记在纪念红军长征胜利80周年大会上的讲话中指出："精神是一个民族赖以长久生存的灵魂，唯有精神上达到一定的高度，这个民族才能在历史的洪流中屹立不倒、奋勇向前。"[1]中国共产党领导的脱贫攻坚伟大斗争，锻造形成

---

① 习近平：《在纪念红军长征胜利80周年大会上的讲话》，人民出版社2016年版，第9页。

了"上下同心、尽锐出战、精准务实、开拓创新、攻坚克难、不负人民"的脱贫攻坚精神。脱贫攻坚精神，是中国共产党性质宗旨、中国人民意志品质、中华民族精神文化的生动写照，是爱国主义、集体主义、社会主义思想的集中体现，是中国精神、中国价值、中国力量的充分彰显，赓续传承了伟大民族精神和时代精神。

第七章

发挥制度优势消除贫困

生产力不发达、经济增长迟缓是贫困的重要原因，但并不意味着生产力的发展就一定会使贫困人口减少，这是因为贫困是一定社会关系的产物，一个国家的社会制度性质与贫困问题密切相关。中国共产党始终践行摆脱贫困的初心使命，领导中国人民经过不懈斗争和艰辛探索，逐步建立了平等的政治结构、经济结构和文化结构，形成了显著的制度优势。中国共产党发挥社会主义制度优势为脱贫赋权增能，利用社会主义国家集中力量办大事的优势，系统推进消除贫困的伟大事业，从而形成了中国消除贫困的制度密钥。

一、中国共产党领导人民践行摆脱贫困的初心使命

贫困人口，在一个国家总体上处于社会的弱势地位。因此，消灭贫困，必须有真正代表广大人民群众利益的政党，以人民为中心向贫困宣战，才有可能彻底消灭贫困。中国共产党就是这样性质的一个政党。

（一）以人民为中心的根本立场

坚持以人民为中心是中国共产党执政的根本立场。中国共产党时刻恪守"立党为公，执政为民"的执政理念，始终秉持发展为了人民、发展依靠人民、发展成果由人民共享的理念，把人民对美好生活的向往作为奋斗目标，把努力摆脱贫困、不断增进人民的福祉、实现全体人民的共同富裕作为执政的出发点和落脚点。在中国的发展战略中，实现共同富裕首先就要建成小康社会，而建成小康社会又必须首先解决农村脱贫的问题。习近平总书记强调："没有农村的小康，特别是没有贫困地区的小康，就没有全面建成小康社会。"[①]

在生产力水平发展到有了剩余产品以后，能否消除贫困的关键，就在于劳动成果能否共享。在有剥削制度的不平等社会里，劳动者创造的剩余价值，都被剥削阶级占有了，那些或者因为劳动能力弱，或者因为资源匮乏造成贫困的人民群众，无法通过共享社会发展成果来摆脱贫困。中国共产党领导下的新中国则不同，社会主义制度和生产资料公有制决定了共享既是社会发展的目的，也是发展的动力。通过实现共享使广大人民成为发展的最大受益者，避免了发展成果被少数生产资料所有者垄断。生产资料公有制让劳动者成为生产资料的主人，调动了劳动者的积极性，让劳动者在参与生产活动中不断做大"蛋糕"，进而分享更多"蛋糕"，这就是所谓的共建共享。在社会主义制度中，共建和共享是有机统一、相互促进的关系。共建为共享提供了一定的物质基础，共享为共建提供了良好分配制度。共建共享有利于形成全体人民共谋发

[①] 中共中央党史和文献研究院编：《习近平扶贫论述摘编》，中央文献出版社 2018 年版，第 4 页。

展、共享发展成果的良好局面，有利于推动朝着共同富裕和人的全面发展方向不断迈进。

中国共产党领导下的社会主义制度，不仅迅速解放和发展了生产力，而且建立了较为完善的收入分配制度，确保国民经济"蛋糕"做大的同时，人人都能从中分到应得的一份，这为消除贫困奠定了分配制度基础。新中国成立初期的 1952 年，我国 GDP 仅为 679 亿元，2020 年达 101.6 万亿元，是 1952 年的 1496 倍，生产力得到巨大发展。与此同时，居民人均可支配收入也得到巨幅提高，从 1949 年的 49.7 元增加到 2020 年的 32189 元，增长 647 倍，其中农民人均收入从 14.9 元增加到 17131 元，增长 1149 倍。以人民为中心的根本立场和发展思想使得中国的发展成果真真切切地惠及到了每一位普通劳动者，这为中国贫困人口脱贫提供了源源不断的动力和保障。

（二）将摆脱贫困纳入国家发展的总体布局和战略布局

贫困问题是经济社会发展的顽疾，影响贫困程度和贫困范围的因素包括政治、经济、文化、社会、自然生态、历史习俗等。因此，消除贫困是一个复杂的系统工程，无法单纯依靠个人力量"毕其功于一役"，而是需要社会各方力量共同参与，同时也需要经济、政治、文化、社会和生态各方面共同发展的"总体战"。这就要求执政党必须从国家发展战略高度进行规划和执行。

新中国成立以来，中国共产党把同贫困作斗争纳入国家发展的总体布局和战略布局中。比如 1964 年第三届全国人大一次会议上，周恩来首次提出实现"四个现代化"的战略目标。改革开放以来，在中国共产党开启了以经济建设为中心的改革开放新的历史时期，更加注重消灭贫困问题。比如党的十二大明确提出推进两大文明建设，强调一手抓物质文明，一手抓精神文明，两手都要抓，两手都要硬的发展战略，以此建设具有中国特色的社会主义。所谓的物质文明就是改造自然界的物质成果，它表现为人们物质生产的进步和物质生活的改善，因此在战略布局中明确了人民群众生活必须通过不断丰富改造自然界的物质成果，即发展生产力来改善的具体内容，消除贫困自然是这一战略布局的题中应有之义。党的十三大又增加了建设政治文明的要求，提出了建设富强、民主、文明的社会主义战略部署，强调要通过社会主义制度的自我完善和发展，建设有中国特色社会主义的经济、政治、文化，以适应和促进社会生产力的不断发展和社会的全面进步，提升和保障人民群众的生活水平，实现社会主义现代化，消除贫困成为现代化的重要内容。党的十三大还提出了社会主义现代化进程中解决贫困问题的"三步走"战略。在这个大的战略布局下，经济社会发展的每一个具体规划和计划都紧紧围绕着促进人民生活水平不断提高而展开，在每一个"国民经济和社会发展五年规划"和每年的政府工作计划中都会将消除贫困放在突出位置，这不仅使消除贫困贯穿于经济社会发展的始终，而且也保持了反贫困政策的连续性，在量的积累中寻求质变。进入 21 世纪后，随着社会转型的加快和经济的快速发展，社会主体日益增多，所引发的矛盾也日益激烈，因此，党的十七大又把社会和谐纳入到中国特色社会主义建设中，除了以往的经济建设中关于人民群众生活水平的提高要求外，社会建设中也把改善和保障民生作为重点和中心任务，更加突出了"以人为本"的发展思想。由于每个地区经济发展水平、自然条件和资源禀赋等的差异，导致不同贫困地区的致贫原因、贫困状态和反贫困策略也不同。因此，在实施消除贫困"三步走"战略的大背景下，又配合以西部大开发、中部崛起和振兴东北老工业基地等区域开发战略，分别提出实施了适合西部、中部和东北等贫困人口集中区域的反贫困战略。

党的十八大再次丰富了总体布局的内涵，增加了生态文明的建设要求，形成了经济、政治、文化、社会和生态文明"五位一体"总体布局。党的十八大以来，扶贫工作被纳入"五位一体"总体布局和"四个全面"战略布局，作为实现第一个百年奋斗目标的重点任务，做出了一系列重大部署和安排，全面打响脱贫攻坚战。脱贫攻坚力度之大、规模之广、影响之深，前所未有。

党的十九大报告和《中华人民共和国国民经济和社会发展第十四个五年规划和 2035 年远景目标纲要》又对"三步走"战略的第三步进行了细分，提出了新时代扶贫重点由解决绝对贫困向缓解相对贫困过渡，并最终实现共同富裕。这个过程又分为两步，即在"十四五"期间巩固脱贫攻坚成果，到 2035 年共同富裕取得实质性进展；到 21 世纪中叶，全面实现共同富裕。顺利完成第二个百年奋斗目标。习近平总书记指出："中国人民要过上美好生活，还要继续付出艰苦努力。发展依然是当代中国的第一要务，中国执政者的首要使命就是集中力量提高人民生活水平，逐步实现共同富裕。为此，我们提出了'两个一百年'奋斗目标……我们现在所做的一切，都是为了实现这个既定目标。"①"全面建成小康社会"的一个重要任务和目标就是全面脱贫，是中国共产党人反贫困战略的关键战役。全面深化改革为实现"全面建成小康社会"提供动力；全面依法治国和全面从严治党是实现"全面建成小康社会"的政治保证。

---

① 《十八大以来重要文献选编》（中），中央文献出版社 2016 年版，第 684 页。

（三）党集中统一领导扶贫事业

在现代社会中，一个国家的经济社会发展战略通常是由执政党制定的，而执政党则是领导阶级的代表，代表着统治阶级的集体利益。中国共产党始终代表着最广大人民的根本利益，在反贫困问题上，只有坚持党的集中统一领导，才能确保反贫困战略的持续性、政策的连续性。

早在新民主主义革命时期，中国共产党就十分重视提升革命根据地和解放区老百姓的生活水平，通过"打土豪、分田地"的土地革命实现"耕者有其田"，帮助广大劳动群众解决了基本的生存问题，赢得了广大人民的拥护和帮助，并取得了新民主主义革命的胜利。

新中国成立后，中国共产党始终把广大人民的利益放在第一位，强调人民要从社会主义建设、改革和发展中有实实在在的获得感。建党百年的伟大征程充分证明，只有坚持中国共产党的领导，才能为反贫困提供长期有力的制度保障、组织保障、政策支持以及人员和资金投入等。对于党的领导在脱贫攻坚中的作用，习近平总书记指出："坚持党的领导，为脱贫攻坚提供坚强政治和组织保证。我们坚持党中央对脱贫攻坚的集中统一领导，把脱贫攻坚纳入'五位一体'总体布局、'四个全面'战略布局，统筹谋划，强力推进。我们强化中央统筹、省负总责、市县抓落实的工作机制，构建五级书记抓扶贫、全党动员促攻坚的局面。"①中国共产党把扶贫工作作为各级党员干部的中心任务，建立并落实脱贫攻坚一把手负责制，实行省市县乡村"五级书记"一起抓，发挥党员干部的先锋模范作用，这也是党的集中统一领导的重要体现。

---

① 习近平：《在全国脱贫攻坚总结表彰大会上的讲话》，人民出版社 2021 年版，第 12 页。

（四）凝聚中华民族的精神力量

同困难作斗争，是物质的角力，也是精神的对垒。① 从一般意义上来看，贫困既包括物质上的贫困，也包括权利上的贫困，还包括精神上的贫困。物质上的匮乏可以通过发展生产来补充，权利上的欠缺可以推进制度创新来弥补，精神上的不足可以从历史和现实中汲取奋进的精神伟力。习近平总书记指出："要大力弘扬中华民族扶贫济困的优良传统，凝聚全党全社会力量，形成扶贫开发工作强大合力。"② 从 2014 年起，我国将每年的 10 月 17 日设立为"扶贫日"，并对扶贫先进个人和集体进行表彰，就是为了弘扬中华民族扶贫济困的传统美德，培育和践行社会主义核心价值观，动员社会各方面力量向贫困宣战。

第一，中华文明和传统美德是汇聚扶贫力量的精神源泉。中华文明是世界上唯一没有中断过的文明传承。五千多年的文明传承和创新发展，使得中华文明成为中华民族生生不息、发展壮大的精神之基和力量之源。在扶危济困方面，中华文明和传统美德中积蓄着汇聚扶贫力量的深厚力量和精神源泉。《孟子·梁惠王上》写道："老吾老以及人之老，幼吾幼以及人之幼"。北宋文学家范仲淹在《岳阳楼记》中写道："先天下之忧而忧，后天下之乐而乐"。清朝林则徐在《赴戍登程口占示家人》中写道："苟利国家生死以，岂因祸福避趋之"。在传承有序的中华文明中，扶危济困已经成为一种民族精神。

---

① 参见《大力弘扬脱贫攻坚精神——论学习贯彻习近平总书记在全国脱贫攻坚总结表彰大会上重要讲话》，《人民日报》2021 年 2 月 28 日。

② 中共中央党史和文献研究院编：《习近平扶贫论述摘编》，中央文献出版社 2018 年版，第 99 页。

近代以来，孙中山反复强调"天下为公"的思想。中国共产党在任何时候都把群众利益放在第一位，以人民为中心，全心全意为人民服务。习近平总书记指出，坚持弘扬和衷共济、团结互助美德，营造全社会扶危济困的浓厚氛围，中华优秀传统文化是凝聚人心、汇聚民力的强大力量。①

第二，中国脱贫攻坚的生动实践铸就新的脱贫攻坚精神。精神的传承是文明内核的传承和延续。文明的传承和延续源自于理论的清醒和自觉，理论的自觉和进步落实于实践，就不仅会强烈激发人们改变现实的热情，而且会将精神力量转化为改变现实的直接物质力量，推动文明不断延续和发展。

在脱贫攻坚过程中，中国人民将中华文明和传统美德中的精神力量转变为现实行动，在实践中书写了新的发展传奇，创造了减贫的人间奇迹，铸就了伟大的脱贫攻坚精神。

脱贫攻坚精神是对中国脱贫攻坚实践经验在精神层面上的科学概括，是对各类帮扶主体在脱贫攻坚实践中精神风貌的系统总结。脱贫攻坚精神是进一步激励、鼓舞和带动全社会不断凝聚力量帮扶欠发达地区和低收入群体的精神指引。

第三，贫困人口在多方力量帮扶下树牢自立自强自信的精神支柱。精神的力量有助于更好凝聚共识，在全社会形成积极向上的氛围，深刻影响生活在其中的每一个人。虽然脱贫攻坚精神更多是体现在各类帮扶主体方面，但是，脱贫攻坚中的精神伟力，不仅激发和提振了各类帮扶主体的"精气神"，更为重要的是，通过多方帮扶使得贫困人口

---

① 参见习近平：《在全国脱贫攻坚总结表彰大会上的讲话》，人民出版社 2021 年版，第 17—18 页。

有了干事创业摆脱贫困的"精气神"，贫困人口在奋斗中持续增强了自立自强自信的精神力量，形成脱贫的内生动力。脱贫致富贵在立志，只要有志气、有信心，就没有迈不过去的坎。对于有劳动能力的贫困人口要摆脱贫困，首先必须树立依靠自己的双手实现美好生活的信念，然后，外部的有力帮扶能够帮助贫困人口将这一信念转变为脱贫致富的现实。

二、社会主义制度体系为脱贫赋权增能

制度是社会关系的载体。制度本身具有层次性，包括根本制度、基本制度、具体制度等，这些不同层次的制度相互作用，形成一定的制度体系。在制度体系中，最为根本的是社会制度的性质，比如资本主义制度、社会主义制度，这是不同性质的社会制度，这一层面的制度性质决定整个制度体系的性质。中国共产党领导下的中国特色社会主义制度的制度体系包含丰富内容，与脱贫密切相关的制度体系内容主要包括以下方面。

（一）把消除贫困作为社会主义的本质要求

社会主义制度是广大人民当家作主的制度，消除贫困、改善民生、实现共同富裕是社会主义的本质要求。习近平总书记指出："贫穷不是社会主义。如果贫困地区长期贫困，面貌长期得不到改变，群众生活长期得不到明显提高，那就没有体现我国社会主义制度的优越性，那也不是

社会主义。"① 这是对社会主义制度和消除贫困关系深刻而又生动的阐释。

马克思主义是关于人类解放的学说，它为摆脱贫困和构建平等的社会制度指明了方向。在马克思、恩格斯看来，社会主义的本质就是实现人类解放、使每个人自由而全面发展。这一本质就内含了消除贫困的基本要求。同时，马克思也强调解放和发展生产力是反贫困的根本途径，如果没有生产力的发展，"那就只会有贫穷、极端贫困的普遍化；而在极端贫困的情况下，必须重新开始争取必需品的斗争，全部陈腐污浊的东西又要死灰复燃"②。

新中国成立后，中国共产党通过"一化三改"政策实践，既保证了原所有者的合理利益，又实现了生产资料的全民所有制和集体所有制，为摆脱贫困奠定了制度基础。通过集中力量办重工业、改革开放、建立社会主义市场经济体制等解放和发展生产力，为摆脱贫困提供了物质基础。中国共产党坚持以经济建设为中心，坚持解放生产力，发展生产力，消灭剥削，消除两极分化，最终达到共同富裕的社会主义本质论，致力于推进社会主义现代化建设和反贫困的伟大事业。

放眼世界，人类社会发展至今，生产力水平整体上有了大幅度提高，人类拥有的社会生产力水平，在世界范围内产生大量的剩余劳动和剩余产品，为什么世界上仍然存在大量的贫困？最根本的原因就在于社会制度上，资本主义制度体系导致世界范围内的不平等交换，以及少数发达国家对广大发展中国家的控制和掠夺，导致世界范围内的财富并没有按照互利共赢、共商共建共享的原则进行分配，于是出现了世界范围

---

① 中共中央党史和文献研究院编：《习近平扶贫论述摘编》，中央文献出版社 2018 年版，第 5 页。
② 《马克思恩格斯文集》第 1 卷，人民出版社 2009 年版，第 538 页。

的两极分化。

与西方国家贫富差距不断拉大、减贫无力形成鲜明对比的是，中国在减贫事业上取得了巨大成就。如果按照世界银行每天1.9美元的贫困标准计算，从1981年末到2015年末，我国贫困发生率累计下降了87.6个百分点（从88.3%降至0.7%），年均下降2.6个百分点，同期全球贫困发生率累计下降32.2个百分点，年均仅下降0.9个百分点。[①]2015年，中国成为全球最早实现联合国千年发展目标中减贫目标的发展中国家。2020年11月23日，贵州省宣布包括紫云县、榕江县在内的9个县退出贫困县序列，这标志着困扰我国几千年的绝对贫困问题成为历史，提前10年完成《联合国2030年可持续发展议程》减贫目标，对世界减贫贡献率超过70%。

（二）服务于"人民就是江山"理念的平等政治制度

人民群众是历史的创造者，是社会发展的主人翁，这已经被历史反复证明。中国共产党坚持"江山就是人民，人民就是江山"[②]的人民观，在中国特色社会主义实践中也始终践行这一人民观，彻底消灭贫困正是这一人民观的重要体现。

政治制度和政治权利归根结底围绕着经济利益而运行，向贫困宣战在某种程度上意味着在国家范围内资源的再分配，意味着人人平等地享有经济发展成果的机会。如果没有人人平等的政治制度做后盾，反贫困的效果将大打折扣。政治制度的平等与否直接关系到反贫困的效果，因

---

① 参见国家统计局住户调查办公室：《中国农村贫困监测报告·2019》，中国统计出版社2019年版，第6页。

② 习近平：《在党史学习教育动员大会上的讲话》，人民出版社2021年版，第15页。

为政治制度直接决定了贫困人口是否具有平等参与经济社会发展的能力以及平等获得发展成果的权利，而这些能力和权利的缺失正是他们陷入贫困境地的重要原因。

在世界范围内，也有一些政党，为了获得执政地位，曾向本国人民许下各种有利于民生发展的诺言，但当这些政党上台执政后，往往把自己的诺言抛在脑后，或者即使想兑现，也会因为各种利益的博弈而无法真正落到实处。以美国为例，民主党人奥巴马担任总统时期曾经费尽周折通过照顾生活在底层 5000 万人的"全民医疗保险计划"（Patient Protection and Affordable Care Act），其核心是建立一个由政府主导的医疗保险市场，政府出售医疗保险，让每一个美国人都能以更低的价格购买。但共和党人特朗普上台执政后直接签署总统令否掉了这个法案，理由是这个法案让富人拿钱补贴穷人是不公平的，特朗普还强调说"我们不会让社会主义毁掉美国的医保"。这个对比清晰地呈现了政治制度在对待百姓民生问题上的决定性作用。

中国共产党始终坚持以人民为中心这一根本立场，坚持和完善人民当家作主的制度体系，实行人民代表大会制度这一根本政治制度，建立中国共产党领导的多党合作和政治协商、民族区域自治以及基层群众自治制度的基本政治制度，这些政治制度赋予了包括贫困人口在内的广大民众最充分的政治权利，也保证了制定和实施的每一项政策都符合最广大人民的根本利益，体现了人民的利益高于天，一切为了人民、一切依靠人民的执政理念。

（三）多维平等共同发展的平等经济制度

人们的生产活动总是在一定的经济关系下进行的。建立什么样的经济关系更有利于解放和发展生产力，要根据生产力和生产关系的辩证关系来判断，判断的基本依据是符合生产力水平和发展需要的生产关系才能够促进生产力的不断发展，否则就会成为阻碍生产力发展的桎梏。而生产关系的核心就是所有制关系，所有制决定了分配关系，也就是社会剩余产品在各个阶级之间的分配。

中国共产党在建立平等的经济制度方面，结合中国国情，经历了不断探索的过程。新中国成立以后，通过消灭封建土地私有制、没收官僚资本和改造资本主义工商业，逐步建立了社会主义公有制的基本经济制度，这为中国人民摆脱贫困奠定了经济制度的基础。20世纪70年代末，中国共产党带领全国人民进入改革开放和社会主义现代化建设新时期。依据中国生产力发展的多层次、不平衡的特点，在基本经济制度上逐步允许非公有制经济、外资经济的发展，从公有制为主体、其他经济成分为补充，发展到公有制为主体、多种所有制经济共同发展的基本经济制度。这一基本经济制度更有利于调动社会上要素所有者和劳动者的积极性、创造性，创造更多的社会财富，为消除贫困提供物质基础。为了更好适应新时代中国经济社会发展要求，党的十九届四中全会，对基本经济制度内容进行新拓展，公有制为主体、多种所有制经济共同发展，按劳分配为主体、多种分配方式并存，社会主义市场经济体制，共同构成社会主义基本经济制度的制度体系。坚持和完善这一基本经济制度的制度体系，更有利于消除贫困、发展生产，朝着共同富裕的方向迈进。

就贫困而言，我国的贫困人口主要集中于农村地区，如何通过生产关系的调整，激发农村发展生产力的积极性，成为改革的重要目标。因此，我们党始终根据农村经济发展实际和农村反贫困需求及时地调整土地所有制的实现形式。新中国成立初期，农村土地也和其他生产资料一样，经历了社会主义改造，实现了农村土地集体所有制，在这种所有制指导下，农村经济有了较为快速的发展，并为工业和城镇化发展提供了巨额农业剩余，使新中国在较短的时间内初步建立起了较为完善的工业体系和城镇体系，也促进了城镇贫困问题的解决。随着生产力的发展，原有的农村土地集体所有制实现形式不能促进农村经济的进一步发展和缓解农村贫困问题，农村土地联产承包责任制应运而生，并逐步形成以家庭承包经营为基础、统分结合的双层经营体制。这一体制，在保持农村土地集体所有性质不变的前提下，通过将土地承包经营权下放至农户手中，既保证了农村土地的公有性质，又激发了农民的创造力和生产积极性，农村经济得到空前发展，农民生活水平迅速提高，基本解决了温饱问题，农村贫困问题得到了很好的缓解。随着中国经济的进一步发展和农业生产率的进一步提高，越来越多的农民选择进城从事非农生产，而将土地流转集中到少数依然从事农业生产的农民手中。这种集中与资本主义大农场式的集中有着本质区别，因为中国的农民无论居住在何地，从事何种职业都会拥有特定面积土地的承包权和使用权，这就为农民提供了基本生活保障。农村集体拥有农村土地所有权，农民拥有土地承包权，经营使用者拥有土地的经营权的农地"三权分置"政策是当前中国农村土地所有制实现形式的重大创新。承包方承包土地后，享有土地承包经营权，可以自己经营，也可以保留土地承包权，流转其承包地的土地经营权，由他人经营。农民可以选择从农业生产中解放出来，从事具有较高附加值的非农生产，土地的集中经营也促进了农业生产的规模化和集约化，带来了规模效应和农业生产率的大幅度提高，最重要的是这些都是在农村土地集体所有的情况下发生的，这就避免了土地私有制引起的土地集中兼并和农民因为失去土地而没有民生保障的问题。

公有制为主体和按劳分配为主体，成为基本经济制度中的基石，它们为中国消除贫困发挥了重要作用。2016 年至 2020 年的 5 年间，中央企业已成功帮扶 221 个贫困县脱贫摘帽，累计投入帮扶资金近千亿元。农村领域积极发展新型集体经济，累计发展市级以上龙头企业 1.44 万家、农民合作社 71.9 万家，72.6%的贫困户与新型农业经营主体建立了紧密型的利益联结关系。产业帮扶政策覆盖 98.9%的贫困户，有劳动能力和意愿的贫困群众基本都参与到产业扶贫之中。[①] 同时，非公有制经济的发展也为摆脱贫困作出了历史贡献。民营企业吸纳了大量劳动力，尤其是农村剩余劳动力，为贫困人口的脱贫致富提供了机会和平台。据统计，截止到 2018 年 10 月底，全国实有个体工商户 7137.2 万户、私营企业 3067.4 万户，相较于 1978 年全国个体经营者和私营企业在允许登记后的 1989 年，分别增长了 500 多倍和 338 倍。民营企业积极参与国家重大战略，1995 年为配合《国家八七扶贫攻坚计划（1994—2000 年）》，在中央统战部、全国工商联的组织下，广大非公有制经济人士组团成立中国光彩事业促进会（以下简称"光彩会"），并以消除贫困为宗旨。光彩会先后组织民营企业参与"老少边穷"和中西部贫困地区投资开发、三峡库区移民、振兴东北老工业基地、社会主义新农村建设、脱贫攻坚等重大战略行动。截止到 2020 年，光彩会牵头举办"光彩行"活动 34 次，辐射全国 16 个省区市，11800 人次民营企业家参加，实际投资额达 7959.07 亿元，公益捐赠 9.92 亿元，实施公益项目 872 个，受益人数达 79 万人，对当地经济发展方式转变、经济结构战略性调整起到了积极推动作用。

---

① 参见中华人民共和国国务院新闻办公室：《人类减贫的中国实践》，人民出版社 2021 年版，第 38 页。

在脱贫攻坚时期，全国工商联等发起了"万企帮万村"精准扶贫行动。截至 2019 年 6 月底，进入台账管理的民营企业已达 8.81 万家，精准帮扶 10.27 万个村，产业投入 753.71 亿元，公益投入 139.1 亿元，安置就业 66.15 万人，技能培训 94.1 万人，共带动和惠及 1163 万建档立卡贫困人口。正是在社会主义基本经济制度框架下，各种所有制企业同台竞技，共同发展，为贫困人口提供生存和发展的机遇和平台，成为产业扶贫的主力军。

可见，中国特色社会主义基本经济制度既可以充分激活各经济主体的创造力和活力，充分地调动人民群众的积极性，保证生产力快速、高质量和可持续的发展，又能够有机整合政府、社会、市场三方面的资源，形成"政府主导、社会参与、市场促进"的有机整体，在多个维度实现平等的前提下形成反贫困的强大合力。

（四）"扶智"与"扶志"有机结合的平等文化制度

人类在改造客观世界过程中要充分调动文化和精神的力量，积极发挥人的主观能动性。从消除贫困的角度看，文化平等有助于使人民群众获得平等的教育机会，培养贫困地区群众创造财富的劳动能力和摆脱贫困的内生动力。因此，扶贫过程实际上就是帮助贫困人口树立自我发展信心，培育自我发展能力，实现自我价值的过程，是"扶志"与"扶智"相统一的过程。"扶志"的目的是要割掉贫困人口思想上的"穷根子"，让他们摒弃坐吃山空、攀比、赌博等陋习，树立和发扬正确的劳动致富观，强调只要坚定信心，提升自身的素质，就能依靠自己的劳动脱贫致富；另外，通过普及教育提升贫困人口的劳动技能，达到"扶智"的目的。"扶志""扶智"与国家有计划的扶贫政策相结合，做到了从传统的"输血式"扶贫到新时代的"造血式"扶贫的转变，使扶贫更有效，更可持续。

接受教育是贫困人口培育自身发展能力的前提，而保障受教育的最基本制度是九年义务教育制度。2006年6月，由全国人民代表大会常务委员会修订通过的《中华人民共和国义务教育法》规定，自当年9月起凡具有中华人民共和国国籍的适龄儿童、少年，不分性别、民族、种族、家庭财产状况、宗教信仰等，依法享有平等接受义务教育的权利，并履行接受义务教育的义务。为了减轻由于家庭支付教育所产生的负担，自2007年春起全面免除农村义务教育阶段的学杂费，并对贫困家庭给予一定的补助，自2008年起在城市实施同样的政策。同时，持续推进普及高中教育和高等教育，发展与国民经济发展相适应的职业教育。由于对教育的持续投入，国民整体素质和受教育程度得到极大提高。根据第七次全国人口普查数据，截至2020年底具有大学文化程度的人口为21836万人，15岁及以上人口的平均受教育年限达到9.91年，文盲率下降为2.67%。这实际上为脱贫提供了智力支持。

在巩固和提升义务教育的同时，也扎实推进职业教育，引导高校、科研院所、企业等社会各界的创新创业成果下沉至农村和贫困地区，帮助农民和贫困人口与最新科技成果对接，助力脱贫攻坚和乡村振兴。2019年累计100万名大学生、22万名教师、23.8万个创新创业项目深入农村和贫困地区，对接农户74.8万户、企业2.4万家，签订合作协议1.68万余项，设立公益基金480余项，基金规模3.6亿元。通过"专家大院""科技小院""科技大篷车""百名教授兴百村"等方式累计推广应用技术5.6亿亩，开展农民培训1470场，受训农民6.88万人次，编写农民培训教材229套，将高校创新成果和人才优势转化为推动农业农村发展的产业动能。①

　　教育投入的增加、教育环境的优化和受教育程度的提高促进了贫困人口劳动技能的提升，这些劳动技能既包括基本的科学文化知识和适应现代化生产的操作技能，也包括与他人沟通的技巧和社交能力。劳动技能的提升使他们与社会的经济发展水平和国家的扶贫政策接轨，提高了参与扶贫项目的能力、就业能力和机会以及劳动回报，从而带动全家脱贫。教育扶贫与产业扶贫形成了良性互动。截至 2019 年底，建档立卡贫困户中，90% 以上得到了产业扶贫和就业扶贫支持，中国已脱贫人口中，三分之二以上的脱贫人口主要通过发展产业和就地产业务工实现增收脱贫。②

（五）中国特色脱贫攻坚形成了一定的制度体系

　　中国加强党对脱贫攻坚工作的全面领导，建立各负其责、各司其职的责任体系；精准识别、精准脱贫的工作体系；上下联动、统一协调的政策体系；保障资金、强化人力的投入体系；因地制宜、因村因户因人施策的帮扶体系；广泛参与、合力攻坚的社会动员体系；多渠道全方位的监督体系和最严格的考核评估体系，为脱贫攻坚提供了有力的制度保障。这个制度体系中，根本的是中央统筹、省负总责、市县抓落实的管理体制，从中央到地方逐级签订责任书，明确目标，增强责任，强化落实。这些制度成果，为全球减贫事业贡献了中国智慧和中国方案。③

---

① 参见国家统计局住户调查办公室：《中国农村贫困监测报告·2020》，中国统计出版社 2020 年版，第 65—67 页。
② 参见国家统计局住户调查办公室：《中国农村贫困监测报告·2020》，中国统计出版社 2020 年版，第 116 页。
③ 参见《习近平谈治国理政》第三卷，外文出版社 2020 年版，第 151 页。

三、集中力量办大事走共同富裕道路

消除贫困是一个复杂的系统工程，客观上要求党和国家集中力量去做，在中国，集中力量办大事这一制度优势在消除贫困上发挥了重要作用。我国能够在较短时间内创造世界脱贫史的奇迹，在很大程度上源于我们广泛动员全党全国各族人民以及社会各方面力量共同向贫困宣战，举国同心，合力攻坚。

（一）集中力量弥补贫困发展短板的"重点论"

不同国家，在不同时期，贫困的情况也不一样。新中国成立以来，中国人口多、底子薄，受到西方国家的封锁，中国人民依靠独立自主、自力更生来发展生产，消除贫困，那时的贫困带有普遍性。集中力量有重点地消除贫困就成为重要战略。在党的十一届三中全会上，邓小平提出："在经济政策上，我认为要允许一部分地区、一部分企业、一部分工人农民，由于辛勤努力成绩大而收入先多一些，生活先好起来。一部分人生活先好起来，就必然产生极大的示范力量，影响左邻右舍，带动其他地区、其他单位的人们向他们学习。这样，就会使整个国民经济不断地波浪式地向前发展，使全国各族人民都能比较快地富裕起来。"[1]之后，我国开始采取积极的对外开放和优惠政策，支持一部分地区先富起来，通过设立经济特区和实行沿边沿江和内陆中心城市开发开放来推动内陆重点地区和重点城市率先发展。东部沿海地区的快速发展一方面带动了

---

[1] 《邓小平文选》第二卷，人民出版社 1994 年版，第 152 页。

全国经济持续快速增长；另一方面，对中西部低层次的产业形成了较大的需求拉动，为中国的扶贫事业提供了良好基础。

根据 2014 年国务院扶贫开发领导小组办公室公布的 832 个国家级贫困县名单可以看出，这些贫困县主要集中在中西部地区，其中西藏全域 74 个县区全部为国家级贫困县，云南省共有 88 个国家级贫困县，而除了河北（45 个县）和海南（5 个县）外，其他东部沿海省份的国家级贫困县个数均为零。

因此，通过各种措施促进这些地区的经济发展就是摆脱贫困的重点。为了加快西部地区发展，2000 年 10 月，党的十五届五中全会通过的《中共中央关于制定国民经济和社会发展第十个五年计划的建议》强调："实施西部大开发战略，加快中西部地区发展，关系经济发展、民族团结、社会稳定，关系地区协调发展和最终实现共同富裕，是实现第三步战略目标的重大举措。"[①] 这标志着西部大开发战略正式拉开帷幕。2003 年 10 月，中共中央、国务院发布《关于实施东北地区等老工业基地振兴战略的若干意见》，明确了实施振兴东北老工业基地战略的指导思想、方针任务和政策措施。中部地区地处东西部地区缓冲地带，环境优越、地势平缓、历史文化悠久，是中国人口最稠密的地区之一，资源禀赋、产业基础和人才储备都较好，具有很大的发展潜力。2006 年 4 月，《中共中央国务院关于促进中部地区崛起的若干意见》的印发，标志着中部地区崛起战略的正式实施。

西部大开发战略、中部崛起战略和振兴东北老工业基地等支持欠发达地区和贫困地区经济发展的区域开发战略，不仅促进了区域经济协调

---

① 《中共中央关于制定国民经济和社会发展第十个五年计划的建议》，人民出版社 2000 年版，第 21 页。

发展、国民经济实力整体提升、民族团结和社会稳定，而且迈出了先富地区带动后富地区的实质性步伐。贫困人口的顺利脱贫必然要以生产力的发展为前提，因此补齐贫困地区的发展短板是各项区域开发战略的重要目标。具体来说，区域开发战略都有共同之处，即都是以提升欠发达地区和贫困地区的基础设施水平、提升优化欠发达地区和贫困地区产业结构为主要抓手，支持重点地区、重点城镇（群）率先发展以带动其他地区发展，通过产业政策、税收政策等经济政策倾斜补齐欠发达地区和贫困地区发展短板，促进欠发达地区和贫困地区经济快速发展和人民生活水平快速提高。

上述区域开发战略成果显著。以西部大开发为例，实施西部大开发20余年来，西部地区经济社会发展取得了历史性成就，为西部地区发展补齐了短板，为全面消除贫困奠定了基础。经济实力显著提升，西部地区生产总值从1999年的1.5万亿元增加到2019年的20.5万亿元，占全国比重达到20.7%，提高了约3.6个百分点。地区生产总值年均增长10.9%，高于全国平均水平。人民生活水平持续提高。2019年西部城镇和农村居民人均可支配收入分别达到3.5万元和1.3万元，分别是1999年的6.5倍和7.8倍。脱贫攻坚取得决定性进展。2012—2019年，西部农村贫困人口由5086万人减少到323万人，贫困发生率由17.5%下降到1.1%。基础设施更加完善。交通运输网络不断拓展加密，空间可达性大幅提升。截至2019年底，西部地区铁路营业里程5.6万公里，其中高铁9630公里，已连接西部大部分省会城市和70%以上的大城市。建成了一批国家重要的能源基地、资源深加工基地、装备制造业基地和战略性新兴产业基地，大数据、健康养生、旅游文创等新产业新业态蓬勃发展，新旧动能转换持续推进。

经济欠发达地区和贫困地区通过大规模开发和振兴，经济实力、人民生活水平显著提高，成为全面消除贫困中最有力的措施之一，充分体现了摆脱贫困中补齐贫困地区发展短板的"重点论"。

（二）总体统筹与分步实施的"两点论"

在中国这样一个发展中的人口大国，摆脱贫困不能一蹴而就，必须采取总体统筹与分步实施的"两点论"思路，在不同的阶段集中力量着力解决不同的"大事"，最终实现全面建成小康社会这个"大事"。

首先是反贫困战略的确定，体现了总体统筹和分步实施的战略思想。新中国成立初期，为了恢复工农业，中国共产党制定了"一化三改"的过渡时期总路线。1954年，毛泽东在领导起草国家宪法时明确提出"建设一个伟大的社会主义国家"的总目标和"实现社会主义工业化""实现农业的社会主义化、机械化"的总任务。1987年党的十三大提出中国发展分三步走的总体战略部署：第一步目标，1981年到1990年实现国民生产总值比1980年翻一番，解决人民的温饱问题；第二步目标，1991年到20世纪末，使国民生产总值再增长一倍，人民生活达到小康水平；第三步目标，到21世纪中叶基本实现现代化，人均国民生产总值达到中等发达国家水平，人民过上比较富裕的生活。"三步走"战略既是中国经济建设的总体部署，也是消除贫困的总体部署，即到1990年解决温饱以消除极端贫困问题，到2020年建成小康社会，逐步实现共同富裕。为达到上述目标，我国又根据经济发展实际，针对不同地区、不同致贫原因分别实施有效的反贫困措施，大致可以分为：农村体制改革缓解贫困阶段（1978—1985年）、生产发展带动贫困消除阶段（1986—1993年）、扶贫攻坚阶段（1994—2000年）、全面巩固提升阶段（2001—2011年）

和精准扶贫阶段（2012—2020 年）。

党的十八大以来，以习近平同志为核心的党中央，面对消除贫困的新形势、新特点，提出了精准扶贫的新思想。习近平总书记强调扶贫开发贵在精准，重在精准，成败之举在于精准。各地都要在扶持对象精准、项目安排精准、资金使用精准、措施到户精准、因村派人（第一书记）精准、脱贫成效精准上想办法、出实招、见真效。精准扶贫回答了新时代扶贫工作的四个重要问题，即扶持谁、谁来扶、怎么扶和如何退：扶持那些生活水平处于"两不愁三保障"水平以下的建档立卡贫困人口；由中央统筹，省（自治区、直辖市）负总责，市（地）县抓落实，"五级书记"抓扶贫，党员干部率先奋战在扶贫一线，带动包括各种所有制企业、社会团体、事业单位、普通个人等全社会力量参与其中，形成扶贫的强大合力；主要运用"五个一批"因人施策，使扶贫对象逐渐摆脱贫困，并培育自我发展能力；设定时间表、留出缓冲期、实行严格评估、实行逐户销号。

习近平总书记之所以提出精准扶贫，是因为我国经过多年的贫困治理后，剩下的贫困问题都是难啃的"硬骨头"。截至 2012 年底，按照2010 年制定的年人均纯收入 2300 元的贫困标准，我国仍有 9899 万贫困人口，这些贫困人口大部分集中居住在六盘山区、秦巴山区等 14 个集中连片特困地区的 680 个县。这些地区自然环境恶劣、资源禀赋不足、基础设施差、经济发展水平低，因此参与共享发展的物质基础薄弱，他们很难利用此前"大水漫灌"式的扶贫方式实现脱贫，被称为"贫中之贫"，并且到了此时，我国的生产力已经达到了较高的发展水平，可以调动更多的人力、财力和物力向贫困宣战。中国的扶贫方式亟待进行战略调整，精准扶贫思想应运而生。

在一代代中国共产党人的努力奋斗下，不同时期采取不同的扶贫政策，既有总体统筹，又有分步实施；既充分发挥集中力量办大事的优势，又通过长期规划分步实施，取得了非凡成绩。

（三）发展集体经济的"社会主义论"

贫困人口陷入贫困的直接原因是家庭收入难以支付得起生存和发展所需要的物质消耗，甚至连基本的生活开销都无法维持。所以，消除贫困就是要千方百计增加贫困人口的家庭收入。中国人多地少，仅靠自给自足的小农经济难以实现衣食无忧，这就造成了中国农村的贫困问题相当严重。因此，把有限的、分散在农户手中的生产资料集中起来发展现代农业，走社会主义集体经济道路，不仅是实现社会主义农业现代化的必由之路，也是彻底消除农村贫困的必然选择。集中农村分散的生产资料有两种途径：一种是资本主义式的，即通过农业大资本兼并、购买、排挤小农生产，形成大的农业垄断资本来组织农业生产。在此过程中，农民、小农场主等被迫失去土地等农业生产资料，沦为只能依附于资本家的一无所有的无产者，只能出卖自己的劳动力以换取生存和发展所需的物质资料。另一种则是社会主义式的，即通过自愿、互助的形式结成具有集体性质的合作社，小农户将自己的土地使用权、农具等生产资料集结在一起，交由合作社统一调配、使用、生产和经营。在此过程中，每位农户虽然"失去"了生产资料，但却是合作社的"股东"和劳动者，可以凭借自己的劳动参与分配合作社的劳动成果。前一种形式不可避免地使贫困扩大化，后一种形式则为贫困的消除提供了制度基础。

新中国成立不久，中国共产党就带领全国人民对封建小农经济实施社会主义改造。农业生产资料的集中不仅使农业劳动生产率得到提高，大量农村劳动力从农业生产中解放出来从事非农生产，从而提高了农民收入，也为具有集体性质的乡镇企业的兴起和发展创造了条件。1978—1983年乡镇企业产值平均增速达到15.3％，1983年产值达到1007.87亿元。乡镇企业中的第二、三产业成为农村非农产业的支柱，并在1987年实现4854亿元的产值，首次超过农业产值。乡镇企业的发展一方面吸纳了大量剩余劳动力，另一方面也提高了集体经济的收入，使村集体有更多的资金投入到教育、医疗、住房等民生事业中。乡镇企业的发展也促使部分具有区位优势和发展优势的农村和乡镇发展成为中小城市，由此促进了小城镇的出现和扩大并与城市连成一片，逐渐形成了"长三角"和"珠三角"等大中型城镇圈，探索出了一条具有中国特色的城镇化道路，东部沿海地区的农村正是随着具有社会主义集体性质的乡镇企业的兴起和发展逐步摆脱贫困并步入小康社会的。根据《第七次全国人口普查公报》，截至2020年11月1日，全国有9亿多人居住在城镇，常住人口城镇化率达到了63.89％。

随着农村土地制度改革的深入，土地承包经营权长久不变和农村土地"三权分置"催生了土地经营权出租、入股等土地流转形式。加上资本下乡、技术下乡、人才下乡促进了先进的科学生产技术、管理经营理念在农业生产中的运用，农业生产已不再是传统的单纯的种植、养殖、畜牧等劳动形式，而是融合了一二三产业发展的现代化农业生产、经营方式。传统的农业生产合作社也转型为新型的农业生产专业合作社，即由一家或多家涉农企业（可由社会资本举办，也可由村集体举办）牵头，由专业经理负责经营、农户以土地入股或其他形式成为股东参与企业利润的分成，也可以从事订单式农业生产为企业提供原材料，形成了一种双层经营体制，即集体经营资产、公司经营企业的产权明晰、权责明确、利润共享的新型社会主义农村集体经济组织形式。典型的形式包括全员股份制（山东中郝峪村)、"村集体＋股份公司"合作股份制(浙江鲁家村)、"公司＋村集体＋扶贫户"扶贫股份制(山东五彩山村)、"公司＋村集体＋农户(非贫困户＋贫困户)"分类股份制(湖南十八洞村)、"村集体＋农户"多元股份制(陕西袁家村)等多种实践形式①,为贫困户顺利脱贫乃至实现共同富裕探索了多条具有社会主义性质的集体经济道路,并取得了丰硕成果。

(四)"并联"发展中消除贫困的"共同富裕论"

贫困问题并不是经济欠发达国家的"专属",在发达国家也存在着严重的贫困问题,只不过贫困的形式有所不同。欠发达国家主要以绝对贫困为主,并且贫困问题并不能随着经济水平的提高而得到有效缓解,而发达国家相对贫困则更为严重。贫困之所以成为大多数国家难以根除的痼疾,很大程度上与这些国家所采取的"串联式"发展模式有关,这种模式在分配经济发展成果上讲求前后顺序,政治权力、社会地位和经济实力的不平等决定了大多数穷人只能排在最后面,贫困必然不断发生。"串联式"发展模式实质上是按资本分配,依靠富人外溢产生的"涓滴效应"对穷人的积极影响有限,只会固化阶层结构,形成代际贫困的恶性循环。

在中国,中国共产党领导下的经济社会发展始终贯彻的是以人民为中心的发展思想,强调共享发展,即"并联式"发展,正如习近平总书记指出的:"共享理念实质就是坚持以人民为中心的发展思想,体现的是逐步实现共同富裕的要求。"②

---

① 参见宋瑞主编:《2019—2020年中国旅游发展分析与预测》,社会科学文献出版社2020年版,第163—168页。

② 中共中央文献研究室编:《习近平关于社会主义经济建设论述摘编》,中央文献出版社2017年版,第41页。

在中国共产党的领导下，实行党政军机关、企事业单位定点扶贫，东西部协作和对口支援扶贫，军队和武警部队扶贫，社会力量参与扶贫，从而形成区域协同发展、共同发展的大战略，实行先富带动后富、最终实现共同富裕的大举措。不断提高的共享发展程度是追求共同富裕的重要体现，也是中国反贫困取得历史性成就的重要原因。

在彻底消灭绝对贫困的基础上，中国还要进一步通过共享发展走向共同富裕，建成社会主义现代化强国。共享发展是中国特色社会主义的本质要求，是新发展理念的落脚点。共享发展主要包含四个方面内容，即全民共享、全面共享、共建共享和渐进共享，这四个方面内容体现了走向共同富裕的内在要求。全民共享要求人人享有、各得其所，不是少数人或一部分人的共享；全面共享要求不仅包括经济方面共享，还包括政治、文化、社会、生态等方面的共享；共建共享要求要在不断做大"蛋糕"基础上分好"蛋糕"；渐进共享要求共享要遵循生产发展规律，逐渐从低级到高级、从不均衡到均衡。共享发展的内容充分体现了中国从消除贫困到走向共同富裕的发展路径。中国消灭了绝对贫困，但由于中国还处于社会主义初级阶段，还是世界上最大的发展中国家，还存在地区差距、城乡差距、收入差距。因此，在社会主义现代化建设的新征程上，要努力从消灭贫困走向共同富裕，中国共产党的战略目标明确，战略步骤清晰，"施工图""路线图"都已确定，未来将在坚持中国共产党的全面领导下，从中国实际出发，遵循经济社会发展规律，积极主动解决地区差距、城乡差距、收入差距等问题，不断增强人民群众获得感、幸福感、安全感，逐步走向共同富裕，实现第二个百年奋斗目标。

第八章

新发展理念引领反贫困事业

消除贫困必须通过发展来实现。世界范围内很多国家已经达到发达国家程度，但贫困问题依然存在，一些发展中国家在发展中出现了贫富差距拉大、"中等收入陷阱"等问题，这表明，并不是发展就一定能解决贫困问题。中国共产党在总结国内外发展经验和教训的基础上，提出了反贫困的新发展理念。新发展理念成为指导中国彻底消灭绝对贫困的"指挥棒"。

一、新发展理念推动扶贫理念与理论创新

解决贫困问题归根到底依赖于经济社会的持续健康发展。如果没有发展，要么是共同贫困致富艰难，要么是贫富差距两极分化。不过，即使有了发展，贫困问题也不一定能够迎刃而解。对于发展，还需要做更为全面客观的分析。首先，需要考虑发展的目的。如果发展的目的主要是为了少数人的利益，那么，即使在一定程度上解决了绝对贫困问题，也无法从根本上解决相对贫困问题，而且贫富差距会不断扩大。只有站

在大多数劳动人民利益的立场上推进发展，才能够通过发展摆脱贫困并逐步实现共同富裕。其次，需要考虑发展的质量和可持续性问题。发展的质量和发展的可持续性是紧密联系的。一般而言，发展质量越高，发展的可持续性往往就越强。进一步来看，发展质量可以从多个维度来考察，一是从资源约束的维度来看，高质量发展意味着技术创新型发展，以技术创新破解资源约束的瓶颈。二是从生态环境的维度来看，高质量发展意味着生态友好型发展。那些以破坏和污染环境为代价的发展，最终必将走进"死胡同"。三是从生产关系的维度来看，高质量发展意味着以人民为中心的共同发展。人民是历史的创造者，广大人民群众的辛勤劳动创造了财富。作为创造价值主体的广大劳动者理应成为发展过程中的平等受益者。总之，发展是解决贫困问题的关键，而发展理念是否正确是决定发展成效乃至成败的关键。

我国历来重视对于发展理念的科学提炼和运用，特别是党的十八大以来，在党的十八届五中全会上提出了新发展理念，即创新、协调、绿色、开放、共享五大发展理念。新发展理念是指导发展的科学理论，是引领和指导中国摆脱贫困的基本遵循。在新发展理念指引下，我国在实践中形成并进一步检验了中国特色反贫困理论。联合国秘书长古特雷斯也指出，中国脱贫攻坚的成就证明，政府的政治承诺和政策稳定性对改善最贫困和最脆弱人群的境况至关重要，创新驱动、绿色、开放的发展模式是重大机遇，将为所有人带来福祉。

（一）创新引领发展增强脱贫动力的理论

在现代社会，反贫困需要不断创新。在反贫困过程中，需要以创新技术做支撑、创新方法来驱动、创新思想和理论为引领实现脱贫。在新发展理念中，创新发展注重的是解决发展动力问题。在脱贫攻坚过程中，多层次多维度的创新发展，汇聚成为推动脱贫的动力源泉。贫困是人类社会的顽疾，如果将贫困看作一种社会疾病，那么，要摆脱贫困，就离不开基于"药典"开出的"药方"，基于"药方"配出的"良药"，基于更好发挥药效找到所需的"药引"。而要找到药典、开出药方、配出药品、用好药引，创新必不可少。在这里，"药典"主要是指扶贫思想和理论，"药方"主要是指扶贫体制机制安排，"药品"主要是指扶贫具体举措，"药引"主要是指科技手段及其应用。

第一，科技创新形成摆脱贫困的技术支撑和"药引"。创新是引领发展的第一动力，科技创新是促进生产力发展的引擎。农业农村现代化离不开科技支撑，贫困地区脱贫致富更要依靠科技力量。因为贫困地区的普遍特点是地处偏远、教育落后、农民发展能力不高，即使有好的资源，也难以得到很好的开发和利用。因此，通过科技扶贫让贫困群众掌握一些实用技术，"依靠科技的力量来开发、利用原来不能利用的资源。……使现有的资源利用得以延伸"①。例如，在山西省中阳县，当地的气候条件和自然环境适宜种植木耳，但却一直未能大规模发展木耳产业。从 2018 年开始，中阳县在脱贫攻坚过程中，依靠科技扶贫和多方帮扶，向农民传授种植技术，仅用三年时间就发展成为"全国木耳十大主产基地县"之一，将"小木耳"做成了带动农民脱贫致富的"大产业"。

在扶贫过程中，科技创新的力量，不仅能够改变以往利用不了的资源，更能改变以往利用不好的资源。科技创新的应用不仅作用于生产过程，还能够作用于分配、流通、消费各个环节和全过程，从而使得贫困

---

① 习近平：《摆脱贫困》，福建人民出版社 1992 年版，第 138 页。

地区不仅能够生产出好产品，更能卖出好价钱。例如，应用于高山峡谷中的架桥筑路新科技，可以打通重山阻隔建成高速公路；高速公路、铁路和冷链运输发展，使得贫困偏远地区的特色农产品能够快速走进千家万户；大数据、互联网等信息科技在农村的普及和应用，使得农户可以利用电商平台、直播带货等新手段来销售特色农产品；信息化大数据的应用，使得扶贫干部可以在手机上打开扶贫信息管理平台，更好地开展扶贫管理和帮扶工作。

由此可见，科技创新作用于扶贫过程中的方方面面，是摆脱贫困的支撑力量。利用科技的力量，可以更好发挥出各类扶贫帮扶的效果，可以通过科技这个"药引"激发出帮扶"药品"的最佳药效。在很多情况下，如果缺少了科技这个"药引"，"药品"将无法起效。比如，在产业扶贫中，如果缺少创新科技的支撑，将会出现种不出来、运不出去、卖不上价等发展困境。

第二，扶贫措施创新形成摆脱贫困的"工具箱"和"药品"。由于贫困的成因是多样的，例如，因病、因残、因学、因灾、缺劳力、缺技术、缺发展资金、缺土地、缺水、交通条件落后、自身发展动力不足，等等。因此，帮扶的措施也应该是对症下药，多种多样的。例如，我国各地在扶贫过程中推动的产业扶贫、就业扶贫、消费扶贫、电商扶贫、生态扶贫、教育扶贫、健康扶贫、交通扶贫、水利扶贫、电力扶贫、光伏扶贫、金融扶贫、党建扶贫，等等。这些扶贫措施都是"五个一批"帮扶的具体形式。

帮扶措施创新，主要包括两个方面的含义：一是帮扶措施本身的创新，也就是找到新的帮扶手段，不断丰富帮扶"工具箱"和"药品"种类。例如，光伏扶贫、电商扶贫等方式就是在新的时代背景下，充分利用新技术、新工具、新理念推出的新的帮扶方式。二是帮扶措施之间的重新组合创新，也就是发挥帮扶"组合拳"的综合药效。相比帮扶措施本身创新而言，帮扶措施的组合创新更为关键。因为贫困地区发展滞后的原因复杂多样，单一的帮扶举措往往难以解决所有的问题。因此，各地需要根据各种帮扶方式的特点，制定出帮扶功能互补、作用互促的最佳帮扶措施组合，以达到最优帮扶目标。例如，要让产业扶贫帮扶持续发挥作用，除了在产业扶贫本身下功夫之外，还需健康扶贫、教育扶贫、金融扶贫等多种扶贫措施的配合才行。健康扶贫可以提升贫困人口在产业发展中的劳动能力和健康水平；教育扶贫可以提升劳动者就业务工的能力和水平，帮助其子女提高自身素质，更好摆脱贫困的代际传递；金融扶贫可以解决产业发展中的资金瓶颈和农业生产经营风险的保险补偿。

第三，扶贫体制机制创新形成摆脱贫困的制度安排和"药方"。要抓到"好药"，前提是找到好的"药方"。扶贫过程中的制度安排和体制机制设计就是脱贫攻坚中的"药方"。习近平总书记指出，脱贫攻坚要取得实实在在的效果，关键是要找准路子、构建好的体制机制……总结各地实践和探索，好路子好机制的核心就是精准扶贫、精准脱贫。[1] 扶贫体制机制创新形成好的"药方"就是：精准扶贫、精准脱贫。精准就是这一"药方"配比的基本原则。体制机制的创新安排是为了更好发挥扶贫具体举措的实施效果。

首先，在扶贫人才支持机制方面不断创新。人才是支撑发展的第一资源。由于贫困地区的各类人才更为缺乏，因此，必须建立和完善各类

---

① 参见《十八大以来重要文献选编》（下），中央文献出版社 2018 年版，第 38 页。

人才扎根贫困地区的体制机制。我国的具体做法主要包括两个方面：一方面是通过向贫困县和贫困村派驻工作队的方式给予人才支撑；另一方面，各地在实践中探索出了院士工作站、科技特派员工作站、"科技小院"、农业创新驿站等创新模式。在这些模式中，科技人员能够真正扑下身子、立足农业农村发展现实需要，将科研做在祖国的大地上。例如，河北农业大学林学院李保国教授35年如一日扎根太行山，每年进山"务农"超过200天，用科技把荒山秃岭治理成"花果山"。[1]

其次，在扶贫资金使用机制创新方面。扶贫离不开资金支持，扶贫资金来源往往有多种，例如，中央财政和各级地方财政的帮扶资金、行业帮扶资金、企业帮扶资金，等等。如何避免各类帮扶资金使用的交叉重合，汇聚更多资金集中用于"卡脖子"关键环节和领域，以发挥好各类扶贫资金的最优帮扶效果至关重要。在实践中，我国不断探索扶贫资金使用创新机制。例如，支持贫困县开展统筹整合使用财政涉农资金试点。强化资金使用者主体责任，做实前期工作，建立扶贫项目库，让项目等资金，而不是"资金等项目"或"以拨代支"。

最后，在扶贫产业利益联结机制创新方面。扶贫产业发展与一般乡村产业发展相比，参与其中的经济主体会更多，其中，政府主体和贫困人口参与的比重会更大。扶贫产业发展，既要考虑产业本身能否实现可持续发展，更要考虑产业发展的带贫益贫能力，否则，"富了老板，穷了老乡"也就失去了产业扶贫的题中应有之义。为了更好发挥产业扶贫对贫困人口的带动作用，创新扶贫产业发展利益联结机制就至关重要。贫困人口融入产业发展并从中获益的途径有多种：一是通过土地流转获

[1] 参见李继伟：《李保国：太行山上的"新愚公"》，《光明日报》2020年6月18日。

得租金；二是通过参与产业发展的种植养殖环节获得种植养殖收益；三是到扶贫产业园务工获得工资；四是通过到外地务工获得工资；等等。例如，四川省梓潼县的扶贫合作社模式，贫困户通过贴息贷款筹资，修建标准化养殖场；大型农业企业提供牲畜幼崽、饲料，贫困户代为养殖，半年后根据出栏数量，由企业向贫困户支付代养费。代养费抵掉贫困户的还贷金额和一些成本，剩下的都是利润。这样，贫困户的年均纯收入增加2000余元。三年到五年的贷款还清后，年均纯收入将增加8000元。再如，在河北阜平香菇种植基地，由当地香菇龙头企业负责菌棒生产、种植大棚建设，贫困户和普通农户可以通过出租土地获得租金，可以通过租用大棚开展生产活动，或者通过到香菇大棚务工的方式获得收入。

第四，扶贫思想和理论创新形成摆脱贫困的根本指引和"药典"。

思想是行动的先导，理论是实践的指南。扶贫实践的成功，归根到底是因为有科学的扶贫思想和理论。扶贫领域最大的创新是扶贫思想和扶贫理论的创新。实施精准扶贫、精准脱贫方略，是对传统扶贫开发方式的根本性变革。各种行之有效的扶贫措施来自精准扶贫方略这一"药典"的科学指引。

习近平总书记把脱贫攻坚中形成的重要经验和认识概括为"七个坚持"，即坚持党的领导，为脱贫攻坚提供坚强政治和组织保证。坚持以人民为中心的发展思想，坚定不移走共同富裕道路。坚持发挥我国社会主义制度能够集中力量办大事的政治优势，形成脱贫攻坚的共同意志、共同行动。坚持精准扶贫方略，用发展的办法消除贫困根源。坚持调动广大贫困群众积极性、主动性、创造性，激发脱贫内生动力。坚持弘扬和衷共济、团结互助美德，营造全社会扶危济困的浓厚氛围。坚持求真务实、较真碰硬，做到真扶贫、扶真贫、脱真贫。这些重要经验和认识，是我国脱贫攻坚的理论结晶，是马克思主义反贫困理论中国化最新成果，必须长期坚持并不断发展。①

（二）协调发展推动形成东西部扶贫协作理论

反贫困需要多方协调。在反贫困过程中，需要推动实现地区协调、城乡协调、利益协调等方面带动贫困地区和贫困人口发展。在新发展理念中，协调发展注重的是解决发展不平衡问题。发展的不平衡，是导致欠发达地区贫困的重要原因，也是进一步改善不平衡情况带动贫困地区和贫困人口摆脱贫困的发展基础。

之所以说发展的不平衡是导致贫困的重要原因，是因为由于自然条件、历史积淀、发展基础、时代背景等多重因素导致一国不同地区的发展很难处在同一水平上，往往发达地区凭借已有发展基础，会越发展越好，"马太效应"和"极化效应"越发明显。也就是说，如果任由各地区自发发展下去，会出现地区间发展差距越来越大的局面。发展的"极化效应"会持续将欠发达地区的资源和要素汇聚到发达地区，欠发达地区的发展变得更加举步维艰。这样，欠发达地区的人们更容易处于贫困状态，难以依靠自身的力量摆脱贫困。

欠发达地区发展所需条件，大都是发达地区所具备的。例如，欠发达地区所需要的发展资金、各类人才、商品市场、发展经验、发展模式等方面都可以从发达地区汲取和借鉴。而要实现发达地区的优势资源、要素和市场等方面为欠发达地区所用，关键在于解决好"谁来协调""怎么协调""协调什么"等问题。在脱贫攻坚过程中，我国逐

---

① 参见习近平：《在全国脱贫攻坚总结表彰大会上的讲话》，人民出版社2021年版，第12—19页。

步形成了东西部扶贫协作理论，实现了发达地区和欠发达地区的协调发展。

第一，在党的领导下"全国一盘棋"解决好"谁来协调"的问题。中国共产党全心全意为人民服务的根本宗旨和以人民为中心的发展思想以及党的组织体系和组织能力，决定了中国共产党有责任有能力做到"全国一盘棋"实现协调发展。习近平总书记强调，党的力量来自组织，党的全面领导、党的全部工作要靠党的坚强组织体系去实现。[①] 我国是社会主义国家，社会主义基本制度决定了我国有集中力量办大事的制度优势，加上中国共产党强有力的组织优势和动员能力，使得中国共产党能够肩负起解决发展不平衡的主体责任，在党的全面领导和统筹协调下，实现东西部扶贫协作，带动欠发达地区快速发展。《中国农村扶贫开发纲要（2011—2020 年)》指出，要着力推进东西部扶贫协作，积极推进东中部地区支援西藏、新疆经济社会发展，继续完善对口帮扶的制度和措施。各省（自治区、直辖市）要根据实际情况，在当地组织开展区域性结对帮扶工作。

第二，在东西部扶贫协作机制下解决好"怎么协调"的问题。有了党的坚强领导，东西部扶贫协作工作就有了主心骨。结对帮扶是中国脱贫攻坚工作中一个行之有效的经验，是实现先富帮后富、最终实现共同富裕目标的大举措。在结对帮扶过程中，不仅省际之间可以形成结对关系，还可以实现县与县精准对接，乡镇、行政村之间开展结对帮扶。通过结对帮扶，东部地区的发展理念、人才、技术、经验等要素就可以传播到西部地区，进而实现东西部地区观念互通、思路互动、技术互学、

---

① 参见中共中央党史和文献研究院：《改革开放四十年大事记》，人民出版社 2018 年版，第 127 页。

作风互鉴。① 在脱贫攻坚过程中，我国东部 9 个省份、14 个市结对帮扶中西部 14 个省区市，各地在结对帮扶过程中，不断理顺协作机制，实现了最佳帮扶效果。

第三，在要素、市场、产业等方面解决好"协调什么"的问题。东西部扶贫协作不是简单从某一个方面入手开展协作，而是东西部全面协作以解决西部欠发达地区面临的各种发展困境。在东西部扶贫协作和对口支援过程中，通过加强东西部产业合作、资源互补、劳务对接、人才交流，促进人才、资金、技术更多向贫困地区流动，推动实现区域协调发展、协同发展、共同发展。除了在推动贫困地区发展经济上下足功夫之外，还要向教育、文化、卫生、科技等领域合作拓展。② 在东西部扶贫协作推动经济发展方面，重点是解决欠发达地区面临的人才和资金不足，土地流转和异地配置需要，产业发展和产销对接问题，技术培训和外出务工等方面的难题。

在东西部扶贫协作实践中，以产业和就业发展为例，北京助力内蒙古乌兰察布的小土豆成长为年产 400 万吨的大产业；浙江通过劳务协作让四川的 14 万多种植业建档立卡贫困人口稳定就业。天津市在帮扶甘肃过程中，推动产业合作提档升级，通过以销定产、产销对接等多种举措，联市场、建基地、带农户，巩固拓展消费扶贫帮扶成果，帮助脱贫地区的农产品"产得出、卖得好、能致富"。③2018 年，我国允许"三

---

① 参见中共中央文献研究室编：《习近平关于社会主义经济建设论述摘编》，中央文献出版社 2017 年版，第 232—233 页。

② 参见中共中央文献研究室编：《习近平关于社会主义经济建设论述摘编》，中央文献出版社 2017 年版，第 232 页。

③ 参见《习近平总书记在全国脱贫攻坚总结表彰大会上重要讲话引发热烈反响——脱贫摘帽是新生活新奋斗的起点》，《人民日报》2021 年 2 月 28 日。

区三州"及其他深度贫困县增减挂钩节余指标由国家统筹跨省域调剂使用。在东西部协作过程中，通过实施跨区域的增减挂钩政策，统筹了发达地区和贫困地区的空间资源，为贫困地区提供了超过千亿元人民币的"真金白银"。

（三）绿水青山就是金山银山的发展理念

反贫困要以绿色为底色谋发展。在反贫困过程中，绿色是底线，生态是资源，生态优势可以转化为发展经济的优势助力脱贫。在新发展理念中，绿色发展注重的是解决人与自然和谐问题。人类生活在大自然之中，也是大自然的有机组成部分。人们的日常生活和生产活动有其自主性与独立性，但这些活动都是与大自然整体发展情况紧密相连的。人类在利用自然、从自然中汲取人类所需之外，更要保护自然，改善自然，助力自然发展有序和谐。但在现实发展过程中，人类有时为了自身利益，或者为了追逐财富积累，不顾自然发展规律，向大自然过度索取和开发利用，持续排放有毒有害物质，由此造成短期经济繁荣背后却积累着重重危机，这些危机既有经济危机、社会危机，还有生态危机。在我国，不少贫困地区或者地处生态脆弱的高山峡谷，或者地处干旱少雨的黄土高坡等不利于发展生产的自然环境之中。而摆脱贫困，又必须要发展生产才行。这些地区就面临着既要生态又要发展，既要保护又要开发，既要"绿水青山"又要"金山银山"的两难困境。从绿色发展理念来看，这种两难困境是可以破解的，通过创新发展主动作为可以实现经济发展和生态安全的有机统一，"绿水青山"和"金山银山"的有机统一。

第一，保护好"绿水青山"是统筹发展与安全的基本底线。绿水青山意味着人与自然和谐发展。保护好绿水青山，不仅事关贫困地区的生态环境问题，也事关整个国家乃至全球生态安全的问题。如果没有了绿水青山，生态环境急剧恶化，人类的发展将寸步难行，已有的发展成就也会很快消失。对于贫困地区而言，原本脆弱的生态环境如果得不到改善，进一步生产将会举步维艰，到时就连基本的生存条件也将面临严峻挑战。保护好绿水青山，是贫困地区人们继续生存下去的底线，是获得进一步发展摆脱贫困的底线。

第二，保护好"绿水青山"是实现向"金山银山"转化的前提。改革开放后，中国经济经历了一个高速发展的时期，发展成就举世瞩目，但同时也存在牺牲环境换取经济增长，生态遭到破坏的情况。未来中国的发展，特别是将扶贫事业置于发展全局的发展，不能再走这条老路。习近平总书记多年来反复强调"绿水青山就是金山银山"的发展理念。他指出："表面上看，保护生态环境和发展经济存在一定的矛盾，但从根本上讲，两者是有机统一、相辅相成的。""不能因为经济发展遇到一点困难，就开始动铺摊子上项目、以牺牲环境换取经济增长的念头，甚至想方设法突破生态保护红线。"① 贫困地区要践行"绿水青山就是金山银山"的发展理念，首先得有绿水青山才行。保护好"绿水青山"是实现进一步发展的前提。然而，贫困地区的人们往往暂时看不到、感受不到绿水青山就是金山银山，只是感受到绿水青山的阻隔和闭塞阻碍了发展。之所以出现这种认识偏差，是因为在经济社会发展初期，绿水青山只是隐性的优势资源，发展的内外部条件并未能将这类隐性优势资源中所蕴藏的巨大财富显露出来。随着国家整体经济社会的发展进步，人们对于清新的空气、安全绿色有机食品的需要越来越多，对于亲身体验优美的自然

---

① 《上下同心再出发——习近平总书记同出席 2019 年全国两会人大代表、政协委员共商国是纪实》，《人民日报》2019 年 3 月 15 日。

风光和田园生活的向往更为强烈，这就为贫困地区隐性优势资源显现化提供了外部条件和可能，为绿水青山转变为金山银山提供了可能。因此，贫困地区要能够认识到绿水青山在实现发展摆脱贫困中的重要性，保护好了环境便拥有了"绿水青山"，就相当于拥有了一个"绿色银行"和"金山银山"。

第三，苦干实干巧干推动"绿水青山"转变为"金山银山"。有了"绿水青山"，它并不会自动转化为带动贫困地区和低收入人口脱贫致富的"金山银山"。当前，国家整体经济社会发展良好，人民群众安居乐业，为"绿水青山"转变为"金山银山"创造了良好的外部条件，可谓"天时地利人和"。在这一背景下，贫困地区或者说欠发达地区不能坐等"绿水青山"变为"金山银山"，而是需苦干、实干，加巧干才行。正如《中共中央国务院关于实施乡村振兴战略的意见》提出的，正确处理开发与保护的关系，运用现代科技和管理手段，将乡村生态优势转化为发展生态经济的优势，提供更多更好的绿色生态产品和服务，促进生态和经济良性循环。[①]2021年中央全面深化改革委员会第十八次会议也强调，建立生态产品价值实现机制，构建绿水青山转化为金山银山的政策制度体系，探索政府主导、企业和社会各界参与、市场化运作、可持续的生态产品价值实现路径，推进生态产业化和产业生态化。以上政策指引为更好促进"绿水青山"转化为"金山银山"提供了具有可操作性的具体发展路径。在具体操作上，"巧干"的关键是"因地制宜""一地一策"。中国幅员辽阔，人口众多，每个贫困地区的资源禀赋不同，脱贫的招法也就不同，适宜种植的搞种植，适宜养殖的搞养殖，适宜发展旅

---

① 参见《中共中央国务院关于实施乡村振兴战略的意见》，《人民日报》2018年2月5日。

游的搞旅游，不能一刀切，在脱贫工作中关键是找到破解特殊问题的特殊招法。

（四）立足自身开放发展实现脱贫内外联动的理论

反贫困需要立足自身开放发展。在反贫困过程中，激活脱贫内生动力，打破贫困循环，需要借助和利用外部资源、要素和市场实现发展。在新发展理念中，开放发展注重的是解决发展内外联动问题。贫困地区的贫困状况往往不是最近才出现的，而是在较长一段时期内这些地区的人们都处于贫困状态。如果没有外界的帮扶，他们往往难以依靠自身的力量打破贫困循环和贫困代际传递的魔咒，所以，贫困地区和贫困人口要想摆脱贫困，就在一定程度上需要外部力量"扶一把"。要实现贫困地区和贫困人口摆脱贫困，主要不在于是否需要外部帮扶，而在于贫困地区和贫困人口能否立足自身条件开放发展，实现脱贫的内外联动。在帮扶过程中，决不能出现贫困人口"靠着墙根晒太阳，等着救济奔小康"的情况，而是要依靠具有劳动能力的贫困群众的双手，在外部的帮扶下创造出美好幸福生活。脱贫内外联动理论是要解决好贫困地区和贫困人口"有什么""缺什么""要什么""怎么办"等问题。

第一，明确贫困地区和贫困人口"有什么"的问题。实现脱贫内外联动发展，首先要知道贫困地区和贫困人口具有什么样的发展条件和资源禀赋。一般情况下，贫困地区正是因为缺乏发展的条件才导致贫困的。但是，还有一种情形是，贫困地区具有隐性的资源优势，贫困人口具有特别的要素禀赋，只是需要在外部的带动支持下才能有效激活。比如，一些贫困地区虽地处深山，但是有空气优良、水质纯净、土壤富硒、气候宜人、温差较大等特殊的发展优势条件。还有些贫困人口虽然不掌握现代化的生产技术，但是熟练掌握传承千年的手工技艺。这些发展的独特条件，可能暂时并未成为脱贫致富的源泉，但是只要条件具备，脱贫地区内外联动，就可以将贫困地区独特的技术工艺、资源优势、生态优势转化为经济优势。

第二，弄清贫困地区和贫困人口在发展中"缺什么"和"要什么"的问题。脱贫要实现内外联动，除了弄清楚贫困地区和贫困人口"有什么"的问题，还要知道他们"缺什么""要什么"。以贵州省为例，从 2016 年贵州省贫困户致贫原因统计数据看，因病、因残、因学导致的贫困人口比重达到 31.7%；缺乏技术占比达 17.2%；交通运输条件原因占比为 3.5%。此外，有 30.1% 的贫困人口认为他们致贫的原因并不是由于劳动力缺乏，也不是因病、因学，而是主要在于缺少发展资金。由此，除了贫困人口自身缺少发展动力因素之外，都是需要外部进行帮扶的，特别是占比高达 30.1% 的缺少发展资金问题，也就是说，贫困户或贫困地区想发展，但是缺少发展产业的启动资金。由于贫困成因多元，因此，相应的贫困人口的诉求也是多样的。因病、因残等劳动力原因以及缺水、缺地等资源约束并不是贫困人口自身可以解决的，这类诉求往往只能依靠政府扶贫资金的投入和社会保障政策的兜底保障，所以对于这些情况的帮扶更多是外部单向的投入。除了上述情形，具有劳动能力的贫困人口普遍还有一个重要的诉求，就是通过发展产业或就业的方式，融入产业发展过程，以获得更多的收入。有了更多的收入，就可以更好地提升"两不愁三保障"水平。因此，这里谈的贫困人口"要什么"，主要是融入产业链，提高收入水平的发展诉求。

第三，探索解决脱贫内外联动"怎么办"的问题。弄清楚了贫困地区和贫困人口"有什么""缺什么""要什么"的问题，那么究竟该"怎么办"才能达到脱贫内外联动实现脱贫致富的目标呢？应对的基本思路可以概括如下：一是立足当地资源条件和要素禀赋，在外部帮扶下将特色资源转化为产品和服务；二是在外部帮扶下，打通产品和服务转变为商品的发展瓶颈，比如在交通运输、产销对接、龙头企业带动、全产业链发展等环节的瓶颈和障碍；三是在产业发展内外联动可持续发展的基础上，通过产业发展带动贫困人口增收致富。在这一过程中，要把握好政府作用、市场机制、社会力量、贫困人口参与等方面的问题。

首先，在把握好政府作用、社会力量方面。习近平总书记强调："脱贫致富不仅仅是贫困地区的事，也是全社会的事。要更加广泛、更加有效地动员和凝聚各方面力量。要强化东西部扶贫协作。东部地区不仅要帮钱帮物，更要推动产业层面合作，推动东部地区人才、资金、技术向贫困地区流动，实现双方共赢。不仅要推动省级层面协作，而且要推动市县层面协作。"①党的十八大以来，我国构建了专项扶贫、行业扶贫、社会扶贫等多方力量、多种举措有机结合和互为支撑的"三位一体"大扶贫格局，形成了跨地区、跨部门、跨单位、全社会共同参与的多元主体的社会扶贫体系。其次，在产销对接、市场机制、贫困户获益等方面。我国贫困地区立足当地资源优势，在外部帮扶下，特别是通过政府引导支持、龙头企业带动全产业链发展，贫困人口多途径参与等方式，实现了贫困地区扶贫产业的从无到有，从弱到强，贫困人口参与其中摆脱贫困。例如，贵州省将小刺梨做成了大产业，陕西柞水县和山西中阳县将小木耳做成了大产业，河北阜平县将小香菇做成了大产业，等等。

---

① 中共中央文献研究室编：《习近平关于社会主义经济建设论述摘编》，中央文献出版社2017年版，第230页。

（五）共享发展推动全面脱贫的发展理念

反贫困需要持续扩大共享。在反贫困过程中，要以更大的力度推动贫困人口全面、平等共享发展成果，逐步实现共同富裕。在新发展理念中，共享发展注重的是解决社会公平正义问题。共享发展是五大发展理念的出发点和落脚点，脱贫攻坚过程中需要遵循共享理念推进工作。在脱贫攻坚中，共享发展的理念既体现在分配层面共享发展成果，也体现在生产层面让贫困人口通过融入现代生产方式实现共建共享发展成果，更体现在生产与分配相统一中实现贫困人口能够持续共享发展成果。另外，从人权角度看，我国的脱贫攻坚的实践始终坚持人民立场，将保障好贫困群众的生存权、发展权作为一切具体工作的出发点和落脚点。一方面，通过多种形式的帮扶，确保贫困人口拥有平等的受教育权、医疗权和住房权；另一方面，通过多种形式的帮扶和贫困人口的参与，实现贫困人口能够从发展中共享发展成果。这种共享可以分为三种形式：保障共享、共建共享和持续共享。

第一，保障共享：分配层面实现贫困人口共享发展成果。所谓保障共享，是指贫困人口并没有通过直接参加劳动等形式获得相应的收入，而是只要符合一定的条件就可以直接享受政府扶贫优惠政策和补贴。在这种情况下，贫困人口只是在分配层面通过税收转移支付和社保兜底保障等方式共享发展成果。主要有三种情况：一是在新中国成立至改革开放初期这段时期，我国的扶贫工作重点主要是救济式扶贫，主要针对没有劳动能力的"五保户"等绝对贫困群体给予一定的扶贫补贴，以保障其维持基本生活水平。二是在以开发式扶贫为主的扶贫阶段，在脱贫攻坚过程中存在着一定比例的缺少劳动能力的贫困人口，对于这类贫困群体的帮扶只能通过社会兜底保障的方式给予帮扶。在 2015 年的建档立卡贫困人口中，因病、因残致贫比例居高不下，分别超过 40% 和 14%，65 岁以上老人占比超过 16%，这些人群的比例越往后将会越高，是贫中之贫、艰中之艰。① 保障共享并不是养懒人，而是因为这些贫困人口丧失了劳动能力只能等待救济和帮扶，以维持和改善其生活水平。三是在贫困地区开展道路、桥梁、网络等基础设施建设方面的扶贫投入，也属于保障共享的范畴。在这种情况下，不仅是所有的贫困人口，而且包括所有生活在这一地区的人都能够享受到贫困地区基础设施改善所带来的好处和便利。

第二，共建共享：生产层面实现贫困人口共建共享发展成果。对于有劳动能力的贫困人口通过在生产层面参加劳动或实现就业的方式实现共建共享。这种情形与前文谈到的贫困地区和贫困人口立足自身开放发展实现脱贫内外联动的理论相类似，这里就不再赘述。需要说明的是，在贫困人口参与的共建共享过程中，贫困村的集体经济同时也有了较快发展。在开展脱贫攻坚之前，绝大多数贫困村都没有集体收入，到了2020 年底，全国贫困村集体收入已超过 20 万元。之所以会出现这种情况，是因为贫困县或贫困村要实现开发式扶贫就需要项目支撑，而当贫困村找到合适的产业项目后，相关的帮扶资金和资产往往落在村集体的账上，相应的扶贫产业资产的所有权和收益权就划归村集体经济组织所有，于是，贫困村集体经济就逐步发展起来了。贫困村有了集体经济，有助于其更好实现村庄治理，更好将产业发展成果惠及贫困人口和全体村民，有助于全体村民共享发展成果。

---

① 参见习近平：《在打好精准脱贫攻坚战座谈会上的讲话》，人民出版社 2020 年版，第13 页。

第三，持续共享：生产与分配相统一实现贫困人口持续共享发展成果。在脱贫攻坚和巩固脱贫攻坚成果过程中，保障共享和共建共享往往是并存的，这就进入了一个新的阶段，即持续共享阶段。也就是说，贫困人口通过生产与分配相统一的方式，实现贫困人口持续共享发展成果。这类共享又包括多个具体方面：一是共享人才方面。在贫困村发展过程中，通过多种方式汇聚各类人才和干部入乡、返乡，以弥补脱贫攻坚和乡村发展中的人才短板，在引进人才的同时不断培育乡村本土人才和干部以解决好人才短板问题。二是共享资金方面。贫困村在发展过程中通过财政专项资金、信贷资金等多种途径融通发展资金，以打通扶贫开发和产业发展中的资金瓶颈。三是共享科技方面。重点利用和推广现有的各类农业农村生产实用技术，注意利用互联网等新科技助力乡村发展。四是共享市场方面。贫困地区在产业发展过程中，一方面尽快形成扶贫车间等类型的扶贫经济实体；另一方面持续做好不断融入和开拓城乡市场，做好产销对接，以使扶贫产业具备自生能力实现可持续发展。五是共享收益方面。扶贫产业发展的最终目的是带动贫困人口稳定脱贫致富，因此，要构建好扶贫产业的利益分配机制，确保低收入群体从发展中更多获益。六是共享保障方面。由于缺少劳动能力的贫困人口在贫困人口中占有较大比重，因此，需要不断提升和扩展兜底保障水平，让这类低收入群体能够更多更好地享受发展成果，持续提升获得感和幸福感。

二、新发展理念下的脱贫新思路

新发展理念指引下开辟脱贫新思路。我国脱贫实践中的每一种脱贫新思路，无不蕴含着新发展理念五个方面的基本要求和辩证思维。例如，低端传统生产方式下发展高端现代产业的脱贫思路，就体现了基于低端传统生产方式创新发展高端现代产业的创新理念；在扶贫产业发展过程中，很好践行了立足自身开放发展、绿色发展以及协调产业链上各经济主体利益关系实现共享发展的新发展理念。

（一）低端传统生产方式下发展高端现代产业的历史奇迹

贫困地区经济社会发展落后的原因是多样的，其中一些曾经制约发展的因素在经过多方合力开发后，可以转变为脱贫致富的源泉。在不少贫困地区，特殊的地理位置、地形地貌造就了独特的自然生态和耕种方式，保存了历经千百年的传统村落、民族传统文化和习俗、传统手工技艺等。这些所谓低端的、传统的生产方式，如果没有外部的帮扶带动，是很难转化为脱贫致富产业的。但是，在脱贫攻坚过程中，通过政府、企业和社会各界的合力帮扶，这些传统生产方式和文化民俗在新时代焕发了勃勃生机。在这类扶贫产业发展过程中，依托贫困地区特色资源形成的现代产业，并不是要改变和否定传统的生产方式，而是在保护、延续传统生产生活方式的基础上，注入现代产业发展要素。贫困户和农民主要在生产环节，帮扶主体主要是在改造与提升流通和消费环节发挥作用，最终实现产业链、价值链、利益链的贯通和延展。

在贵州黔东南地区，丹寨县的蜡染工艺、古法造纸工艺以及鸟笼编制等手工工艺，最初仅仅是为了满足当地苗族群众在服饰、书法、养鸟等方面的生活需要。当前，虽然上述工艺的生产过程仍然延续古老的手工作坊式的工艺和手法，但是，在形成的扶贫产业中，这些手工工艺品的营销手段是现代化的，面向的客户群体是广泛的。比如，有些企业的文化衫要求采用手工蜡染工艺印染公司标志以提升公司文化品位；有的蜡染和鸟笼工艺品通过网上商城实现网上销售；古法造纸在满足国家和人民群众对高品质纸的需要的同时，也通过让游客亲自体验手工造纸工艺，创新制造鲜花纸等方式让人民群众能够直接感受和体验历史文化。除此之外，丹寨还利用当地洁净的空气和水资源以及富硒土壤等优越的自然条件，种植有机富硒茶叶、中草药、稻米、西瓜、冬瓜、香瓜等有机特色农产品。虽然这些农产品的生产过程仍旧延续以往的耕种方式，但是现代化的管理、运营和营销模式，使得这些优势资源得以在本地实现产业化运营，使得这些原有低端生产方式下的产业成为能够带来较为丰厚利润的高端现代产业。此外，当地还发展以丹寨小镇为代表的旅游产业。对于这些旅游产业，当地特别是贫困农村地区的农户所需要做的就是继续维护好当地的良好自然生态，保护和传承好原汁原味的民族特色文化和民族传统。在做好这些的前提下，由公司或者农民合作社等市场主体负责通过这一特色自然资源、文化旅游资源进行管理和运作，从而能够使贫困地区的优势资源获得更多经济社会效益，帮助当地贫困群众更好更快地实现脱贫致富。

要实现低端传统生产方式下发展高端现代产业，还离不开相关配套设施建设和科技支撑。优良的自然环境、富硒的优质土壤是特色有机农产品生产的基础，也是将传统种植转变为高端现代产业和富民产业的基础。"十三五"时期，中国地质调查局先后在贫困地区调查圈定绿色富硒土地2366万亩，支持建设300余处特色农业产业示范基地，为贫困地区走上富硒产业致富之路提供了可能。国家脱贫攻坚普查公报数据显示，2020年底，国家贫困县中，通硬化路的行政村比重为99.6%，其中具备条件的行政村全部通硬化路；通动力电的行政村比重为99.3%；通信信号覆盖的行政村比重为99.9%；通宽带互联网的行政村比重为99.6%；有电子商务配送站点的行政村比重为62.7%。① 这些基础性工作，为确保贫困人口能够种得出、卖得好、能致富奠定了扎实基础。

（二）就地发展扶贫产业与外地就业并重的全面布局

对于有劳动能力的贫困人口而言，产业扶贫和就业扶贫是摆脱贫困的根本举措。习近平总书记指出，建档立卡贫困人口中，90%以上得到了产业扶贫和就业扶贫支持，三分之二以上主要靠外出务工和产业脱贫，工资性收入和生产经营性收入占比上升，转移性收入占比逐年下降，自主脱贫能力稳步提高。② 根据国家脱贫攻坚普查结果（见图8-1），国家贫困县建档立卡户均享受了相应的各类帮扶政策。③

对于产业扶贫和就业扶贫而言，两者之间有着密切联系。首先，对于产业扶贫而言，贫困地区在产业扶贫帮扶下，相应的扶贫产业得以发展。贫困人口可以通过直接参与生产或者在相关企业就业的方式获得收入。也就是说，扶贫产业发展会带来就业岗位，产业扶贫往往伴随着就业扶贫。例如，河北省阜平县食用菌产业在发展过程中，贫困户既可以在当地食用菌企业从事菌棒生产等相关工作，也可以以优惠的价格承包香菇大棚进行自主种植管理采摘等生产活动，还可以在其他农户承包的

---

① 参见国家统计局、国家脱贫攻坚普查领导小组办公室：《国家脱贫攻坚普查公报（第四号）——国家贫困县基础设施和基本公共服务情况》，《人民日报》2021年2月26日。
② 参见习近平：《在决战决胜脱贫攻坚座谈会上的讲话》，人民出版社2020年版，第3—4页。
③ 参见国家统计局、国家脱贫攻坚普查领导小组办公室：《国家脱贫攻坚普查公报（第三号）——国家贫困县建档立卡户享受帮扶政策情况》，《人民日报》2021年2月26日。

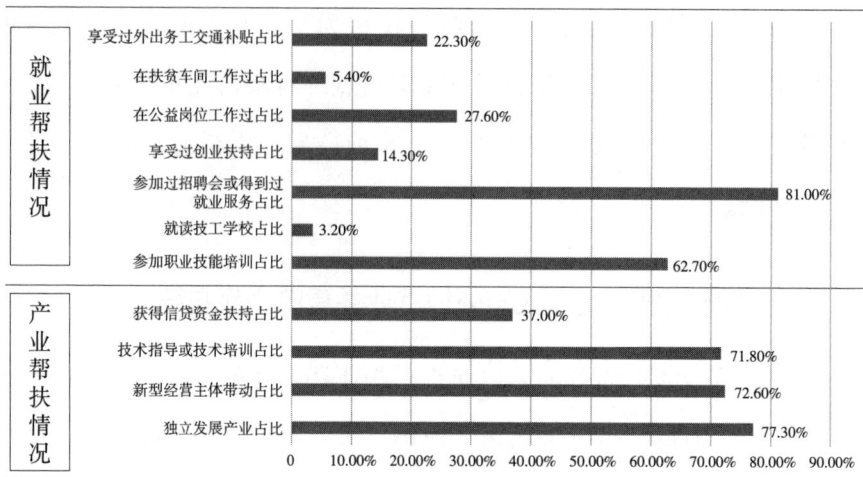

图 8-1　国家贫困县建档立卡户享受就业和产业帮扶情况

资料来源：根据国家脱贫攻坚普查结果绘制。

香菇大棚中通过务工获得收入。其次，对于就业扶贫而言，贫困人口既可以在家门口就业，也可以到外地务工。两者都是帮助贫困户摆脱贫困的重要方式。据统计，"十三五"期间，全国累计建设扶贫车间33077个，吸纳贫困人口43.9万人；鼓励返乡创业带动就业，培育致富带头人41万多人，带动406万贫困人口增收；强化易地扶贫搬迁就业帮扶政策支持，促进358万名搬迁贫困劳动力实现就业。与此同时，外出务工成为贫困家庭脱贫的重要方式。全国建档立卡贫困劳动力外出务工人数从2016年的1527万人增加到了2020年的3243万人。[①]

就地发展扶贫产业与外地就业在脱贫攻坚过程中都是值得重视的扶贫经验，因为两种帮扶形式有着各自的特点和不可替代性。就贫困地区发展扶贫产业而言，这是立足贫困地区本地特色资源和要素特点发展起

[①] 参见李心萍、邱超奕：《脱贫群众端稳就业饭碗有保障（奋斗百年路　启航新征程·脱贫攻坚答卷）》，《人民日报》2021年4月3日。

来的产业。这类扶贫产业的发展，可以实现贫困人口在家门口就业，让贫困人口在兼顾照看年幼子女和老人的前提下就能够实现就业脱贫。我国各地建设的扶贫车间就是很好的例子。就外地就业而言，贫困人口如果能够到经济较为发达的地区实现就业当然是好事情，一方面可以开阔视野，学习和掌握新的技能；另一方面，外出务工的工资水平相对更高，可以更好实现"一人就业，全家脱贫"。但是，外出就业的岗位需求条件更为严苛，对从业者的年龄、学历、技能、体力等方面要求更多，因此并非所有具有劳动能力的贫困人口都能到外地务工。

总之，就地发展扶贫产业和外地就业并重的全面布局，可以满足贫困人口脱贫致富的多样化要求。为了更好做到这些，在就业扶贫方面，需要持续加强对贫困人口开展技能培训、提供用工信息、增强各类就业服务和务工交通补贴，更多创造家门口就业的机会等扶贫举措。在就地发展产业方面，注重扶贫产业的长短结合，既要发展短平快的致富产业，也要注重发展能够有稳定收益预期但见效较慢的产业。

（三）扶志与扶智、保护与开发相结合的双管齐下

扶志与扶智相结合、保护与开发相结合的扶贫思想，是新发展理念和辩证思维在扶贫实践中的具体应用，是我国扶贫过程中形成的创新成果。

关于扶志与扶智相结合的"志智双扶"思想，习近平总书记在福建宁德工作期间就提出，摆脱贫困首先要摆脱意识和思路上的贫困，扶贫先扶志，淡化"贫困意识"，把"事事求诸人转为事事先求诸己"。另外，通过将基础教育、职业技术教育和成人教育相结合，特别是加快推广能使贫困群众脱贫致富的实用技术，打破"穷"和"愚"的恶

性循环①，打破贫困的代际传递，让贫困人口加快摆脱贫困，走上致富道路。努力让人民过上更好生活是党和政府工作的方向，但不是说党和国家要大包大揽。要引导广大人民群众树立通过勤劳致富改善生活的理念，从而使改善民生既是党和政府工作的方向，又成为广大人民群众自身奋斗的目标。习近平总书记指出，贫困群众既是脱贫攻坚的对象，更是脱贫致富的主体。②要加强扶贫同扶志、扶智相结合，激发贫困群众积极性和主动性，激励和引导他们靠自己的努力改变命运，使脱贫具有可持续的内生动力。实行扶贫和扶志、扶智相结合，既富口袋也富脑袋，引导贫困群众依靠勤劳双手和顽强意志摆脱贫困、改变命运。

因此，在扶贫过程中要让贫困人口从思想上弄明白，扶贫过程中社会各方对有劳动能力贫困人口的扶持不是一种简单的慈善施舍，而是要帮助贫困人口通过自己的不懈奋斗摆脱贫困。贫困人口在接受帮扶过程中，不是被动接受，而是要主动参与；不是局外人，而是局中人；不是观众，而是主演。

如果说，扶志是从精神上让贫困人口摆脱贫困意识的话，那么，扶智则是从根本上为贫困人口特别是贫困家庭的孩子插上腾飞的翅膀。通过发展教育，包括学前教育、义务教育、职业教育和高等教育等，让贫困孩子首先学会普通话，具有进一步探索知识和与外界沟通交流的能力，掌握更多的知识和技能，以适应当今经济社会的快速发展，从根本上帮助其树立依靠自己的双手摆脱贫困的决心、信心和能力。扶志扶智最直接有效的途径是开展教育扶贫。例如，南开大学在对口帮扶甘肃省

---

① 参见习近平：《摆脱贫困》，福建人民出版社1992年版，第172—175页。
② 参见习近平：《在打好精准脱贫攻坚战座谈会上的讲话》，人民出版社2020年版，第25页。

庄浪县过程中，通过在庄浪县中小学建立"南开书屋"、"公能"教室、鲁班工坊等方式开展教育扶贫，取得了良好的帮扶效果，让更多贫困地区学生在拥有高水平教育资源的同时，获得了南开"公能"精神熏陶。通过这种方式帮助学生们开阔了视野，增长了见识，激发了学习动力和创新意识，更增强了通过自身刻苦努力摆脱贫困、服务国家的决心和信心。

习近平总书记指出，要紧紧扭住教育这个脱贫致富的根本之策，再穷不能穷教育，再穷不能穷孩子，保证贫困家庭孩子受到教育，不要让孩子输在起跑线上。[①] 据统计，我国建档立卡户义务教育阶段适龄少年儿童全面实现义务教育有保障。

保护与开发，两者看似矛盾，实则在扶贫开发过程中可以实现统一。在脱贫攻坚过程中，要在做好生态保护的前提下，合理、有序推动经济开发。在一些地区，伐木工通过生态扶贫政策转变成了护林员。这样做，既保护了生态，又解决了贫困户的脱贫增收问题。据统计，国家贫困县1482.2万建档立卡户中，建档立卡以来享受过生态扶贫政策的建档立卡户1111.3万户。[②] 由此可见，我国在扶贫过程中很好地贯彻了新发展理念，特别是推动了保护与开发相结合政策的有效落地。

（四）易地扶贫搬迁破除资源禀赋困局的扶贫方略

易地扶贫搬迁是在"一方水土养不了一方人"的自然生态环境恶劣的地区，探索实行一种新的扶贫方式。在脱贫攻坚过程中，全国有960

---

① 参见《十八大以来重要文献选编》（上），中央文献出版社2014年版，第682页。

② 参见国家统计局、国家脱贫攻坚普查领导小组办公室：《国家脱贫攻坚普查公报（第三号）——国家贫困县建档立卡户享受帮扶政策情况》，《人民日报》2021年2月26日。

多万贫困人口通过易地扶贫搬迁的方式挪穷窝、换穷业、拔穷根，中西部地区还同步搬迁 500 万非贫困人口。[①]

在易地扶贫搬迁中，有两个典型案例值得关注。一个是 20 世纪 90 年代末开始移民吊庄逐步形成的闽宁镇。经过 20 多年不懈奋斗，最初 8000 多人的闽宁村发展成 6.6 万人的移民示范镇。在闽宁镇示范带动下，宁夏涌现出 110 个闽宁协作示范村、78 个闽宁协作移民新村、320 个易地搬迁安置区，累计接收西海固地区易地搬迁移民 100 多万人，实现搬得出、稳得住、致得富。另一个是四川大凉山的阿土列尔村易地扶贫搬迁项目。阿土列尔村曾被称为"悬崖村"，曾经村民出村需要顺着悬崖攀爬 17 条藤梯，有些藤梯与地面近乎垂直角度，令人胆战心惊，曾有村民不幸摔落伤命。在脱贫攻坚中，通过各方帮扶，将原有的藤梯换为 2556 级钢梯，进出通道的安全性大为提升。为了生产生活，村民们搬迁到了县城的易地扶贫搬迁社区，原有村庄也发展起了乡村旅游。

易地扶贫搬迁解决了原有的资源约束、道阻不畅、生态脆弱等发展难题，是一种很好的创新帮扶方式。但是，易地扶贫搬迁过程的三个基本要求：搬得出、稳得住、逐步能致富，要实现起来都绝非易事。要做好易地扶贫搬迁工作同样需要很好地运用和践行新发展理念。

第一，要实现"搬得出"需要解决好迁入地的住房建设难题。首先要在资源生态允许的地方先建好房子才能搬迁。建房的钱从哪里来是其中的核心问题之一。在实践中，除了各级财政支持、金融信贷支持外，通过利用贫困地区增减挂钩节余指标省域内流转使用，深度贫困县节余指标由国家统筹跨省域调剂的政策，通过拆旧建新整理出土地指标，以

[①] 参见任仲平：《气吞山河的壮阔行进——写在脱贫攻坚战取得全面胜利、全面推进乡村振兴之际》，《人民日报》2021 年 3 月 3 日。

换取一定的建设资金。

第二，要实现"稳得住"需要解决好易地搬迁贫困群众的基本生计问题。如果说，推动搬迁已经是一件困难的事情，那么，让贫困人口在迁入社区安心住下来会面临更多难题。例如，要解决好生活习惯改变和生活开销增加的问题，要解决好搬迁群众的就医、就学、就业难题，其中，最难的是就业问题。在实践中，主要是通过务工培训和安排公益岗位等方式促进搬迁群众在本地就业或到外地务工以从根本上解决好搬迁群众的长远生计问题。例如，在四川昭觉县，为打消搬迁群众的顾虑，县里组织未入住群众到新建的中小学校、幼儿园参观，实地感受专职社工提供的"四点半"课堂和"日间照料中心"。让搬迁群众不再有后顾之忧。

第三，要实现"逐步能致富"则需要接续推进产业帮扶和就业帮扶。扎实做好产业帮扶和就业帮扶是实现搬迁群众的获得感、幸福感持续提升的根本举措。要做到这一点，既不能急于求成，更不能畏难退缩，而是要压茬推进，接续攻坚，继续利用好各类帮扶政策，遵循产业发展基本规律，实现惠民富民产业的持续健康发展。

三、新发展理念引领下推动乡村振兴和农业农村现代化

2020 年我国彻底打赢了脱贫攻坚战。但是，脱贫摘帽不是终点，而是新生活新奋斗的起点。在新的起点上，在全面建设社会主义现代化国家的新征程中，接续推进乡村全面振兴和农业农村现代化是奋斗的重点任务和目标。新发展理念在这一新征程中将持续发挥引领作用。

（一）脱贫摘帽不是终点而是新的起点

我国的脱贫攻坚取得了最终胜利，在全国范围内历史性地解决了绝对贫困问题，人民安居乐业，生活蒸蒸日上。同时，全国上下也清醒地认识到，脱贫摘帽不是终点而是新的起点，接下来要巩固好脱贫攻坚成果，接续推进乡村全面振兴和农业农村现代化，最终实现共同富裕。

习近平总书记指出，脱贫攻坚战的全面胜利，标志着我们党在团结带领人民创造美好生活、实现共同富裕的道路上迈出了坚实的一大步。同时，脱贫摘帽不是终点，而是新生活、新奋斗的起点。解决发展不平衡不充分问题、缩小城乡区域发展差距、实现人的全面发展和全体人民共同富裕仍然任重道远。我们没有任何理由骄傲自满、松劲歇脚，必须乘势而上、再接再厉、接续奋斗。①

（二）做好乡村振兴这篇大文章

乡村要振兴，必须解决贫困问题。我国解决了绝对贫困问题，乡村振兴进程就进入了新阶段，开启了新征程。推动乡村全面振兴的要求，远高于脱贫攻坚的要求。脱贫攻坚的目标是推进乡村振兴的底线要求，乡村振兴战略是脱贫攻坚的升级版。新发展理念在脱贫攻坚中发挥了重要指导作用，在全面推进乡村振兴中一定还会继续发挥重要指导作用。为了做好乡村振兴这篇大文章，全面完整准确贯彻落实新发展理念同样重要。新发展理念中蕴含着指导发展的一般性科学原理，能够指导乡村发展的各方面和全过程。新发展理念在脱贫攻坚中的成功应用，已经验

---

① 参见习近平：《在全国脱贫攻坚总结表彰大会上的讲话》，人民出版社 2021 年版，第 20 页。

证了这一理论的科学性，乡村振兴作为脱贫攻坚的继续和升级，当然可以继续以新发展理念为指引接续推进各项具体工作。

做好乡村振兴这篇大文章，首先，要在新发展理念指引下做好巩固脱贫攻坚成果与乡村振兴的有机衔接，确保不发生规模性返贫。习近平总书记指出，我们要切实做好巩固拓展脱贫攻坚成果同乡村振兴有效衔接各项工作，让脱贫基础更加稳固、成效更可持续。对易返贫致贫人口要加强监测，做到早发现、早干预、早帮扶。对脱贫地区产业要长期培育和支持，促进内生可持续发展。对易地扶贫搬迁群众要搞好后续扶持，多渠道促进就业，强化社会管理，促进社会融入。对脱贫县要扶上马送一程，设立过渡期，保持主要帮扶政策总体稳定。要坚持和完善驻村第一书记和工作队、东西部协作、对口支援、社会帮扶等制度，并根据形势和任务变化进行完善。①2021 年中央一号文件专门对如何巩固拓展脱贫攻坚成果同乡村振兴有效衔接作出了详细部署。

其次，总结利用好脱贫攻坚经验做法，全面推进乡村振兴。全面实施乡村振兴战略的深度、广度、难度都不亚于脱贫攻坚。脱贫攻坚在组织推动、要素保障、政策支持、协作帮扶、考核督导等方面，形成了一整套行之有效的机制办法，这些办法完全可以为推动乡村产业、人才、文化、生态、组织全面振兴和农业农村现代化提供经验支撑，为进一步推动工作拓展创新思路。比如，坚持党的全面领导，坚持中央统筹、省负总责、市县乡抓落实的工作机制；坚持群众主体、激发内生动力；坚持政府推动引导、社会市场协同发力等方面的经验都可以应用于乡村振兴过程。

---

① 参见习近平：《在全国脱贫攻坚总结表彰大会上的讲话》，人民出版社 2021 年版，第 20—21 页。

（三）从农业农村现代化走向全面现代化

没有农业农村的现代化，就没有全面的现代化。当前，我国经济社会发展的短板和弱项仍在农村。因此，要着重利用在脱贫攻坚中形成的好做法、好经验、好理念和好理论，全面推进农业农村现代化。

首先，要继续坚持以新发展理念为指导，推动创新、协调、绿色、开放、共享理念在推进农业农村现代化进程中得到全面完整的贯彻落实。其次，要注重推动制度创新和体制机制创新，让参与农业农村发展的各主体紧密联系，共同发力，利益共享，风险共担。让各个主体始终保持好旺盛的创新活力和干事创业的热情。最后，要注重发挥好科技助力农业农村现代化发展的关键作用，推动农业农村生产方式的现代化。

发展是解决我国一切问题的基础和关键。中国乡村的发展实践特别是脱贫攻坚的生动实践证明了从贫困到富裕，从脱贫攻坚到乡村振兴全过程都需要以发展为基础，都需要在新发展理念指引下开拓前行。在未来，新发展理念指引下的乡村振兴和农业农村现代化，必将是具有创新活力、和谐有序、生态优美、开放包容、人民满意的乡村全面振兴和现代化。

脱贫

T U O P I N

第四编

中国脱贫的国际视野

脱贫
中国为什么能

　　世界好，中国才能好；中国好，世界才更好。中国人民的命运始终
与世界各国人民的命运紧密相连。长期以来，面对贫困这个人类社会的
共同顽疾，世界各国都进行了坚持不懈的努力和艰苦卓绝的斗争，取得
了积极成效，加快了全球减贫的整体进程。中国成功减贫，既是依靠自
身努力奋斗的结果，也离不开国际社会的支持和帮助。中国在致力于消
除自身贫困的同时，也积极参与国际减贫合作，履行减贫国际责任，为
发展中国家提供力所能及的帮助，做全球减贫事业的有力推动者。当今
世界正经历百年未有之大变局，新冠肺炎疫情全球大流行使这一变局
进一步加剧，也使人类减贫事业发展增加了更多的不确定性，贫穷、饥
饿、疾病不断侵蚀着人们追求美好生活的希望和信心。建设什么样的世
界、人类文明将走向何方，既关乎每个国家的前途，也攸关每个人的自
身命运。只有不断凝聚人类命运休戚相关的共识，奉行多边主义，举各
国之力同舟共济、攻坚克难、合作共赢，携手加速推动人类减贫目标的
实现，才是人类社会最终消除贫困的根本出路。中国愿同世界各国加强
减贫交流合作，推动构建以合作共赢为核心的新型国际减贫交流合作关
系，携手推进国际减贫进程，为构建没有贫困、共同发展的人类命运共
同体作出更大贡献。

第九章

全球减贫的中国贡献

摆脱贫困始终是困扰全球发展和治理的突出难题，世界各国也都在为摆脱贫困而努力探索适合的道路和方案，这些探索为我国打赢脱贫攻坚战提供了有益借鉴。改革开放以来，按照现行贫困标准计算，我国7.7亿农村贫困人口摆脱贫困；按照世界银行国际贫困标准，我国减贫人口占同期全球减贫人口的70%以上。特别是在全球贫困状况依然严峻、一些国家贫富分化加剧的背景下，我国提前10年实现《联合国2030年可持续发展议程》减贫目标，为全球减贫事业发展和人类发展进步作出了重大贡献。中国成功减贫，离不开国际社会的支持和帮助。中国在致力于自身减贫的同时，还积极开展国际减贫合作，履行减贫国际责任，为发展中国家提供力所能及的帮助，做全球减贫事业的有力推动者。

一、全球减贫的国际探索

长期以来，世界各国为摆脱贫困进行了坚持不懈的努力和艰苦卓绝的斗争，取得了积极成效，推动了全球减贫事业的整体进程。我们通过选取拉美、非洲和亚洲三个区域作为代表，立足世界视野，分析国际减贫的典型举措和有益经验。

（一）拉美减贫典型做法

贫困问题是困扰拉美国家的严重社会问题，在拉美国家的现代化进程中贫困问题长期存在。据联合国拉丁美洲和加勒比经济委员会（Economic Commission for Latin America and the Caribbean，ECLAC）统计，1980 年拉美贫困人口为 1.12 亿，1990 年达 1.92 亿，占拉美总人口的 46%。自 20 世纪 90 年代中期以来，拉美各国不断探索创新减贫举措与方法，形成了以"有条件现金转移支付计划"（Conditional Cash Transfer，CCTs）为主，独具拉美特色的减贫模式。

"有条件现金转移支付计划"是由小额非捐赠的转移支付所组建的一种资金转移网，这些资金的受益者为贫困人口，以及经济抗风险能力脆弱的居民，尤其是那些育有子女的贫困家庭。该计划在特定的一段时间内通过资金补贴的方式促进贫困人口，特别是赤贫人口的人力资本投资。究其实质，"有条件现金转移支付计划"旨在打破贫困的代际传递，提倡、支持和帮助贫困家庭对其子女的人力资本进行更多投资，力求打破贫困代际传递的恶性循环，从而力图从根本上解决贫困问题。该计划于 1995 年在巴西首次实行，由于流程便捷、较易实施，且在减贫方面取得了良好成效，随后在拉美地区流行开来。如今，拉美许多国家都将"有条件现金转移支付计划"作为重要的减贫方式，该计划已成为拉美国家减贫的典型做法，其中影响力较大的包括智利的"智利团结"创新扶贫项目、墨西哥的"进步教育计划"和巴西的"学校助学金计划"等。

1.智利"智利团结"创新扶贫项目。"智利团结"（Chile Solidario，

CS）旨在为贫困家庭尤其是极端贫困家庭提供社会保障，[1] 该项目在当时被视为已经在大多数拉美国家受到广泛关注且已试行的有条件现金转移支付项目的"智利版"。

"智利团结"创新扶贫项目将工作重点放在了由社会工作人员频繁开展的家庭访问上，借此向贫困人口提供社会心理支持和其他社会服务，以此作为现金转移支付的必要补充。项目受益家庭需满足一定条件，方能获得有条件现金转移支付。且项目参与期为五年，首先是为期两年的强化阶段，之后为三年的跟进阶段。该项目的渐进式及有条件式的扶贫方式，在减贫方面取得了积极成效，已经为许多发展中国家和发展机构广泛关注。[2] 世界银行和亚洲发展银行在访谈中也表达了对此类减贫项目的强烈兴趣。

2.墨西哥"进步教育计划"。墨西哥 20 世纪 90 年代初提出的"进步教育计划"——PROGRESA 方案，是一项综合性的多部门扶贫计划，旨在通过帮助父母对其子女进行投资，以提高墨西哥贫穷家庭的健康、营养和教育状况，打破贫穷的代际传播。[3] 总的来说，"进步教育计划"是减贫、教育和健康三位一体的减贫计划。

根据贫困家庭的人口组成，该计划设置了不同的福利标准。并且，为了避免刺激生育或降低劳动力参与度，现金拨付款项金额以家庭为单位设置了上限。根据家庭可观测特征（如住房、家庭资产、是否有孕妇

---

[1] 参见 UNDP, *Successful Social Protection Floor Experiences*, New York: Special Unit for South-South Cooperation，UNDP，2011。

[2] 参见 S. N. Martinez Aguilar，A. Fuchs，E. Ortiz-Juarez（eds.）The Impact of Fiscal Policy on Inequality and Poverty in Chile，*World Bank Policy Research Working Paper*，2017。

[3] 参见 Lárraga，L. G.（2016b），*How Does Prospera Work?* https://publications.iadb.org/bit-stream/handle/ 11319/7569/How-does-prospera-work.PDF?sequence=4 &isAllowed=y。

等），该计划构建了一套指数以确定扶贫目标群体，确保将贫困家庭纳入项目，[1] 降低徇私舞弊和政治操纵的可能性。

该计划有效增加了极端贫困人口的收入，而且排除错误（未纳入符合条件的家庭）和入选错误（纳入不符合条件的家庭）的发生率一直处于较低水平。该计划持续改善了儿童的健康和福祉，在教育方面降低了辍学率和留级率。

3.巴西"学校助学金计划"。巴西的"学校助学金计划"（Bolsa Escola）是巴西联邦政府启动的一项教育扶贫计划，主要围绕两方面内容展开：一是提升学校教育质量；二是让贫困群体重获教育或培训机会。

该计划根据每一户贫困家庭中在校学生的数量来确定助学金资助额度，保障计划专项经费投用于教育。[2] 该计划可谓一举多得，既可以促进贫困家庭子女在校就读接受教育，又可以直接补助贫困家庭，还可以在一定程度上解决困扰巴西的社会童工问题。通过该计划，巴西贫困家庭学生平等接受教育的权利得到了较为完善的保障，教育资源均衡分配得到了较大提升。

2014年，巴西社会发展部长指出，提升教育质量标准是巴西未来一段时期内反贫困和消除不平等的核心工作之一。同年，巴西政府还批准了"2014—2024年国家教育计划"（The National Education Plan for 2014—2024），提出到2024年国内生产总值中用于教育投入的占比应不

---

① 参见 CONEVAL,（n.d.（a））. Mexico's National Council for the Evaluation of Social Development Policy（CONEVAL）, *Poverty Measurement,* https://www.coneval.org.mx/Medicion/Paginas/PobrezaInicio.aspx。

② 参见 D. D. I. Ecker, N. M. F. Guareschi & S. Torres, Social Law to Education in Brazil Post-1988: More Education Program and PNAS in Poverty Management, *Pesquisas e Práticas Psicossociais*，2020，15（2），pp.1-18。

低于10%，以期通过教育的发展来减少贫困人口，打破贫困的代际传播，推动本国减贫整体性进程。

4.拉美减贫特点与经验。按照"有条件现金转移支付计划"的逻辑框架，要可持续地减少多维贫困，就必须同时考察教育、健康、就业、技术融入等多维指标。该计划将减贫和促进人力资本开发结合起来，将缓解当下贫困与减少未来贫困结合起来，具有综合性和开放性的特点。

首先，"有条件现金转移支付计划"并不局限于传统意义上的单方面由政府向贫困群体提供经济援助，直接在短期内为他们解决温饱问题，而是需要参与计划的受益群体履行相应的义务，将补贴与受益人的相应责任相挂钩。从单向到双向的这种有条件的规制做法，其实是作为一种激励机制而非自主选择机制来运作的，更能保证参与计划的贫困家庭不断积累人力资本，从而从根本上提升其摆脱贫困的可能性。其次，"有条件现金转移支付计划"拥有能够准确有效选取减贫目标人群的筛选机制，该计划以贫困和赤贫家庭为主要援助对象，在确定援助人群方面遵循了客观、公正、严格的筛选程序，为拉美地区衔接短期和长期脱贫目标发挥了关键性作用。

（二）非洲减贫典型做法

非洲减贫一直是世界关注的焦点。世界极端贫困人口主要分布在东亚和太平洋地区、南亚地区以及撒哈拉以南非洲地区。然而，从1990年到2015年，东亚和太平洋地区、南亚地区的极端贫困人口数量都呈现下降趋势，而在撒哈拉以南非洲地区以及北非地区的极端贫困人口数量不降反增。基于极端贫困人口占比大且极端贫困人数持续增加的现状，非洲减贫事业主要从两方面展开：一是通过探索包容性增长路径以破解国家自身减贫困局；二是通过国际减贫援助与自主发展有机结合以促进国家自身减贫事业发展。

1.包容性增长减贫模式——以莫桑比克、乌干达为例。"如果要实现2050年的愿景，非洲就必须保持快速且包容性的增长。"①包容性增长的理念是指让包括弱势群体在内的所有人共享经济增长创造的机会。非洲一直以来在努力破解减贫困局，"包容性增长"则是其减贫发展的新探索。

莫桑比克通过交通运输走廊建设促进区域发展是非洲探索减贫与包容性增长的一个尝试。莫桑比克最重要的三条发展走廊，分别以其最重要的三大港口（即纳卡拉港、贝拉港、马普托港）和主要铁路运输线为依托，充分发挥交通运输走廊在这三大重要港口辐射范围配置、优化相关基础设施的重要载体作用，以最大限度地加强大型项目和基础设施投资与地方经济发展的联系，确保走廊建设区域有充分的能力分享经济增长的成果。

乌干达发展有机农业生产体系也是非洲为实现包容性增长的关键性路径探索，其在将传统农业生产体系转化为有机农业生产体系方面迈出了非常重要的一步。究其做法，乌干达政府多年来制定并实施了一系列明确支持农业的政策和法规，如《土地法》《放牧法》《渔业法案》《动物疾病法案》等。在国家政策上，"展望2040计划"将农业作为推动乌干达从低收入国家到2040年成为有竞争力的中上收入国家的关键产业之一。由此可见，乌干达确定农业领域作为国家减贫的支点，大力发展

---

① 西奥多·阿勒斯：《"2050年的非洲"——愿景与路径》，袁铮译，《人民日报》2013年8月1日。

有机农业以期获得经济效益、社会效益、环境效益等，从而实现经济包容性增长。

2.国际援助与自主发展结合减贫模式——以苏丹、肯尼亚为例。非洲各国从国家实际情况出发，将国际援助与自主发展有机结合，取得良好减贫效果。其中，国际货币基金组织和世界银行与非洲各国共同制定的减贫战略报告最具有代表性。与此同时，非洲一直努力探索将国际援助进行本土转化，充分发挥国际援助对其减贫事业的实效性。

非洲各国从具体减贫项目着手编写相应报告从而为全面战略报告提供有效补充，以期更有针对性地获得国际社会的资金技术援助。以非洲开发银行 2018 年发布的苏丹为全面减贫战略报告提供的《技术援助和能力建设项目完成报告》为例[①]，这一完成报告既指出了为全面减贫战略报告提供技术援助和能力建设项目已达成的阶段目标，同时也体现了苏丹正充分利用国际社会的资金和技术支持促进技术人才培养和基础设施完善的有效做法。

此外，非洲各国积极通过国际扶贫援助行动结合自身项目的方式促进减贫事业发展。以肯尼亚非政府组织的扶贫援助行动为例，肯尼亚非政府组织在接受国际非政府组织的指导下，主要在技术援助、教育援助、法律援助、环境保护援助等领域助推肯尼亚的扶贫活动和减贫事业。与此同时，肯尼亚非政府组织也努力确立自己的话语体系、价值体系和行动议程，以影响国际社会和所在国家的减贫议程。

3.非洲减贫特点与经验。非洲的贫困是由于生产力不足、国家总体经济实力弱所导致的。农业是大多数非洲国家的经济命脉。目前，非洲

---

① 参见 African Development Fund, *Technical Assistance and Capacity Building to the Preparation of a Full Poverty Reduction Strategy Paper*，2018，p.1。

各国大多通过农业领域的包容性增长以解决"高增长、低发展"的问题，从而重视提高地区经济可持续潜能。但是，由于农业发展缓慢且农作物产量偏低，而非洲各国工业基础薄弱，这给其国家减贫事业的后续发展带来隐患。

非洲在接受国际社会和其他国家的减贫援助时，秉持以我为主、为我所用的态度。非洲各国是在客观分析国家贫困状况、成因和需求的基础上寻求帮助，使得国际援助更具针对性。在寻找国际减贫合作伙伴时，非洲注重平等互利的原则。非洲各国更愿意在平等互利的基础上与众多发展中国家建立新型的减贫合作关系。未来，非洲各国也应坚持自身发展意愿，在已有减贫战略计划基础上开展减贫工作。

虽然非洲在减贫事业上不断探索并正努力形成具有非洲特色的减贫路径，但是，非洲各国贫困人口规模长期居高不下、贫困人口贫困程度深的现实特点，以及非洲各国经济发展水平较低、各国综合实力较弱的实际情况，都使得非洲的减贫之路困难重重。在未来，进一步探索既符合非洲独立自主的发展需求又对减贫事业大有成效的路径，将成为非洲各国在很长一段时间的重中之重。

（三）亚洲减贫典型做法

20世纪60年代以来，亚洲在经济发展和人民生活水平方面都经历了深刻的变革，贫困问题得到极大缓解。当前，亚洲地区的极端贫困发生率仅为1.85%，基本上消除了绝对贫困。亚洲幅员辽阔，国家、民族之间的发展状况很不均衡，该地区的减贫也呈现出不同的样态。博鳌亚洲论坛于2020年12月发布的《亚洲减贫报告2020》指出，可将亚洲地区的减贫经验归纳为以下四种类型：（1）国家主导型发展与减贫模式；

（2）全部门益贫增长减贫模式；（3）外部投资带动减贫模式；（4）福利转移型减贫模式。

1.国家主导型发展与减贫模式。国家主导型发展与减贫模式的主要特点是国家通过制定政策和提供服务等措施推动经济增长和减贫。很多亚洲国家政府拥有较强的中央权力以及相对有效的行政系统，能够制定出具有一定自主性和有效性的减贫政策。在消除基层贫困中，泰国中央政府强调基层政府的参与，提出区域功能参与方法（Area-Function-Participation），将一个村庄或社区视为发展单元，政府将该地的各类服务举措统合起来，通过促进地方整体发展消除当地的贫困。在开展减贫事业的过程中，很多亚洲国家政府积极制定并推进相关政策，并通过从中央到地方的各级部门保证其得到有效落实。

2.全部门益贫增长减贫模式。全部门益贫增长减贫模式着重以发展消除贫困，这也是很多亚洲国家减贫的重要模式。该模式的主要特点是：在发展早期阶段一般不进行大规模的福利分配，而主要依靠经济增长带动减贫。韩国政府于1970年开始推行"新村运动"，积极改善乡村地区贫穷落后的面貌，以提高乡村地区生产、生活条件的方式促进脱贫。在经济发展过程中，如何使处于相对劣势地位的贫困人口同国家发展同频，帮助贫困地区更好地同经济发展对接是该模式需要着重思考的问题。因此，全部门益贫增长减贫模式的第一需要，是为贫困地区和贫困人口打通相关渠道、营造有利的发展环境。

3.外部投资带动减贫模式。外部投资带动减贫模式注重引进外来劳动密集型加工工业带动就业，虽然具有相当的益贫效果，但是该模式受外部投资的影响较大，高度依赖外部市场的稳定。得益于全球化进程的深度展开，发达国家对亚洲地区的投资大幅度增加，劳动密集型企业在

261

亚洲尤其是东亚、东南亚的大量转移，直接促进诸如越南、菲律宾等亚洲国家的经济增长。但是，由于该模式的减贫效果同劳动者的工资收入直接相关，因此，其高度依赖于外部环境尤其是全球市场的稳定，导致其成效特别容易受到外部因素的影响。

4. 福利转移型减贫模式。同前几类注重发展、强调"把蛋糕做大"的减贫模式有所不同，福利转移型减贫模式更注重"将蛋糕分得公平合理"，根据不同社会成员的实际情况提供以教育、医疗以及最低生活保障为代表的公共服务，来促进减贫事业发展。新加坡政府制定了多线扶助政策，即政府不设统一的贫困线，综合考虑个人和家庭各方面的需求设立多条扶助线，帮助个人获得或提高劳动能力以摆脱贫困。该模式本质上是通过对社会财富再分配进行减贫。不同于福利国家减贫模式，亚洲的福利转移型减贫模式具有以下特点：公共支出较低；福利政策以经济发展为导向；不强调国家在福利分配中的作用而强调以促进个人劳动能力的提高为目的。

5. 亚洲减贫特点与经验。无论是国家主导型发展与减贫模式、全部门益贫增长减贫模式、外部投资带动减贫模式还是福利转移型减贫模式，都强调减贫事业同国家经济发展相关联。随着亚洲经济的持续发展，有相当数量的亚洲国家已经成功脱贫，向中高收入国家的行列迈进。当前，亚洲国家的减贫经验仍然以优先促进经济增长的开发式扶贫为主，但随着经济的发展、社会财富的增加，将会有越来越多的亚洲国家注重提高国民福利待遇，重视社会财富再分配，以福利促进减贫。

在制定和推行减贫相关政策中，亚洲国家的政府都发挥着相当程度的主导作用。得益于相对高效的行政体系，亚洲国家的政府所推行的减贫政策一般能够得到较好的落实，取得一定的成效。然而，随着经济的高速发展，部分亚洲国家出现政商勾结、利益输送等社会问题，严重影响政府机构的正常运行。因此，未来如何消除既得利益集团对政府的影响，发挥好政府在减贫事业中的积极作用，是实现进一步减贫所需要面对的难题。

亚洲各个国家的发展水平不尽相同，发展道路也各有千秋。从上述亚洲地区减贫经验的四种基本模式不难看出，亚洲地区的减贫经验相当丰富。在减贫过程中，亚洲国家并不是单独采用上述四种模式中的一种，而是灵活运用不同的减贫模式发展出带有自身国家特色的减贫道路。因此，亚洲国家在未来的发展中，需要在更进一步地将过往减贫经验同自身发展实际相结合的同时，继续积极吸收外来先进减贫经验，将亚洲特色的减贫道路走得更好、走得更宽。

二、中国成功减贫加快全球减贫进程

中国是全球最早实现联合国千年发展目标中减贫目标的发展中国家，为全球减贫事业作出重大贡献。习近平总书记在全国脱贫攻坚总结表彰大会上庄严宣告，"纵览古今、环顾全球，没有哪一个国家能在这么短的时间内实现几亿人脱贫，这个成绩属于中国，也属于世界"[①]。

（一）中国减贫对全球减贫意义重大

中国脱贫攻坚战取得全面胜利，宣告中国顺利完成了消除绝对贫困

---

① 习近平：《在全国脱贫攻坚总结表彰大会上的讲话》，人民出版社 2021 年版，第 9 页。

的艰巨任务。这个伟大的胜利，不仅是中国反贫困史上浓墨重彩的一笔，也对全球减贫具有重大意义。

1.创造了世界减贫史上的中国奇迹。消除贫困是全人类共同的目标，是世界各国长期以来共同面临的重要课题。2015年联合国发布的《千年发展目标 2015年报告》显示，全球极端贫困人口仍有 8.36亿。联合国《2018年可持续发展目标报告》显示，全球饥饿人口"从 2015年的 7.77亿增至 2016年的 8.15亿"。2016年启动《联合国 2030年可持续发展议程》，将减贫视为首要任务。中国减贫取得的巨大成效，对推动全球减贫进程产生至关重要的影响，大大缩小了世界贫困人口的版图，拓展了人类战胜贫困的能力边界，谱写了人类反贫困历史的新篇章。

从减贫速度看，中国有力加快了全球减贫进程。从减贫成效看，改革开放 40多年来，中国累计近 8亿人摆脱贫困，对全球减贫贡献率超过 70%。全球范围内，每 100人脱贫就有 70多人来自中国。2005年中国实现了贫困人口减半，提前 10年完成联合国千年发展目标任务。如果没有中国的减贫成功，联合国第一项千年发展目标（即 1990年至2005年间极端贫困人口减半）的实现将无从谈起。2020年中国实现了消除绝对贫困，比实现联合国 2030年可持续发展目标又提前了 10年。无论从减贫速度还是减贫成效看，中国都为全球减贫进步作出了巨大贡献。联合国开发计划署前署长海伦·克拉克评价道：中国最贫困人口的脱贫规模举世瞩目，速度之快绝无仅有！中国成功减贫对整个人类的生存与发展也产生了深远的影响。中国以一国之力增进了世界五分之一人口的福祉，使数亿中国人的获得感和幸福感明显增强，也为世界各国减贫、增进人类福祉注入强大信心。菲律宾外长洛钦表示，中国是推动世界经济健康强劲发展的重要引擎，没有其他任何一个国家比中国更有能力为消除贫困和南南合作发挥领导作用。

2. 贡献了全球减贫事业的中国智慧。中国能在短期内取得举世瞩目的脱贫成就，归功于在长期反贫困的理论总结和实践探索中，中国共产党领导中国人民始终坚持立足独特国情，把握减贫规律，出台一系列超常规政策举措，构建了一整套行之有效的政策体系、工作体系、制度体系，走出了一条中国特色减贫道路，形成了中国特色反贫困理论。① 这不仅创造了减贫治理的中国样本，为全球减贫事业作出了重大贡献，也为世界其他国家尤其是广大发展中国家开展贫困治理提供了重要借鉴和有益启示。

首先，以实施综合性扶贫回应贫困问题的复杂性和艰巨性。中国特色减贫道路将扶贫的综合性与精准度有机结合，将扶贫资源的有效供给与扶贫对象的实际需求有机结合，因地制宜、分类施策，探索出脱贫治贫的有效出路。其次，发挥政府在减贫中的主导作用，回应全球经济增长带动减贫弱化的普遍趋势。中国政府充分发挥在贫困瞄准、贫困干预、脱贫成效评估中的主导作用，通过上下一盘棋、层层抓落实的管理体制，激发市场和社会在拉动减贫中的活力，提升了扶贫的整体效能和强大动能。最后，以精准扶贫提升针对性有效性，为减贫工作的具体落实提供科学方法。贫困识别与瞄准是有针对性开展扶贫工作的前提性工作。为确保贫困对象识别客观准确，中国既通过政府主导的大规模摸底排查、建档立卡确定扶贫对象，又鼓励支持贫困人口通过个人主动申请、村民民主评议、集中公示确认等相应程序确定扶贫对象，为开展有针对性的帮扶工作奠定了基础。

---

① 参见习近平：《在全国脱贫攻坚总结表彰大会上的讲话》，人民出版社 2021 年版，第 11—12 页。

中国的减贫成就和经验得到国际社会普遍认可，树立全球减贫典范。国际社会纷纷表示中国减贫形成了行之有效的政策体系、工作体系和制度体系，这是人类减贫经验的丰富宝藏。联合国秘书长古特雷斯发贺信称赞中国的减贫方略，指出精准减贫方略是帮助最贫困人口、实现2030年可持续发展议程宏伟目标的唯一途径。中国已实现数亿人脱贫，中国的经验可以为其他发展中国提供有益借鉴。

3. 彰显了社会主义制度的优越性。中国作为社会主义大国，率先完成了人类发展史上最大规模的脱贫攻坚任务，充分彰显了社会主义制度的强大生命力和巨大优越性。纵观世界减贫历程，资本主义国家，如美国、德国、英国、日本、意大利、澳大利亚等将贫困发生率减少到10%都经历了100年以上的时间。[①] 很多资本主义国家致力于寻找解决方案，至今也未能彻底消除贫困，陷入了"停滞不前"的困境，而中国却用了几十年的时间将贫困人口清零。两种不同的结果，究其根本在于社会制度的不同。马克思、恩格斯曾从制度层面分析资本主义社会的贫困问题，指出资本主义社会使得"在一极是财富的积累，同时在另一极，即在把自己的产品作为资本来生产的阶级方面，是贫困、劳动折磨、受奴役、无知、粗野和道德堕落的积累"[②]。贫困的终极原因正是资本主义制度本身。而社会主义的本质是消除贫困，实现共同富裕。贫穷不是社会主义，但社会主义一定能根治贫困。中国正是用自己的实际行动证明，并为其他社会主义国家消除贫困、实现现代化发展提供了信心与示范。

---

① 参见 Francois Bourguignon and Christian Morrison, Inequality Among World Citizens:1820–1992, *American Economic Review*, September，2002。

② 《马克思恩格斯选集》第 3 卷，人民出版社 2012 年版，第 806 页。

中国脱贫攻坚的世界贡献和积极影响引起了全世界对中国减贫的深入探究，进一步凸显了社会主义制度的优越性，并提高世界对社会主义制度的认可程度，进而有效促进国际社会政治包容性发展。印度尼赫鲁大学教授狄伯杰认为，中国的扶贫成就是在中国领导人和中国人民的共同努力下取得的，尤其离不开中国特色社会主义发展道路和制度的保障。冈比亚《每日观察报》副总编玛利亚图·马古姆撰写长篇评论《中国减贫经验非洲应如何借鉴》，认为社会主义制度集中力量办大事的政治优势、制度优势是中国扶贫取得巨大成就的原因，相信十八大以来中共将扶贫工作摆在前所未有的高度，必将成就中国减贫新的辉煌。

（二）中国提前十年实现联合国 2030 年减贫目标

"反贫困始终是古今中外治国安邦的一件大事。"[1] 在联合国的推动下，发展与减贫已经成为全球共识。中国提前十年实现联合国 2030 年减贫目标，大大加快了全球减贫进程，谱写了人类反贫困历史新篇章。

1. 推动全球减贫一直是联合国的重要使命。联合国自成立伊始，就以促进全球经济发展、提升人类福祉为宗旨，在世界各国的支持下，全力推动全球范围的减贫与经济社会发展。

《联合国宪章》明确规定了联合国有促进全球经济、社会发展的责任，强调全球发展应着眼于人类福祉。在此基础上，联合国的发展理念经历了从"以经济增长为中心""建立国际经济新秩序""人的全面发展"向"可持续发展"的主题演变，逐步建立起全面贫困治理体系及较为完善的议事规程和监督体系。自 20 世纪 60 年代以来，联合国减贫道路的

---

[1] 习近平：《在全国脱贫攻坚总结表彰大会上的讲话》，人民出版社 2021 年版，第 2 页。

发展经历了"四个发展十年战略""千年发展目标""可持续发展目标"三个阶段，在减除贫困、促进平等、保护环境等方面取得了长足进步。

1961 年 12 月，联合国召开大会并通过了 1710 号决议，提出"要敦促各会员国及其人民采取措施促进其经济增长和社会发展，由每一个国家自己制定目标，以十年为期，使发展中国家的国民经济总产值的最低增长率达到 5%"①。至 1999 年末，共经历了四个发展十年战略。这之后，联合国和各国政府对全球减贫基本达成了共识，即世界经济的稳定和增长、全球贫困的减除有赖于高水平的国际合作，在实现经济增长的同时要关注人的全面发展和环境的可持续发展。

2000 年 9 月，联合国千年首脑会议通过了 189 个国家签署的《千年宣言》，这是继"四个发展十年战略"后提出的又一项全局性、系统性减贫议程。明确提出了包括消除贫穷、饥饿、疾病、文盲、环境恶化和对妇女的歧视等 8 项目标在内的"千年发展目标"，在这 8 大目标下又分列了 18 项分目标和 48 项具体量化指标，旨在将全球贫困水平在 2015 年之前降低一半（以 1990 年的水平为标准），为联合国系统、区域组织和国家提供行动指导，其中消除极端贫困和饥饿居于首位。

在联合国整体推动下，各国政府积极推进"千年发展目标"落地。确立适合本国的目标和实施路径，编制国别减贫战略文件，制定相应的法律和政策，成立有关单位来推进各项事务，并建立较完善的数据监测系统。联合国每年都会采用 21 个可测量的具体目标和 6 个指标来衡量"千年发展目标"的进展，并根据实际情况调整援助计划。

---

① United Nations Document，*United Nations Development Decade: A programme for international economic cooperation*，A/RES/1710（XVI），December 19，1961，https://digitallibrary.un.org/record/204609.

《千年发展目标 2015 年报告》显示，极端贫困率显著下降，1990 年世界发展中国家近一半人口依靠低于一天 1.25 美元生活，而到 2015 年，这一比例下降至 14%；全球生活在极端贫困中的人数下降超过一半，从 1990 年的 19 亿下降至 2015 年的 8.36 亿，其中大多数进展是在 2000 年后取得的。报告也承认取得的成绩是不均衡的，很多领域还存在着差距，工作尚未完成，在新的发展时期还要继续。

2. 联合国 2030 年减贫目标的确立。2015 年是具有里程碑意义的一年，千年发展目标即将实现。一个关于可持续发展的宏伟愿景正在酝酿中，其中包含整套的可持续发展目标。2015 年 9 月，联合国千年首脑会议通过了《变革我们的世界：2030 年可持续发展议程》及其可持续发展目标，内容涉及贫困、不平等、气候变化、和平安全等，旨在为全人类谋求更美好、更加可持续的未来。

2030 年可持续发展目标是议程的核心内容，包括 17 项目标和 169 项具体目标，其中"在全世界消除一切形式的贫困"列首位。目标呼吁全世界共同采取行动，消除贫困、保护地球、改善所有人的生活和未来，开启全球可持续发展事业新纪元，为各国发展和国际发展合作指明方向。

与"千年发展目标"相比，2030 年可持续发展目标覆盖面更广，目标数更多。千年发展目标重点关注传统发展领域的贫困减除等项目，而 2030 年可持续发展目标则强调人的自身发展和环境可持续之间的协调推进，强调执行手段，包括筹资、能力建设、技术、数据和执行机构的管理。

3. 中国落实联合国 2030 年减贫目标的机遇与挑战。作为全球最大的发展中国家，中国在落实 2030 年可持续发展议程的过程中，既面临难得的机遇，也面临艰巨的挑战。

从国际层面看，和平与发展仍然是时代的主题，各国相互联系、相互依存日益加深。世界新一轮科技革命和产业变革孕育兴起，一大批引领性、颠覆性新技术、新工具、新材料涌现。南北合作和南南合作进入新阶段，发展中国家综合国力和国际影响力不断增强，全面参与全球治理和国际发展合作面临新机遇。同时，国际关系愈加复杂，难民危机、恐怖主义、公共卫生等非传统安全挑战频发，为国际社会落实可持续发展议程投下阴影。世贸组织主导的多边贸易自由化进程严重受阻，贸易投资保护主义进一步抬头，全球治理体系仍需完善。

从国内层面看，中国经济政治稳步发展，国家治理能力不断提升。在以人民为中心的发展思想和创新、协调、绿色、开放、共享的发展理念的指引下，中国经济保持中高速增长，新型工业化、信息化、城镇化、农业现代化深入发展，为落实 2030 年可持续发展议程打下坚实基础。中国着力推进供给侧结构性改革，逐步加大重点领域和关键环节市场化改革力度，深化简政放权、放管结合、优化服务改革，由此带来的改革红利以及自主创新红利将为落实可持续发展议程提供强大动力。随着中国经济进入新常态，面临经济增速换挡、结构调整、新旧动能转换等多重挑战，保持经济持续、稳定、健康增长仍有不小压力，在脱贫攻坚、解决城乡和区域发展不平衡、补齐生态环境短板等方面有大量工作要做。

特别是新冠肺炎疫情暴发以来，各国经济发展普遍受挫，全球经济下行风险增加，失业率居高不下，相对贫困群体开始向绝对贫困滑落，贫困边缘群体生活水平降到贫困线之下，本处于弱势地位的绝对贫困群体生活环境进一步恶化，社会贫富差距继续拉大，全球绝对贫困人口激增。此外，新冠肺炎疫情还对全球减贫合作形成冲击。为缓解本国经济与社会矛盾，发达国家开始减少对发展中国家的经济援助，减少对国际减贫合作的支持力度。疫情之下全球减贫不确定性增加，为中国和世界各国落实 2030 年可持续发展议程带来极大挑战。

4. 中国落实联合国 2030 年减贫目标的思路与方案。中国高度重视落实 2030 年可持续发展议程，"十三五"规划纲要将可持续发展议程与中国国家中长期发展规划进行了有机结合，统筹推进"五位一体"总体布局，着力推进高质量发展，从战略对接、制度保障、社会动员、资源投入、风险防控、国际合作、监督评估七个方面入手，全面开展可持续发展议程落实工作。

为指导和推动有关落实工作，中国率先在 2016 年 9 月出台《中国落实 2030 年可持续发展议程国别方案》，回顾了中国落实千年发展目标的成就和经验，明确了中国推进落实工作的指导思想、总体原则和实施路径，并详细阐述了中国未来一段时间落实 17 项可持续发展目标和 169 个具体目标的具体方案，并表示国别方案还将根据形势发展适时更新。

为及时梳理和评估可持续发展议程落实工作，并为各国落实工作提供有益借鉴，2017 年 8 月，外交部特制定发布《中国落实 2030 年可持续发展议程进展报告（2017）》。通过丰富的实例和数据，系统回顾 2015 年 9 月以来中国落实 17 个可持续发展目标的进展情况、面临挑战以及工作设想。

在此基础上，2019 年 9 月，外交部发布《中国落实 2030 年可持续发展议程进展报告（2019）》，全面回顾 2015 年 9 月特别是自第一份报告发布以来，中国全面落实 2030 年可持续发展议程取得的进展，对下一步工作提出规划和目标，并分享中国落实 2030 年可持续发展议程经典案例,希望为加速全球落实进程提供有益借鉴。

2019 年 11 月,商务部国际司和联合国驻华系统在第二届中国国际进口博览会期间联合发布《回顾与展望——中国与联合国减贫合作四十年案例集》,联合国儿童基金会、人口基金、粮农组织等有关驻华机构代表和受邀嘉宾等 50 余人出席了在上海举行的发布活动。通过分析 34 个在华合作项目,系统回顾了联合国和中国过去 40 年间在减贫领域的深度合作,总结了最佳实践和成功经验,向国际社会分享中国发展经验与故事。

2020 年 9 月,在联合国成立 75 周年之际,"联合国 2030 年可持续发展目标与中国减贫经验"线上研讨会举行,来自 39 个国家和地区的约 140 位前政要、国际组织负责人和智库代表,结合中国和全球减贫实践经验,就推进人类可持续发展的目标路径展开讨论。

5. 中国落实联合国 2030 年减贫目标的成效与评价。早在 1990 年至 2015 年千年发展目标结束期间,中国对全球减贫的贡献率就已达到 63.9%,成为全球最早实现千年发展目标中减贫目标(即 1990 年至 2015 年间极端贫困人口数减半)的发展中国家,[①] 取得了令人瞩目的发展成就。没有中国的脱贫成就,国际社会实现全球贫困人口减半的千年发展目标便难以完成,实现《联合国 2030 年可持续发展议程》的减贫目标也将遥不可及。

而纵观《联合国 2030 年可持续发展议程》全球进展过程并不顺利,联合国经济社会事务部发布的《联合国 2020 年可持续发展目标报告》指出,到 2030 年实现 17 个可持续发展目标的进展在 2019 年底已经落

---

① 参见《十八大以来重要文献选编》(中),中央文献出版社 2016 年版,第 719 页。

后于既定日程，新冠肺炎疫情的暴发更使这一目标的实现遭遇了严峻挑战。报告预计，2020 年全球将有 7100 万人重返极端贫困，贫困人数自 1998 年以来首次出现上升。收入损失、社会保障有限以及物价上涨意味着此前无需为生存担忧的人也可能面临贫困和饥饿风险。在全球贫困状况依然严峻、一些国家贫富分化加剧的背景下，我国提前 10 年实现了《联合国 2030 年可持续发展议程》减贫目标，这"不仅是中华民族发展史上具有里程碑意义的大事件，也是人类减贫史乃至人类发展史上的大事件，为全球减贫事业发展和人类发展进步作出了重大贡献"①。

中国脱贫攻坚显著缩小了世界贫困人口的版图，成为世界上第一个实现《联合国 2030 年可持续发展议程》减贫目标的发展中国家，赢得国际社会广泛赞誉。世界银行前行长罗伯特·佐利克表示："毫无疑问，这是消除贫困的历史上最大的飞跃。仅中国的努力，就极大促进了与世界减贫有关的千年发展目标的实现。"联合国前秘书长潘基文表示，中国非凡的发展进程在全球范围内为实现联合国千年发展目标作出了巨大贡献。在新冠肺炎疫情全球流行、不确定性增多的背景下，世界需要为实现 2030 年可持续发展目标付出更大努力，相信人类能够成功消除贫困，打造更可持续、更加繁荣和谐的世界。在这个过程中，中国的作用不可或缺。联合国现任秘书长古特雷斯致信习近平主席，表示"这一重大成就为实现 2030 年可持续发展议程所描绘的更加美好和繁荣的世界作出了重要贡献"，"中国取得的非凡成就为整个国际社会带来了希望，提供了激励"。

---

① 中华人民共和国国务院新闻办公室：《人类减贫的中国实践》，人民出版社 2021 年版，第 2 页。

三、中国积极推动国际减贫合作

中国成功减贫，既是自身不懈努力的结果，也离不开国际社会的支持和帮助。同时，中国在致力于自身减贫的过程中，也发挥了全球减贫事业积极倡导者和有力推动者的作用。

（一）中国成功减贫离不开世界的支持和帮助

贫困是人类社会的顽疾，是全世界面临的共同挑战。消除贫困也需要全世界携手努力。在中国成功减贫过程中，许多国家和国际组织在资金投入、知识转移、技术援助等方面提供了支持和帮助，有力推动了中国减贫事业的发展。

1.改革开放前国际社会对中国减贫提供的支持和帮助。新中国成立之初面临着复杂严峻的国际国内形势。从国内来看，大批工人失业、通货膨胀、物价飞涨、人民生活贫苦，可谓满目疮痍、百废待兴。恢复国民经济成为党和国家的当务之急。从国际来看，美国对新中国极端仇视，并实施政治上孤立、经济上禁运、军事上包围，妄图扼杀新中国。在此背景下，中国共产党人实行"一边倒"的外交方针，积极开展对外交流合作，得到了以苏联为代表的社会主义国家及一些国际力量的大力援助，为恢复和发展国民经济、提高人民生活水平、逐渐摆脱贫穷落后的面貌奠定了重要基础。

苏联的援助和支持是新中国成立之初所获外援最主要的来源。中苏两国在 1950 年初签订《中苏友好同盟互助条约》，确立了中苏同盟关系。"一五"计划的顺利实施，离不开苏联的支持与帮助。1953 年，中苏两国共同签订《关于苏维埃社会主义共和国联盟政府援助中华人民共和国政府发展中国国民经济的协定》等系列文件。苏联承诺援助中国建设91个项目，再加上此前援助中国的50个项目和后来增加的15个项目，苏联在中国的援助工程共有156项。这些工程，既涉及钢铁、石油等重工业部门，也涉及食品、造纸等轻工业部门。同时，苏联在1950—1954年间，又贷款给中国3亿美元，帮助我们缓解资金的燃眉之急。除此之外，苏联还向中国派遣了大量经济建设急需的科学技术人才。到1954年，已有3000多名苏联专家帮助中国发展国民经济。苏联的援助对新中国建立起独立的比较完整的工业体系和国民经济体系，有深远影响。

除苏联外，当时一些社会主义国家也对新中国提供了支持和帮助。德意志民主共和国（以下简称"民主德国"）是新中国成立初期的第二大贸易伙伴。为了方便中国购买联邦德国的物资，民主德国外贸部在柏林以私营名义成立了一家中国出口公司，实际上专门负责对联邦德国的出口工作。这些经济和政策上的援助，极大缓解了当时中国物资紧缺的状况，也为后来开展大规模社会主义建设提供了有利条件。

2. 改革开放以来国际社会对中国减贫提供的支持和援助。改革开放以来，中国与联合国发展系统和世界银行在扶贫领域开展广泛合作，同时接受部分发达国家提供的资金和技术援助、实施减贫合作项目，学习借鉴国际社会先进的扶贫理念与方式方法，推动中国减贫事业的快速发展。

中国减贫事业发展离不开世界银行（以下简称"世行"）的支持和帮助。世行作为全球影响力最大的金融组织，与中国政府开展扶贫合作项目最多、援助中国扶贫力度最大，为中国成功减贫发挥了重要作用。在西南扶贫项目（1995—2002年）中，世行向中国提供了2.475亿美元的贷款，支持在广西、贵州、云南三省（区）的 35 个国家级贫困县开展土地开发、社会服务、农村基础设施等扶贫工作，提高了项目区农户生活水平，降低了贫困县的贫困程度；在秦巴山区扶贫项目（1997—2004年）中，世行向中国提供了 1.8 亿美元的贷款，支持在秦岭、大巴山区和地处黄土高原的四川、陕西、宁夏三省（区）的 26 个国家级贫困县开展农村基础设施建设、土地与农户开发、乡镇企业创办等，大大降低了这些地区的绝对贫困程度；在西部扶贫项目（1999—2005 年）中，世行向中国提供了 1.6 亿美元的贷款，支持在内蒙古、甘肃两省（区）的 27 个国家级贫困县开展基础设施建设、土地灌溉与农户开发等，促进了该地区农业资源、环境、人口和农村社会经济的协调发展。2011 年，世行还向中国提供 5000 万美元贷款，用于孔孟文化遗产的保护和旅游开发，这也是世行首次对中国的文化事业予以支持。此外，世行还于 2005—2010 年开展了支持贫困农村社区可持续发展的项目，有力推动了中国减贫事业的发展。

亚洲开发银行（以下简称"亚行"）也为中国消除贫困、发展经济、保护环境提供了大力帮助。1998 年，亚行第一次向中国提供了价值约 351 万美元的纯技术援助，用于黑龙江、吉林遭受水灾后的重建工作。2001 年，亚行向中国提供了 1.5 亿美元贷款，用于协助治理黄河。此外，亚行还向中国提供了 3 亿美元贷款，用于帮助改善北京的空气质量，致力达到扶贫开发与改善环境的双重目的。截至 2016 年，亚行已向中国提供了 170 亿美元的交通投资，新建和升级公路 2.75 万公里、铁路近 6600 公里。

联合国开发计划署也对中国减贫提供了很多帮助。早在改革开放之初，双方就签署了《中国政府—联合国开发计划署标准基本援助协议》。

在协议的推进过程中，联合国开发计划署累计用于支持中国发展的资金超过 10 亿美元。其中，在 2006 年与国家民委联合启动了少数民族和民族地区综合扶贫示范项目，支持改善青海、云南和新疆 3 个少数民族地区贫困人口的生活水平，援助资金为 200 万美元；在 2008 年 "5·12" 汶川大地震后，与国务院扶贫开发领导小组合作开展一系列灾后援助计划，对四川、甘肃和陕西 3 省的 19 个受灾村实施救助，帮助当地村民改善环境、恢复生产，援助资金为 536 万美元。截至 2020 年 4 月，中国政府与联合国开发计划署的合作项目超过 1000 个，涉及农业、工业、能源、公共卫生、减贫和经济重建等多个领域，促进了我国经济社会的协调发展。

一些发达国家如日本、澳大利亚、德国、法国等也对中国减贫给予了支持和援助。其中，日本是中国最大的援助国；澳大利亚是改革开放后第一个并长期坚持向中国提供援助的国家；德国也于 1982 年与中国签署技术合作总协定，开始对华提供无偿援助；法国是仅次于日本、德国的第三大对华经济援助国；欧盟于 1984 年开始向中国提供涉及经济与社会改革、贸易、司法、政府治理、农业、环保、能源、教育、卫生和社会保障等众多领域的财政技术援助；等等。

以上这些国际社会力量的帮助和支持，极大地改善了中国经济和技术落后的面貌，有力地推动了中国减贫事业的发展，为中国成功减贫奠定了重要基础。中华民族是懂得感恩、投桃报李的民族。对国际社会给予的宝贵支持和帮助，中国人民永远铭记在心。

（二）中国始终是全球减贫事业的有力推动者

习近平总书记指出："中国在致力于自身消除贫困的同时，始终积极开展南南合作，力所能及向其他发展中国家提供不附加任何政治条件的援助，支持和帮助广大发展中国家特别是最不发达国家消除贫困。"① 新中国成立 70 多年来，中国作为世界发展的参与者与贡献者，在不断推进自身减贫事业发展的同时，也始终不断向经济困难的其他发展中国家提供力所能及的帮助，努力扮演好全球减贫事业推动者的角色。

1. 中国向广大发展中国家提供多种形式的直接援助。面对新中国成立之初，国内百废待兴、一穷二白的落后面貌，中国在努力推进自身发展的同时，也向朝鲜、越南等周边国家提供力所能及的军事、经济、技术、人员等多种形式的援助。伴随国际形势的变化与发展，中国的援助对象又逐步扩展到柬埔寨、老挝、坦桑尼亚、安哥拉、津巴布韦、古巴等亚洲、非洲和拉丁美洲的许多发展中国家和地区。在对外援助过程中，中国通过无偿援助、无息贷款、技术支持、人员派遣等灵活多样的方式，向受援国提供帮助，有力促进了受援国在工业、农业和基础设施建设等方面的发展，极大提高了当地经济社会发展能力和人民生活水平。以 1970 年开工、历时近 6 年完成修建的坦赞铁路为例，在美国、苏联、英国等大国拒绝帮助修建的情况下，中国政府为该工程提供了无息贷款 9.88 亿元人民币，并先后派出 5.6 万人次的工程技术人员。后来，为保障这条铁路的正常运营，中国又继续提供了无息贷款援助和技术支持。对此，坦桑尼亚前总统尼雷尔称赞说："中国帮助修建的坦赞铁路是对非洲人民的伟大贡献。历史上外国人在非洲修建铁路，都是为掠夺非洲的财富，而中国人相反，是为了帮助我们发展民族经济。"赞比亚前总统卡翁达也说："患难知真友，当我们最困难的时刻，是中国援助了我

---

① 《十八大以来重要文献选编》（中），中央文献出版社 2016 年版，第 721 页。

们。"坦、赞两国人民以及整个非洲都把坦赞铁路称誉成"自由之路""南南合作的典范"。

改革开放以来，随着我国综合国力的不断提升，我们的对外援助规模不断扩大，内容和形式也更加丰富多样。从数量上看，截至 2009 年底，中国累计向 161 个国家以及 30 多个国际和区域组织提供了援助，经常性接受中国援助的发展中国家有 123 个，其中亚洲 30 个、非洲 51 个、拉丁美洲和加勒比 18 个、大洋洲 12 个、东欧 12 个。从内容上看，援助主要集中在基础设施、工业建设、农业发展、医疗卫生等领域。从参与力量上看，除政府援助外，广大民间组织快速崛起，成为对外援助的生力军；中国企业在与受援国企业直接合作的同时，也积极履行企业的社会责任，力所能及地参与和帮助受援国的公益事业发展。从资金规模上看，中国及时回应受援国的援助需求，不断促进对外援助资金规模和结构的优化。据商务部国际贸易经济合作研究院出版的《国际发展合作之路——40 年改革开放大潮下的中国对外援助》一书介绍，"从 2000 年开始，中国响应国际社会倡议，分若干次减免最不发达国家和重债穷国到期未还的无息贷款"[1]。

中国逐渐走近世界舞台中央，不断担负起大国责任，为破解全球减贫难题作出了积极贡献。党的十八大以来，习近平总书记先后出席联合国成立 70 周年系列峰会、首届"一带一路"国际合作高峰论坛、第 73 届世界卫生大会视频会议等重大外事活动，庄严宣布了中国开展国际发展合作、支持广大发展中国家减贫发展的一系列庄严承诺和务实举措。比如，他在 2015 年联合国成立 70 周年系列峰会上，代表中国政府提出

---

[1] 商务部国际贸易经济合作研究院编：《国际发展合作之路——40 年改革开放大潮下的中国对外援助》，中国商务出版社 2018 年版，第 55 页。

了帮助发展中国家发展经济、改善民生的一系列新举措，包括设立"南南合作援助基金""中国—联合国和平与发展基金"；继续增加对最不发达国家投资，力争到 2030 年达到 120 亿美元；免除有关最不发达国家、内陆发展中国家、小岛屿发展中国家截至 2015 年底到期未还的政府间无息贷款债务；向发展中国家提供 12 万个来华培训和 15 万个奖学金名额，为发展中国家培养 50 万名职业技术人员，设立南南合作发展学院等。在 2017 年首届"一带一路"国际合作高峰论坛上，他宣布 3 年内向参与"一带一路"建设的发展中国家和国际组织提供 600 亿元人民币援助，建设更多民生项目；向沿线发展中国家提供 20 亿元人民币紧急粮食援助，向南南合作援助基金增资 10 亿美元，在沿线国家实施 100 个"幸福家园"、100 个"爱心助困"、100 个"康复助医"等项目；向有关国际组织提供 10 亿美元等一系列重要举措。在 2020 年第 73 届世界卫生大会视频会议开幕式上，他宣布两年内提供 20 亿美元国际援助、与联合国合作在华设立全球人道主义应急仓库和枢纽、建立 30 个中非对口医院合作机制、中国新冠疫苗研发完成并投入使用后将作为全球公共产品、同二十国集团成员一道落实"暂缓最贫困国家债务偿付倡议"等中国支持全球抗疫的一系列重大举措。

2. 中国与广大发展中国家共同实施减贫合作项目。应广大发展中国家的强烈需求，中国援建了大量致力于民生改善的减贫合作项目。在亚洲，自 2017 年 7 月起，中国在老挝、柬埔寨、缅甸等国的 6 个贫困村实施了"东亚减贫示范合作技术援助项目"。以老挝的版索村和象龙村为例，截至 2020 年，该项目在这两个村子分别建设了活动中心、村卫生室、学校宿舍、操场、厕所、织布展示厅等公共服务设施，新建了生产区桥涵、太阳能路灯、沥青道路等基础设施，实实在在地改善了村民们的生产生活条件和村容村貌。同时，该项目还组织村民开展了肉牛和家禽等养殖、玉米和蔬菜等种植、织布和竹编等手工业，多渠道增加村民收入，提升了示范村和村民的自我发展能力。"东亚减贫示范合作技术援助项目"的模式及成效得到东盟国家部长、联合国粮农组织等国际机构代表的高度评价，称其为"减贫合作的标杆"。

在非洲，中国援建了许多水利基础设施、职业技术学校、社会保障住房等设施，打造了多个农业合作示范区，推进实施了中非菌草技术合作、中非友好医院建设、非洲疾控中心总部建设等项目。以坦桑尼亚莫罗戈罗省佩雅佩雅村为例，中国自 2011 年开始推广玉米种植技术项目，希望通过培育小农户生产能力来提高当地农业生产效率，进而改善粮食安全和缓解贫困。其间，中国农业专家走进田间地头，手把手向当地村民传授农耕技术，将中国的农业技术和经验与当地发展状况相结合，极大改变了当地粗放播种的耕作模式，使玉米平均增产 2—3 倍，明显改善了当地农民的生活水平。当地农民将中国专家带来的玉米种植技术亲切地称为"中国技术"。

在拉丁美洲，中国援建农业技术示范中心，帮助受援国当地民众摆脱贫困。以多米尼克为例，中国自 2005 年开始与该国开展农业技术合作项目，并派出 9 名农业技术人员帮助其建立了旨在推动多米尼克实现农业现代化和可持续发展的"现代化农业示范基地"。其间，中多专家合作成功引种 30 多个蔬菜、瓜果、花卉等园艺作物新品种，试验成功了西瓜、甘蓝、甜玉米等作物的反季节生产、无公害栽培、大田地膜覆盖和高垄栽培等 9 种农业适用新技术。同时，还根据当地风大、雨水多的特点，研发了木瓜追肥、培土以保证雨季肥效的种植技术，等等。截至 2021 年，中多双方聚焦该项目共完成 7 期合作。

在南太平洋地区，中国推动落实对太平洋岛国无偿援助、优惠贷款等举措，开展基础设施建设和农业、医疗等技术合作援助项目。以萨摩亚为例，中国自 2010 年开始推广沼气技术和"猪—沼—菜"循环农业生产技术，旨在发展生态有机农业、促进当地农业增产和农民增收。一般来说，沼气池的使用年限大约在 15 年，一个沼气池至少可以带来超过 75000 塔拉（萨摩亚当地货币名称）的直接经济效益；同时，循环农业生产技术也能减少使用化肥、农药所带来的潜在安全威胁，避免了生态环境的破坏，具有良好的经济、社会和生态效益。10 年来，该项目建立了 1 个示范农场、9 个农业站、100 个示范农户农业推广体系，开展技术培训 7000 多人次，实现了设施建设与技术应用相结合、示范农场与示范农户相结合，有效提高了当地农业的发展水平。

3.中国与联合国等国际组织和广大发展中国家共建减贫经验交流平台。中国与国际社会携手合作，汇聚各方智慧，共建减贫经验交流平台，既及时向世界分享了中国的减贫经验，也为广大发展中国家之间开展减贫交流提供了机会。

中国与联合国等国际组织共同开展减贫经验交流研讨。从 2007 年开始，每逢"国际贫困消除日"，中国与联合国驻华机构都要联合举办"减贫与发展高层论坛"活动，共同探讨国际减贫经验与形势。从 2016 年起，中国与世界银行、亚洲开发银行等国际组织多次联合举办"中国扶贫国际论坛"，分享中国的减贫举措和经验，助力全球贫困治理。2020 年，面对新冠肺炎疫情在全球蔓延的严峻形势，中国与联合国共同举办了"减贫与南南合作高级别视频会议"，积极落实联合国 2030 年可持续发展议程。此外，中国还发起举办了中国—东盟社会发展与减贫论坛、人类减贫经验国际论坛等一系列研讨交流活动，既与世界分享了自身减贫的成功经验，也帮助其他发展中国家推进减贫事业。

中国与有关国家和地区组织合作开展国际减贫培训。2005 年，中国国际扶贫中心举办了"中国扶贫经验国际研修班"，培训内容主要包括中国国民经济与社会发展概况、中国"三农"问题回顾与展望、中国扶贫开发的回顾与展望、中国有利于贫困人口发展的政策概述等，共有来自 27 个国家的 53 名扶贫官员和专家参加了培训。2012 年以来，中国与有关国家和地区组织合作举办了 130 余期国际减贫培训班，涉及农业、教育、环保、卫生、科技等多个领域，多采用理论和实践相结合的方式开展。比如，2019 年，中国政府面向卢旺达和缅甸这两个国家的政府官员及减贫实际工作者，开设了"农村发展与减贫研修班"和"产业扶贫能力研修班"。研修班既包括专家讲座、交流研讨等理论学习模块，也组织学员赴广西贺州、桂林等地开展调研考察，使他们在思想和实践两个层面获得了关于中国减贫成功经验和发展成果的认识。

第十章

携手共建没有贫困共同发展的
人类命运共同体

消除贫困，自古以来就是人类梦寐以求的理想，是各国人民追求幸福生活的基本权利。第二次世界大战结束以来，消除贫困始终是广大发展中国家面临的重要任务。由于种种原因，贫富悬殊和南北差距扩大问题依然严重存在，贫困及其衍生出来的饥饿、疾病、社会冲突等一系列难题依然困扰着许多发展中国家，实现全球减贫目标任重道远。① 在这样的背景下，中国提前 10 年实现《联合国 2030 年可持续发展议程》减贫目标，创造了减贫治理的中国样本，为全球减贫事业作出了重大贡献，赢得国际社会广泛赞誉。世界好，中国才能好；中国好，世界才更好。中国始终主张把自身命运与世界各国人民命运紧密相连，愿同各友好国家积极开展脱贫等治国理政经验交流，互学互鉴、互利共赢，与各国携手共建没有贫困、共同发展的人类命运共同体。

---

① 参见习近平：《携手消除贫困　促进共同发展》，《人民日报》2015 年 10 月 17 日。

一、消除贫困是人类共同理想

古今中外，人类为缓解或者消除贫困，实现自由发展进行了丰富而卓有成效的理论与实践探索，绘就了一部波澜壮阔的人类减贫画卷。当今世界已经越来越成为你中有我、我中有你的命运共同体，各国相互联系、相互依存，携手合作成为人类消除贫困的根本出路。全世界携起手来共建一个没有贫困、共同发展的人类命运共同体，是世界历史发展的必然选择。

（一）人类历史就是一部反贫困的历史

贫困是人类社会的顽疾。反贫困始终是古今中外治国安邦的一件大事。一部人类社会发展史，就是一部人类与贫困作斗争的历史。

人类历史上的几次工业革命引起了生产力各要素的变革，极大促进了社会生产力的发展，但与此同时也带来了不同的贫困问题，使得先前掩盖在社会的普遍贫穷下的贫困问题开始成为人们广泛关注的重要议题。基于现实的问题，人类对每个阶段的贫困都形成了不同的认识并采取了相应的反贫措施与制度安排。根据不同时期世界主要减贫手段的不同，人类的减贫历史可以划分为以下几个阶段：以防治饥荒为核心的减贫阶段、保险福利和制度变革相结合的减贫阶段、市场化改革与多元主体推动相结合的减贫阶段。①

1.以防治饥荒为核心的减贫阶段。在工业革命发生之前，人类社会

---

① 参见张琦：《全球减贫历史、现状及其挑战》，《人民论坛》2021年第11期。

处于农业文明时代，社会生产受自然环境和自然资源的限制较大，生产力普遍低下，社会物资普遍匮乏。在这一时期，粮食短缺是贫困问题的主要表现形式。中国作为农业大国，一直饱受自然灾害困扰。自然灾害的发生严重影响农业生产与粮食丰收，这就必然导致饥荒。欧洲也是饥荒频发，1315—1317年，恶劣的天气导致农业歉收，并引发了大饥荒，造成大量人口死亡。饥荒导致劳动力大大减少，社会再生产难以扩大，给农业生产和社会发展造成了深层次的影响。人类认识到饥荒的危害性及严重性后，开始积极采取措施加以应对。在这一时期，世界纷纷开展以政府为主导、以民间慈善力量为辅助，以增加粮食产量为根本的社会减贫实践。一是政府干预与调控。在这一时期，国家掌握着大部分社会资源，且出于巩固统治的需要，国家在对贫困人口的救助中起主导作用。以中国为例，宋朝成立了一系列专门的城市救济机构，再辅以相关的法令，推动救济活动制度化，形成了特色鲜明的救济体系。如嘉祐二年，宋仁宗下令设置广惠仓，用以救助各地"在城老幼贫乏不能自存者"。二是民间慈善援助。在国家主导减贫的同时，民间社会也陆续出现了多种形式的救助和慈善活动，形成了专门的慈善组织。比如中国在魏晋南北朝时期，出现了专门用来救助患病贫民的六疾馆。西方国家则主要通过教会内的合作、互助、互惠以及教会慈善组织直接提供救济来缓解贫困问题。三是重视农业发展，增加粮食产量。发展农业生产技术是各国维护粮食安全、应对饥荒的根本手段。中国春秋时期的铁犁牛耕、唐朝的曲辕犁，中世纪以后欧洲马匹和重犁的使用、三圃轮作制的普及，等等，都改进了农业生产技术，显著提高了农业劳动生产率。

2.保险福利和制度变革相结合的减贫阶段。18世纪60年代至20世纪中叶，西方主要资本主义国家先后完成两次工业革命，社会生产力迅猛发展，物质财富充分涌流，但在繁荣的表象背后，也出现了贫富分化、失业等严峻的社会问题，贫困开始作为一种普遍性的社会问题日益引起国家和社会的关注。为缓和阶级矛盾，解决社会管理问题，资本主义国家提出了社会福利和社会保险，推动国家福利主义理论和实践的产生和发展。1795 年，英国政府颁布了《斯宾汉姆法》，标志着国家济贫责任与功能进一步强化，在一定程度上缓解了英国的贫困问题。20 世纪初，英国通过制定《老年年金法》、新《失业法》等一系列的社会保险法，确立了以社会保险为核心的新型社会保障制度。这一阶段的社会福利和社会保险制度有效改善了资本主义国家内部的贫富差距问题，但由于资本主义国家通过垄断资本榨取发展中国家的经济剩余，导致发展中国家的贫困问题非但没有得到缓解，反而日益突出。在这一阶段，发展中国家主要通过农业制度变革来推动减贫。如 20 世纪 50 年代，面临农业濒临崩溃的经济形势，印度实行了土地改革，废除了中间人制度。1953 年至 1956 年，中国对农业、手工业和资本主义工商业进行了三大改造，变革了中国社会经济结构，大大解放了生产力，提高了人民的生活水平。

3. 市场化改革与多元主体推动相结合的减贫阶段。20 世纪 70 年代以来，第三次科技革命爆发出惊人的创造力，科技转化为生产力的速度加快，经济全球化蓬勃发展，世界历史进入新的发展历程。在这一时期，贫困问题整体上得到缓解，但是绝对贫困的相对性和相对贫困的绝对性仍然困扰着人类的生存和发展。

由于经济发展阶段不同，发达国家与发展中国家的贫困问题呈现出不同的表现形式。各国纷纷根据实际情况进行了减贫策略的特色化探索。在这一时期，发达国家的绝对贫困问题得到大大缓解，但是相对贫困问题愈加凸显。在这一背景之下，发达国家纷纷开始新的减贫实践探索，主要分为改革福利制度、充分发挥慈善机构作用、对贫困者进行分类帮扶三类。① 一是改革福利制度。传统福利制度下，国民对政府福利的过度依赖间接造成了人的贫穷并给国家财政造成了沉重负担。因此，美国政府开始推动社会福利保障制度改革。1996 年，克林顿政府颁布了《个人责任与就业机会协调法》，法案取消了州政府对贫困人口无限制的资金支持，并规定领取福利者必须在两年内参加工作。法案的颁布督促并帮助了失业者再就业，有利于减少人们的福利依赖。二是对贫困者进行分类帮扶。进入新发展阶段后，英国在进行贫困帮扶时开始注重有选择性的分类帮扶，实现资源向社会弱势群体的有效倾斜。例如 1998 年，英国实施"全国儿童保育战略"，高度关注贫困儿童的教育问题，确定了保证质量、上得起学、多样性、有地方上学、共同合作的五项基本原则，旨在让每个孩子都拥有良好的人生开端。三是充分发挥慈善机构作用。慈善组织作为减贫的重要主体，在广泛动员社会各界积极参与、进行多样化扶贫、采取针对性救助措施等方面具有不可替代的优势。比如，为解决民间慈善事业乱象，英国成立慈善委员会，负责慈善组织的统一登记与管理。2006 年，英国女王颁布《慈善法》，慈善委员会形成了完备的行动框架和管理制度。

第二次世界大战结束以来，消除贫困始终是广大发展中国家面临的重要任务。广大发展中国家根据本国国情，纷纷探索各具特色的减贫方案。一是大力推进开放发展。1978 年，中国开始实行改革开放，建立社

---

① 参见张琦：《全球减贫历史、现状及其挑战》，《人民论坛》2021 年第 11 期。

会主义市场经济体制，这一举措大大解放和发展了社会主义生产力，为解决社会主义初级阶段的主要贫困问题找到了出路。二是促进乡村新发展。很大一部分发展中国家贫困的核心问题在于农村贫困，促进乡村发展就成为解决发展中国家贫困问题的重要举措。2010 年，印度开始推行全国农村生计项目，旨在为贫困的农民提供生产发展的资金支持。项目在推进农业产业化经营的同时，还鼓励农村人口自主创业，提升贫困人口的造血能力，使农村的经济活力充分迸发。三是加大人力资本投入。随着社会历史发展，人类对于贫困问题的认识也随着时代变化而逐渐深化。在 20 世纪 80 年代之前，国际社会一般是从物质的层面上理解贫困，而 80 年代以来，则更加注重从人文角度来认识贫困问题。在此大背景下，坦桑尼亚开始转向对人的关注，加大人力资本投入，将教育、卫生等事业与经济发展并重，改变公共服务水平低下的情况，致力于缓解健康、教育、生活水平的多维贫困。

面对复杂多样的贫困问题，联合国等非国家行为体开始参与到贫困治理之中，反贫困主体向着多元化方向发展。联合国作为全球最具权威性及代表性的国际组织机构，自始至终是推动全球减贫的重要力量，为全球贫困治理作出了巨大贡献。20 世纪 80 年代初，针对发展中国家的贫困问题，联合国提出了《发展权利宣言》，该宣言明确指出，每一个人和所有民族均有权参与、促进并享受经济、社会、文化和政治的发展。2000 年 9 月，联合国大会通过了《千年宣言》，制定了 8 项可测量的目标和指标。在联合国的统筹之下，各国积极推进落实"千年发展目标"。"全球在消除贫困、普及教育、防治疟疾和肺结核等传染病、提供清洁饮用水、改善贫民窟居住条件等方面取得积极进展，特别是千年发展目标中的减贫目标基本完成，全球减贫事业取得重大积极进展。"① 为适应世界发展条件的变化和社会进步的要求，联合国于 2015 年 9 月又通过了《联合国 2030 年可持续发展议程》，提出发展不能以生态和环境为代价，并明确了可持续发展的 17 项总目标，其中之一就是"在全世界消除一切形式的贫困"。可持续发展目标为当前各国解决贫困问题提供了可供参考的方案和议程。

（二）携手合作是人类消除贫困的根本出路

贫困是人类共同的敌人，减贫是人类共同面对的一项历史使命，我们必须凝聚人类命运休戚相关的共识，举各国之力同舟共济、攻坚克难、合作共赢，携手加速推动人类减贫目标的实现，这才是人类消除贫困的根本出路。

1.消除贫困人类命运与共，任何国家都无法独善其身。当前贫困问题仍然是制约世界各国特别是发展中国家社会稳定与发展的最尖锐问题之一，实现消除贫困这一人类社会努力追求的共同愿景依旧任重道远，需要全人类携手同行。

一方面，贫困问题的根源具有全球特征，各个国家是休戚与共的命运共同体。消除贫困是人类孜孜以求的理想，但是，自古以来，还没有哪个国家、哪个制度、哪个政党能够真正地解决这个难题。当今世界仍有数亿人挣扎在饥饿与贫困的泥潭之中，全球贫困状况依旧十分严峻。新冠肺炎疫情持续蔓延，与全球减贫赤字叠加震荡，为世界减贫事业蒙上阴影。病毒没有国界，疫情不分种族，新冠肺炎疫情的发生再次表明，人类是一个休戚与共的命运共同体。在经济全球化时代，这样的重

---

① 习近平：《携手消除贫困　促进共同发展——在 2015 减贫与发展高层论坛上的主旨演讲》，人民出版社 2015 年版，第 2 页。

大突发事件不会是最后一次，各种传统安全和非传统安全问题还会不断带来新的考验。贫困是各国面临的共同挑战，取得减贫最终胜利，实现2030年可持续发展议程，国际社会必须树立人类命运共同体意识。只有立足于人类命运共同体，真正做到放下成见，求同存异，在消除贫困的事业上寻求国与国之间权益的最大公约数，才能建设出一个没有贫困的未来世界。

另一方面，贫困问题的影响是全球性而非地域性的，任何国家都无法独善其身。习近平总书记强调："世界长期发展不可能建立在一批国家越来越富裕而另一批国家却长期贫穷落后的基础之上。只有各国共同发展了，世界才能更好发展。"① 贫困绝不仅仅是一个国家自身经济发展的单一问题，而是涉及冲突、和平、人权、安全、发展条件等多种因素的世界性复合问题，面对日益复杂严峻的贫困问题，没有任何一个国家能够独善其身。当今各国之间的联系愈发密切，日益形成一个整体。贫困问题的影响是全球性的，贫困会带来一系列负面连锁效应，贫困率越高，犯罪率越高，社会越不稳定，矛盾越激化，贫困问题因此也是当今世界许多国家社会动荡、发生地区冲突以及国际恐怖主义愈演愈烈的主要原因之一。减贫事业是全人类的事业，也是当今世界面临的最大全球性挑战，贫困问题的复杂性使得减贫事业任重道远，但这并不意味着贫困问题是不可战胜的。全球性贫困问题关系到各国的切身利益，面对这早已超出了一国范围的减贫事业，唯一出路就是深刻认识到各国息息相关、休戚与共的关系，进而通力合作、同舟共济、集思广益，共同克服贫困带来的困难与挑战。

---

① 《十八大以来重要文献选编》（上），中央文献出版社2014年版，第260页。

2. 各国资源共享、优势互补，通力合作才能消除贫困。随着经济全球化的发展，各国之间的联系日益紧密，各国经济相互联系，相互依赖，相互渗透，世界经济越来越成为不可分割的有机整体，携手合作成为人类消除贫困的根本出路，国际社会只有凝聚共识、扩大交流、加强合作，实现资源共享、优势互补，才能为各国人民带来更多福祉。

消除贫困需要国际社会的共同努力，然而过去有限的合作模式、程度和范围，没能如期满足全球贫困人口的需要，也没能使发展中国家在国际合作中实现真正的共赢共享。西方国家进行了长达数十年的反贫困实践，持续投入了数万亿美元的扶贫援助资金，却至今收效甚微，陷入了"伊斯特利悲剧"。① 因此，有效的合作应该是公平公正、致力于合作共赢的。各行为主体只有扩大国际合作，在安全格局、经济发展和生态建设等多方面共同努力，让各国在更加公平公正的环境中发展，全球贫困问题才有可能得到切实有效的解决。

首先，增加人、财、物、技术等投入，加强对外发展援助。国家与国家、国家与非国家行为体之间的交流与合作在全球减贫事业中发挥着不可替代的作用，其中援助是国际减贫合作的主要方式之一。各行为主体将自身资源优势与帮扶国家的需求相结合，实现人、财、物、技术等发展资源的供需对接，达到优势互补，这样才能破解发展困境，实现共赢发展。比如，阿联酋对外援助的主要方式之一就是提供资金，阿联酋通过无偿援助和贷款的方式，将资金提供给帮扶国家。再如，各国际组织针对不同国家特点开展的国际合作项目，为帮扶国家提供了资金、专家、技术等帮助，对提高帮扶国家扶贫开发项目的管理水平起到很好的

---

① 参见孙咏梅：《破解反贫困"伊斯特利悲剧"难题：论脱贫攻坚的"中国智慧"》，《教学与研究》2021年第5期。

示范和推动作用。以非洲为例，为提高粮食产量，促进粮食安全和农村发展，许多国家为农民提供肥料和种子。在扶贫协商小组（CGAP）的资助下，尼日利亚联邦通过数字金融服务减少了价值链的组成部分，降低了政府管理补贴的成本；国际农发基金（IFAD）为斯里兰卡农村地区农户同其家庭之间提供转账汇款业务和关联账户储蓄服务，并为许多农村妇女提供储蓄和就业机会。中国作为一个负责任的大国，一直致力于加强与发展中国家和国际机构在减贫与人权领域的交流合作，积极向其他国家提供援助。早在 2014 年，中国就在第 17 次东盟与中日韩（10+3）领导人会议上提议实施"东亚减贫合作倡议"，开展乡村减贫推进计划，建立东亚减贫合作示范点。中国在老挝、柬埔寨、缅甸 3 个国家开展东亚减贫示范合作技术援助项目，派出专家组开展基础设施建设、社区公共服务、产业发展、村民能力建设等活动，为这些国家减贫提供示范。除了物质上的帮扶，中国还定期举办减贫经验交流分享会，向非洲国家提供减贫经验的培训，与当地政府官员共同探讨制定特色减贫路径。

其次，开展投资和贸易合作，实现合作共赢。单向帮扶只能提供基础的物质保障，难以实现可持续性发展，解决贫困问题还是要回归于发展。基于此，世界各国开始积极转换，树立互利互惠、合作共赢的发展理念，明确"大家一起发展才是真发展，可持续发展才是好发展"①，建立平衡普惠的发展模式。共赢发展的主要方式就是投资和贸易合作，这一模式破除了传统救济模式的弊端，能挖掘贫困地区的优势，推动贫困地区实现自主减贫。比如，伊斯兰发展银行在 1994 年建立了伊斯兰投资保险与出口信贷公司，它良好的信誉与担保能力为成员国吸引了更多

---

① 《十八大以来重要文献选编》（中），中央文献出版社 2016 年版，第 697 页。

的投资，也为投资者开拓市场提供了便利，实现了共赢发展。中国积极参与全球投资和贸易合作，通过合作共赢的发展带动减贫事业的发展。中国积极推进贫困治理融入"一带一路"建设之中，在共同发展中解决贫困问题，积极在国际范围推进协商治理、合作共赢的理念。世界银行报告指出，到 2030 年，共建"一带一路"有望帮助全球 760 万人摆脱极端贫困、3200 万人摆脱中度贫困。中国倡议建设的亚洲基础设施投资银行为广大成员国提供了专门的融资投资平台，截至 2019 年 4 月，亚投行批准了 15 个国家的 39 个贷款或者投资项目，大大促进了亚洲基础设施的建设，有利于深化区域合作，推动亚洲经济持续健康稳定发展。

二、中国成功减贫增强全球减贫信心

摆脱贫困一直是困扰全球发展和治理的突出难题。在中国共产党的领导下，占世界人口近 1/5 的中国全面消除绝对贫困，提前 10 年实现《联合国 2030 年可持续发展议程》减贫目标，不仅是中华民族发展史上具有里程碑意义的大事件，也是人类减贫史乃至人类发展史上的大事件。中国脱贫实践不仅加快了全球减贫进程，也提振了全世界消除绝对贫困、实现联合国 2030 年可持续发展目标的信心。

（一）中国成功减贫赢得世界广泛赞誉

经过全党全国各族人民共同努力，在中国共产党成立 100 周年的重要时刻，中国脱贫攻坚战取得全面胜利，这是中华民族发展进程中的伟大成就。同时，作为世界人口最多的国家，中国成功脱贫也是人类减贫历史中的重要一步，为世界繁荣发展作出重要贡献，赢得世界广泛赞誉。

1. 国际社会积极评价中国脱贫攻坚成就与经验。当前中国已经完成消除绝对贫困的艰巨任务，走出中国特色减贫道路，形成中国特色反贫困理论，外国政要、专家学者及新闻媒体均高度评价中国脱贫攻坚的历史性成就以及中国脱贫实践中的宝贵经验。

一方面，中国脱贫成就赢得国际社会积极评价。国际社会充分肯定中国脱贫攻坚成果，认为中国完成了人类历史上最伟大的消除贫困运动，甚至称之为世界奇迹。联合国秘书长古特雷斯高度评价了中国在减贫方面取得的成功，称其成就"非常巨大"。亚美尼亚副议长纳扎良称赞中国完成了人类历史上最伟大的消除贫困运动。俄罗斯莫斯科国际关系学院教授谢尔盖·卢贾宁表示，中国所进行的减贫事业和取得的成就"史无前例"，令世人瞩目。世界银行前行长罗伯特·佐利克在评价中国脱贫成就时指出，毫无疑问，这是消除贫困的历史上最大的飞跃。英国《经济学人》杂志评论说，在减贫脱贫方面，中国是个英雄。此外，部分外方人士结合中国发展历程积极评价中国脱贫成就，充分肯定改革开放以来中国有序实现脱贫这一巨大成就。乌拉圭广泛阵线主席哈维尔·米兰达表示，改革开放以来，在中国共产党的领导下，中国数亿贫困人口成功脱贫。这是个令人惊叹的数字，是难以想象的巨大成就。波兰民主左派联盟党副主席安杰伊·舍伊纳称，中国仅用了 40 多年时间，就实现了数亿人口脱贫，这是人类发展史上的奇迹。达喀尔大学经济学教授巴西鲁表示，中国改革开放 40 年来，有 7 亿多人摆脱贫困，中国创造了人类脱贫历史上的奇迹。

另一方面，中国脱贫经验赢得国际社会积极评价。中国立足本国国情，把握减贫规律，坚定不移地走出一条中国特色减贫道路。国际社会充分肯定中国脱贫理念与方案，南非人类科学研究委员会研究员亚兹妮·艾波尔明确指出，"中国精通减贫的艺术，在减贫实践和经验方面，中国是全球无可争议的冠军"。在国内脱贫实践中，中国始终坚持中国共产党的领导，坚持以人民为中心的发展思想，坚持走中国特色社会主义道路，坚持精准扶贫方略等经验做法均获得广泛赞誉。第一，国际社会充分肯定中国"坚持党的领导，为脱贫攻坚提供坚强政治和组织保证"。坦桑尼亚驻华大使姆贝尔瓦·凯鲁基直接指出，中国减贫成就归功于中国共产党成功领导。乌干达经济政策研究中心高级研究员保罗·拉库玛说，在中国共产党领导下，中国选择了正确的发展道路，实施了一系列改革措施，为减贫提供了保障。俄罗斯《独立报》评论说，通过带领中国走向前所未有的繁荣富强，中国共产党证明了自己的理论和实践的优越性。第二，国际社会充分肯定中国"坚持以人民为中心的发展思想，坚定不移走共同富裕道路"。西班牙共产党主席何塞·路易斯·森特利亚指出，中国共产党始终坚持全心全意为人民服务的根本宗旨，带领中国人民与贫困斗争，取得了显著成效，也为世界减贫事业作出重要贡献。波兰华沙大学国际关系研究所新闻和政治研究系教授加恩·罗文斯基认为，中国的减贫工作体现了执政党以民生为导向的执政理念，反映了执政党对人民负责的态度和强大的执行力。马里国际问题专家迪亚洛在马里《独立者报》发表文章强调，中国共产党始终坚持一切为了人民、一切依靠人民。在广大干部群众的共同努力下，中国农村旧貌换新颜，人民教育、卫生等得到保障，体现了中国共产党"以人民为中心"的发展思想。第三，国际社会充分肯定中国"坚持发挥我国社会主义制度能够集中力量办大事的政治优势，形成脱贫攻坚的共同意志、共同行动"。南非共产党第一副总书记索利·马派拉指出，在（减贫）这一过程中，农村基层党组织积极发挥主观能动性，带领农民摆脱贫困，这种成功的脱贫模式充分显示出社会主义制度的优越性，值得我们借鉴和学习。俄罗斯—中国分析中心主任谢尔盖·萨纳科耶夫明确指出，中国特色社会主义制度具有显著优势，为中国彻底消除绝对贫困提供保障。斯里兰卡智库探路者基金会前执行主任莱克斯曼·西里瓦德纳说，中国在消除绝对贫困方面取得巨大成功，表明了中国发展道路的优越性。第四，国际社会充分肯定中国"坚持精准扶贫方略，用发展的办法消除贫困根源"。在联合国秘书长古特雷斯看来，精准减贫方略是帮助贫困人口、实现2030年可持续发展议程目标的唯一途径。联合国助理秘书长、联合国开发计划署助理署长徐浩良表示，十八大以来，中国秉承开发式扶贫的理念，采取精准扶贫的措施，取得了显著成效。马来西亚新亚洲战略研究中心理事长许庆琦指出，中国采取精准扶贫的基本方略，扬弃"大水漫灌"、一刀切的扶贫措施。通过因村因户因人施策、"精准滴灌"式扶贫，探索出一条符合中国国情的扶贫道路，取得了巨大成效，为世界扶贫减贫贡献了中国智慧。另有部分外方人士聚焦中国脱贫具体措施，给予积极评价。美国哥伦比亚大学中国社会政策中心主任高琴教授指出，中国近期的减贫措施体现出数字化的特点，其中电商扶贫、就业帮扶、结对帮扶、特色产业脱贫、易地搬迁脱贫、光伏产业脱贫等成为减贫成功的关键措施。阿联酋政策研究中心主任伊卜提·萨姆对中国注重从"扶智"方面进行职业技能培训等做法表示赞赏。

2.国际社会积极评价中国脱贫成就对全球减贫作出贡献。中国脱贫为世界减贫事业发展作出重要贡献，具有重要世界意义。中国不仅创造了减贫治理的中国样本，为全球减贫事业贡献中国智慧和中国方案，同时积极推动国际减贫合作，成为世界减贫事业的有力推动者，赢得国际社会高度赞誉。

第一，中国成功减贫加速世界减贫进程。现行贫困标准下，中国农村贫困人口全部脱贫，大大加速国际减贫事业发展。外方人士充分肯定中国脱贫在促进 2030 年可持续发展目标实现、推动世界繁荣发展中发挥的重要作用。阿塞拜疆驻华大使杰纳利·阿克拉姆表示，中国在减贫方面取得了前所未有的成果，为实现联合国 2030 年可持续发展目标作出了重大贡献。南非约翰内斯堡大学非洲—中国研究中心主任戴维·蒙亚埃表示，过去 40 年来中国减贫人口占同期全球减贫人口总数的 70%以上，中国的发展成就也为世界的减贫事业作出了巨大贡献。俄罗斯科学院世界经济与国际关系研究所工业与投资研究中心主任康德拉季耶夫指出，中国是第一个提前实现联合国千年发展目标贫困人口减半的发展中国家，成功大幅削减了贫困人口数量，为全球消除贫困工作作出了杰出贡献。另有部分外方人士着重强调中国成功减贫在推动世界经济发展中的重要作用。澳大利亚经济学家郭生祥认为，中国的减贫成就为经济发展提供了巨大后劲，是世界经济持续增长的"重要因子"。俄罗斯莫斯科国际关系学院高级研究员古谢夫指出，脱贫致富、走向小康后的中国将拥有更大的消费市场，为世界各国发展贸易、旅游等都会提供有利的机遇，会给世界经济带来更多的发展活力。

第二，中国成功减贫为世界提供宝贵经验。中国脱贫构建了一系列行之有效的政策体系、工作体系、制度体系，积累了大量可供借鉴的有效经验。外方人士充分肯定中国脱贫实践中凝练的中国智慧与中国方案，认为中国为全球减贫事业探索了有益路径。国际农业发展基金全球参与和多边关系局局长阿什旺尼·穆图表示，中国在减贫领域取得了丰硕的成果,积累了丰富的经验。发展中国家可以从中国学到减贫、可持续发展等方面的经验。埃及共产党总书记萨拉赫·阿兹利指出,中国的扶贫实践不仅有助于国内贫困地区的民众脱贫致富,更为全球减贫事业贡献了中国智慧和中国方案,值得点赞。黎巴嫩共产党总书记汉纳·加里卜指出,中国在做好自身扶贫工作的同时,主动与国际社会分享减贫经验,为实现联合国2030年可持续发展目标中的减贫目标作出重大贡献。乌拉圭广泛阵线主席哈维尔·米兰达表示,不断完善的中国经验和中国方案,向世界贡献着减贫智慧,助力世界减贫事业做得更好。柬埔寨王国政府首相助理大臣、政府新闻发言人机构主席帕西潘表示,中国在减贫方面取得了伟大成就,中国的减贫经验对其他国家非常有借鉴价值。乌克兰鲍里斯·库尔兹当代中国研究所所长奥莉加·德罗博丘表示,中国在减贫领域取得的成就举世瞩目,为世界解决贫困问题提供了宝贵经验,具有重要现实意义。中国的减贫经验告诉世界,脱贫是一个系统工程,需要一整套扶持政策。对于欠发达国家来说,应当借鉴中国减贫经验,制定中长期全面脱贫战略。

第三,中国成功减贫为国际减贫合作贡献中国力量。中国积极投身国际减贫合作,支持和帮助广大发展中国家特别是最不发达国家消除贫困。外方人士充分肯定中国在推动世界减贫合作,履行国际减贫责任中的重要作用。联合国人口基金、开发计划署和粮农组织等机构有关负责人表示,中国以实际行动促进全球共同发展,支持联合国发挥中心作用,在南南合作框架下向发展中国家提供大量援助和支持,为落实可持续发展目标作出重要贡献。世界粮食计划署执行干事戴维·比斯利表示,世界应该认识到,中国在自身消除贫困和饥饿的努力中取得了"巨大进步",未来还将继续通过南南合作等框架,在全球消除贫困的努力中发挥积极作用。西班牙共产党主席何塞·路易斯·森特利亚指出，近年来中国积极参与国际减贫合作。中国提出的共建"一带一路"倡议为沿线国家和地区创造了新的发展机遇，推动国际减贫合作成果惠及更多国家民众。哈萨克斯坦共产人民党中央书记科努罗夫指出，面对突如其来的新冠肺炎疫情，中国无私帮助其他国家，积极向国际社会提供援助，为全世界树立了榜样。

（二）提振"后疫情时代"全球减贫信心

全球目前还有超过 7 亿人口生活在贫困线以下，世界银行警告新冠肺炎疫情可能导致 1 亿人重新陷入极端贫困，摆脱贫困依然是国际社会面临的紧迫挑战。即便遭遇新冠肺炎疫情冲击，中国仍然充分实现联合国 2030 年可持续发展目标，取得举世瞩目的脱贫成就。中国实践加快了全球减贫进程，增强了全世界消除绝对贫困、实现联合国 2030 年可持续发展目标的信心。联合国前秘书长潘基文曾指出，在新冠肺炎疫情全球流行、不确定性增多的背景下，世界需要为实现 2030 年可持续发展目标付出更大努力，相信人类能够成功消除贫困，在这个过程中中国的作用不可或缺。

1. 多国政要表示中国减贫成就将为全球范围内落实 2030 年可持续发展议程注入强大信心和动力。2021 年 2 月，中国宣布消除绝对贫困。联合国秘书长古特雷斯致函习近平总书记表示，这一重大成就为实现 2030 年可持续发展议程所描绘的更加美好和繁荣的世界作出了重要贡献，"中国取得的非凡成就为整个国际社会带来了希望，提供了激励"。联合国世界粮食计划署驻华代表屈四喜指出，中国的贫困县在 2020 年全部脱贫摘帽，这表明中国经过巨大努力以后，比《联合国 2030 年可持续发展议程》提早 10 年完成自己的减贫目标。这毫无疑问，对全球，尤其对发展中国家是巨大的鼓舞，也为发展中国家树立了光辉的典范。南非非洲人国民大会总书记马加舒尔在视频发言中表示，中国的农村贫困人口从 2012 年底的 9899 万减少到 2019 年底的 551 万，这一前所未有的成就令人鼓舞，也让非国大深受启发。巴基斯坦正义运动党高级领导人、国民议会副议长卡西姆·苏里指出，新冠肺炎疫情防控期间，中国强有力的抗疫措施成效显著，中国提供的诸多帮助和支持也更坚定了巴基斯坦人民战胜疫情的信心。肯尼亚朱比利党总书记图朱表示，中国共产党带领中国人民脱贫致富的实践和成就，在人类历史上前所未有，让人深受鼓舞。日本前首相鸠山由纪夫表示，作为人口占全球近 1/5 的大国，中国取得的脱贫成就对全球有示范作用，对世界人民是一个巨大鼓舞。加蓬驻华大使恩东表示，宁德脱贫过程令人震撼，也让加蓬增强了推进减贫事业的信心。马拉维、埃及、埃塞俄比亚和南非等国大使表示，中国的伟大成就让广大发展中国家看到了希望，增强了发展信心，在广大发展中国家深受疫情困扰、贫困人口大幅增加的背景下有特殊重大意义。

2. 多国学者认为中国脱贫经验为他国减贫提供启示，提升全世界消除贫困的信心。中国减贫受到了越来越多海外学者的关注，美国未来学家多丽丝·奈斯比特、约翰·奈斯比特夫妇表示，中国已经证明，一个拥有近 14 亿人口的国家，也可以从农业国家发展为世界第二大经济体和许多关键领域的技术领先者，这对同样寻求脱贫之路的新兴经济体具有重要借鉴意义。新加坡国立大学著名学者郑永年认为，贫困仍然是 21 世纪人类社会进步、构建人类命运共同体过程中最主要的困难与障碍之一，中国经验是中国对世界最大的贡献之一，对其他发展中国家具有参考意义。新加坡华侨银行经济学家谢栋铭表示,中国扶贫也给全球带来了巨大影响,在当前西方国家民粹主义抬头的情况下,很多发展中国家担心无法重新融入世界,中国的扶贫经验可以让其他发展中国家参考,同时通过共建"一带一路"推动全球化。纳米比亚大学经济学家卡库贾哈-马通杜称赞中国消除贫困、促进发展的政策,认为中国投入大量资金和资源发展农业,改善农村生活,这种模式适合大多数非洲国家。非洲国家应借鉴中国经验,使更多地区摆脱贫困。肯尼亚公共政策分析师史蒂芬·姆万吉说,非洲大多数贫困人口居住在农村。中国通过发展现代农业和旅游业扶贫减贫的思路值得借鉴。斯里兰卡智库探路者基金会前执行主任莱克斯曼·西里瓦德纳指出,所有存在绝对贫困群体的发展中国家,甚至是发达经济体国家,都应学习中国的发展经验,特别是脱贫经验。科隆德国经济研究所经济学家鲁舍表示,通过"一带一路"倡议,沿线国家的人民生活水平得到了改善,也让更多国家的脱贫工作变得更容易开展。巴基斯坦中亚地区经济协作研究所高级研究员吴拉姆·萨马德说,中国扶贫经验给包括巴基斯坦在内的其他发展中国家带来了希望,树立了榜样,世界其他国家可从中学到很多经验。中国的精准扶贫政策对柬埔寨也非常有启发。

3. 外媒普遍认为中国减贫实践对其他发展中国家消除贫困产生了示范效应,为全球消除贫困树立信心。中国减贫实践也受到了各国媒体的高度关注,外媒普遍认为,中国脱贫攻坚取得胜利后,全面推进乡村振兴,对推动中国经济社会发展具有重要作用,也对其他发展中国家消除贫困产生了示范效应。巴西主流媒体《环球报》曾发表中国驻里约热内卢总领事李杨撰写的《中国脱贫攻坚战取得全面胜利的世界意义》的署名文章,文中指出中国脱贫攻坚战取得全面胜利,为世界各国战胜贫困增强了信心。中国的减贫实践充分证明，贫困是可以战胜的！中国成功消除贫困，正鼓舞越来越多的国家向贫困宣战。比利时弗拉芒语版《今日中国》杂志社总编辑丽娜·登格鲁丹伊森多次走访中国农村地区，发表了大量关于中国脱贫的报道。越南媒体对中国的减贫措施和经验非常关注。越南国家电视台曾专门采访中国云南、四川等脱贫民众的"致富经"，称赞中国减贫事业取得巨大成功。越南梦想广告贸易有限公司总经理胡锡忠对《人民日报》记者表示，中国的减贫措施从最初的"输血型"向"造血型"、精准帮扶转变，放眼未来、立足长远，非常值得借鉴。肯尼亚《人民报》网站报道称，中国在其减贫努力中将农村地区作为优先事项，而农业在其中发挥着重要作用。中国的努力为肯尼亚的社会经济转型提供了深刻启发。在利用农业来加快发展具有包容性的社会经济方面，肯尼亚有很多东西需要向中国学习。柬埔寨《高棉时报》关注了近日在柬埔寨茶胶省巴提县达弄村启动的中柬友好扶贫示范村项目，柬埔寨干丹省农村发展厅厅长吉塔维表示，在柬中共同开展减贫项目过程中，中国扶贫专家带来了扶贫技术和经验，增强了当地脱贫的信心和力量。泰国《暹罗日报》网站刊文指出，自2013年实施精准扶贫以来，中国的脱贫攻坚极大加快了全球减贫进程，成为全球最早实现联合国千年发展目标中减贫目标的发展中国家，为全球消除贫困树立信心。

三、建设远离贫困共同繁荣的世界

党的十八大以来，以习近平同志为核心的党中央聚焦人民群众对美好生活的向往，带领中国人民全面打响脱贫攻坚战。2020年，中国在现行标准下消除了绝对贫困，提前实现《联合国 2030 年可持续发展议程》减贫目标。当前，新冠肺炎疫情已成为全球减贫事业现实而紧迫的挑战。中国愿与世界各国一道，秉持人类命运共同体理念，加大国际抗疫合作力度，捍卫全球公共卫生体系，共同打赢全球抗疫阻击战。以开启"行动十年"计划为契机，聚焦发展中国家面临的困难挑战，将联合国可持续发展议程与本国发展战略深入对接，最大限度凝聚减贫合力，建设远离贫困、共同繁荣的美好世界。

（一）继续推进人类减贫事业面临的问题与挑战

习近平总书记说："我们要努力建设一个远离贫困、共同繁荣的世界。今天的世界，物质技术水平已经发展到古人难以想象的地步，但发展不平衡不充分问题仍然普遍存在，南北发展差距依然巨大，贫困和饥饿依然严重，新的数字鸿沟正在形成，世界上还有很多国家的民众生活在困境之中。"[①] 可见，人类减贫事业仍面临着各种问题与挑战。

1.全球南北发展不平衡问题显著。目前，南北发展不平衡问题仍然是当今世界最大的不平衡。一边是发达国家，其财富不断积累，经济发展水平不断提升，国家本身可以为国内的贫困群体提供丰富资源支持，贫困群体也可以从国家经济发展中获利。另一边则是落后地区的国家，由于自然因素和社会因素生产力水平还普遍较低，在不能满足本国人民基本生活需求的情况下要依靠发达国家的经济援助。同时，发达国家绝对贫困现象已基本消除，相对贫困成为贫困的主要表现形式，而发展中国家消除贫困的情况却日益分化，东亚和太平洋地区以及南亚地区经济

---

① 习近平：《携手建设更加美好的世界——在中国共产党与世界政党高层对话会上的主旨讲话》，人民出版社 2017 年版，第 5 页。

增长较快，民众生活逐步改善，绝对贫困群体规模快速缩小，但是非洲等地的状况却仍然不容乐观。

究其根本，国际秩序的不合理结构是造成南北发展不平衡的重要原因。自冷战结束以来，美苏两极对抗的局面转变为多国齐头并进，世界也朝着多极化趋势发展。随着各国之间经济往来的频率增加，使得一大批发展中国家和新兴市场国家得以快速脱贫。但这种发展具有结构性失衡的内在缺陷，导致世界各地区和国家之间的减贫速度和幅度差异悬殊。当今国际秩序的转型进入了关键阶段，未来的国际秩序构建和发展充满着未知数，这不仅使全球的发展前景不确定性增加，同时也给我们人类减贫事业和全球贫困治理的发展带来新的压力。如何更加有效地解决全球南北发展不平衡的问题也成为人类减贫事业中的新问题和新挑战。

2.饥饿致贫问题依然十分严重。2015 年 6 月 2 日，联合国粮农组织发表的《2015 年非洲粮食不安全地区概览》（Regional Overview of Food Insecurity in Africa 2015）报告指出，安哥拉、吉布提、喀麦隆、加蓬、加纳、马里、圣多美和普林西比 7 个非洲国家完成了世界粮食峰会所制定的将饥饿绝对人口数量减少一半的目标，西非国家在减少营养不良率方面取得了显著的成就，从 1990 年至 1992 年评估年度期的 24.2%减少为 2014 年至 2016 年度的 9.6%。报告同时指出，尽管现在已经取得了很大进步，但非洲在实现世界粮食峰会制定的减少饥饿人口一半的目标方面仍存在着巨大的差距，撒哈拉以南非洲地区的饥饿人口仍然增加，由于不利气候和干旱条件，东部非洲地区的饥饿人口增加了 20%，而冲突使非洲中部的饥饿人口增加了一倍。

由于自然环境的因素，很多贫困地区的粮食产量也不断下降，难以满足人民的基本生存需要，加之其中的大部分地区科学技术水平低下，饥饿致贫的状况不容乐观。一方面，过快的人口增长和极高的人口自然增长率加剧了粮食的短缺；另一方面，贫困地区农业技术水平较低，粮食产量难以满足国内消费需求，粮食长期依赖国际进口。新冠肺炎疫情暴发以来，主要粮食生产大国纷纷减少粮食出口，造成国际市场粮价飞涨。可见，粮食短缺造成的饥饿致贫问题愈发普遍，即便目前我们的减贫工作已经取得了重大的突破和阶段性成果，但是人类的减贫事业仍然必须高度关注贫困地区的温饱问题，充分利用国际援助等手段破解减贫事业中的这一新问题和新挑战。

3.数字鸿沟制约全球减贫问题愈发明显。在信息时代尤其是大数据时代，人们对信息的拥有呈现地域分化、阶层分化和群体分化的特征，信息大量集中在城市、少量分散在农村地区，城市居民比农村居民拥有更多信息，社会高层人员比社会底层人员拥有更多更集中的信息资源。信息分化趋势导致信息贫困，反过来又进一步加剧信息分化趋势。数字化贫困是信息与通讯技术作用于社会主体而产生的一种新的贫困形式，农村居民的数字化贫困往往表现在信息与通讯技术使用意识、使用能力和经济能力的缺失或障碍上。因信息、网络技术落差大造成的"数字鸿沟"，对于脱贫造成巨大的冲击。

国际数字鸿沟问题产生的表面原因是信息基础设施、信息技能和信息素养的差异，真正的原因是由于社会资源配置不公造成的经济文化发展不平衡。少数发达国家特别是美国搭上了信息技术迅速发展的头班车，通过新技术创新、新产业重组以及对全球信息资源的垄断获取了非常强的先行优势，从而牢牢控制了数字信息资源和数字信息产业的制高点。许多发展中国家无力承担大规模的信息通讯基础设施建设，也无力支付相关领域的教育和通讯费用,致使劳动者在新经济中的低参与率问题也十分严重。这样,在新经济发展过程中,发展中国家在初始阶段就输在了起跑线上,从而使他们难以从迅速发展的新经济中获得相应的回报,这进一步加大了发展中国家与发达国家之间经济发展的不平衡,也给减贫事业带来了很大的挑战。

4.新冠肺炎疫情使得人类减贫事业不确定性增加。自新冠肺炎疫情暴发以来,中国以及世界各国的生产生活都遭受到了很大的挫折。全球经济下行风险增加,失业率不断增加,曾经相对贫困的群体开始向极度贫困的边缘滑落,贫困边缘群体的生活水平也下降到贫困线之下,这就造成了原本处于经济劣势地位的绝对贫困群体,在疫情的冲击下,生活环境不断恶化,社会贫富差距进一步扩大,全球的绝对贫困人口激增。① 虽然在全球范围内生活在极端贫困中的人口比例不断下降,但是生活改善的步伐正在减缓,而新冠肺炎疫情危机有可能逆转几十年来在消除贫困方面取得的进展。俄罗斯总理米舒斯京在国际劳工组织(ILO)全球峰会上的视频讲话中指出,俄罗斯最近十年在减少贫困和失业方面取得的成就受到了新冠病毒传播的威胁,劳动力市场正在遭受严重的负面后果。

新冠肺炎疫情除了对各国国内生产产生重要影响以外,还对各国间减贫合作形成了巨大的冲击。作为国际援助的重要主体,发达国家经济也受到了疫情的严重冲击,激化的社会矛盾致使发达国家采取极端的处理措施——减少对发展中国家的经济援助,同时也减少对国际减贫合作的支持力度。② 发展中国家的经济发展形势本就不乐观,加上发达国家

---

① 参见张琦:《全球减贫历史、现状及其挑战》,《人民论坛》2021年第11期。
② 参见张琦:《全球减贫历史、现状及其挑战》,《人民论坛》2021年第11期。

在经济援助上的"抛弃",使其国内民不聊生,贫富差距进一步拉大。疫情的暴发给世界带来很大的影响,为人类的减贫事业带来了巨大的阻力,这就使得发展不平衡不充分的问题进一步加剧,给人类减贫事业带来了更大的挑战和不确定性。

(二)推动构建新型国际减贫交流合作关系

习近平总书记强调:"着力加强减贫发展合作。推动建立以合作共赢为核心的新型国际减贫交流合作关系,是消除贫困的重要保障。中国倡导和践行多边主义,积极参与多边事务,支持联合国、世界银行等继续在国际减贫事业中发挥重要作用;将同各方一道优化全球发展伙伴关系,推进南北合作,加强南南合作,为全球减贫事业提供充足资源和强劲动力;将落实好《中国与非洲联盟加强减贫合作纲要》《东亚减贫合作倡议》,更加注重让发展成果惠及当地民众。中国将发挥好中国国际扶贫中心等国际减贫交流平台作用,提出中国方案,贡献中国智慧,更加有效地促进广大发展中国家交流分享减贫经验。"①

1.倡导和践行多边主义,积极参与多边事务。中国始终倡导联合国在全球减贫机制中的核心地位,积极参与全球减贫机制化建设,推动建立新的国际政治经济秩序。在全球层面,中国积极参与联合国主导的各项减贫机制,贯彻落实联合国《千年宣言》,实现或基本实现了13项"千年发展目标",并积极推动国际社会共同达成《联合国 2030 年可持续发展议程》。中国积极举办或参与全球妇女峰会、联合国儿童问题特别会议、联合国最不发达国家会议等联合国减贫框架下的各类高级别论坛,

---

① 习近平:《携手消除贫困 促进共同发展——在 2015 减贫与发展高层论坛上的主旨演讲》,人民出版社 2021 年版,第 9—10 页。

与联合国驻华办事处联合开展"减贫与发展高层论坛",加强与全球各国的减贫经验交流共享。同时,中国为联合国等国际组织推进国际减贫事业提供财力支持。习近平总书记宣布:"中国将向联合国新冠肺炎疫情全球人道主义应对计划再提供 5000 万美元支持;中国将设立规模 5000 万美元的第三期中国—联合国粮农组织南南合作信托基金;中国—联合国和平与发展基金将在 2025 年到期后延期 5 年;中国将设立联合国全球地理信息知识与创新中心和可持续发展大数据国际研究中心,为落实《联合国 2030 年可持续发展议程》提供新助力。"①

2. 优化全球发展伙伴关系,推进南北合作,加强南南合作。作为一个负责任的发展中大国,中国大力推动国际发展事业,为世界各国实现减贫与可持续发展提供有利环境。在区域层面,始终积极深化开展南南合作,加强区域经济合作及与新兴经济体的合作,探索合作共赢的模式,力所能及向其他发展中国家提供不附加任何政治条件的援助,支持和帮助广大发展中国家特别是最不发达国家消除贫困。中国设立"南南合作援助基金",提供资金支持、免除不发达国家(地区)无息贷款债务、设立扶贫合作项目、为发展中国家提供人力和技术支持、设立南南合作与发展学院等。

中国提出共建丝绸之路经济带和 21 世纪海上丝绸之路,倡议筹建亚洲基础设施投资银行,设立丝路基金,就是要支持发展中国家开展基础设施互联互通建设,帮助他们增强自身发展能力,更好融入全球供应链、产业链、价值链,为国际减贫事业注入新活力,带动沿线各国发展经济、减除贫困。中国还通过"一带一路"倡议积极发展与沿线国家和

---

① 习近平:《在第七十五届联合国大会一般性辩论上发表重要讲话》,《人民日报》2020 年 9 月 23 日。

地区的经济合作伙伴关系，有效提高沿线国家和地区的贸易和投资、基础设施建设，减轻环境污染和腐败的风险。

3.落实好合作协议，更加注重让发展成果惠及当地民众。自签订《中国与非洲联盟加强减贫合作纲要》《东亚减贫合作倡议》以来，中国一直积极向非洲落后国家以及邻国等伸出援助之手，积极推动构建新型国际减贫交流合作关系。

参与国际组织或其他第三方在南南合作框架下的非洲减贫项目。联合国粮农组织 1996 年在粮食安全特别计划框架下启动南南合作计划。中国在该计划启动以来就一直积极参与其中，并于 2006 年与粮农组织签署了合作备忘录，成为第一个与粮农组织建立南南合作战略伙伴关系的国家。此后，双方合作关系不断加深，主要方式包括：提供资金支持、派遣农技专家等。

积极援助东亚地区落后国家，对其减贫提供资金、技术、人才等支持。目前，中国对老挝的援助已覆盖成套项目、一般物资、技术合作、人力资源开发合作、援外医疗队、紧急人道主义援助等内容。在铁路建设方面，中方承建的越南河内轻轨"吉灵—河东"线，全长约 13 公里，是越南第一条城市轻轨。中老铁路于 2021 年 12 月 3 日正式开通运营。除此之外，中国也加快了与周边国家在产能领域的项目合作，柬埔寨是湄公河流域产能合作的最大受益者。目前，中资发电企业是柬埔寨最大的电力提供商，对电力项目的合作投入不断加大，极大地改善了贫困地区人口的生活条件。

4.用好国际扶贫中心平台，促进国家间经验交流分享。通过国际扶贫中心这一减贫交流平台开展减贫技术培训，鼓励各国人才学习交流，将先进扶贫技术传播出去。中国国际扶贫中心自成立以来，针对不同需求，为 133 个国家（地区）的 3758 名中高级官员与扶贫工作者举办了139 期减贫培训班，在培训品牌培育、体系拓展、教材开发、基地建设、机制创新等方面均取得了显著成效，已经成为国际上专职从事减贫培训的重要基地。此外，通过国际扶贫中心这个平台，中国不断拓展与联合国开发计划署、世界银行、亚洲开发银行、联合国粮农组织、粮食计划署、国际农发基金等国际组织合作关系，与"粮农三机构"多次开展国际研讨等活动，深化中国与其他发展中国家在减贫领域的经验共享。自2011 年起，中国国际扶贫中心与坦桑尼亚总统府计划委员会及中非农业投资有限公司合作，在坦桑尼亚实施了"中坦减贫学习中心"项目，借鉴中国农村扶贫开发"整村推进"模式，和通过促进农业和农村发展实现减贫的核心经验，为非洲提供借鉴中国开发式扶贫模式的实践案例，并使之成为中国在非洲的减贫和农村社会发展示范基地和实地交流平台。

（三）各国携手实现人类共同发展

消除贫困依然是当今世界面临的最大全球性挑战。未来 15 年，对中国和其他发展中国家都是发展的关键时期。我们要凝聚共识、同舟共济、攻坚克难，致力于合作共赢，推动建设人类命运共同体，为各国人民带来更多福祉。

第一，着力加快全球减贫进程。在未来 15 年内彻底消除极端贫困，将每天收入不足 1.25 美元的人数降至零，是 2015 年后发展议程的首要目标。如期实现这一目标，发达国家要加大对发展中国家的发展援助，发展中国家要增强内生发展动力。国际社会应以开启可持续发展目标"行动十年"计划为契机，更加坚定地将减贫作为国际发展合作的优先领域和核心任务，更加积极地增加发展领域投入，努力如期实现 2030 年可持续发展议程的首要目标。中国将继续在联合国、二十国集团、亚太经合组织、金砖国家等机制框架下，积极推动国际社会将发展置于宏观政策协调的核心位置，推动发展筹资向减贫、教育、卫生、基础设施建设等民生领域倾斜，为消除一切形式贫困凝聚政治意愿。

第二，着力加强减贫发展合作。推动建立以合作共赢为核心的新型国际减贫交流合作关系，是消除贫困的重要保障。仁义忠信，乐善不倦。中华优秀传统文化历来具有扶贫济困、乐善好施、助人为乐的优良传统。中国不会忘记脱贫攻坚道路上国际社会给予的支持和帮助，投桃报李，我们将用实实在在的行动回馈国际减贫事业。中国将继续同广大发展中国家深化南南减贫合作，加强治国理政经验交流和发展战略对接，打造更多扶贫品牌项目和示范工程；继续积极落实中非合作论坛北京峰会、澜沧江—湄公河合作领导人会议、中拉论坛部长级会议等重要会议成果，实施援外减贫项目，帮助发展中国家破解发展瓶颈。

第三，着力实现多元自主可持续发展。中国坚定不移支持发展中国家消除贫困，推动更大范围、更高水平、更深层次的区域合作，对接发展战略，推进工业、农业、人力资源开发、绿色能源、环保等各领域务实合作，帮助各发展中国家把资源优势转化为发展优势。中国将继续致力于促进贸易投资自由化便利化，推动构建开放型世界经济，积极维护全球产业链供应链稳定畅通，推动经济全球化朝着开放、包容、普惠、平衡、共赢的方向发展，既做大"蛋糕"，更分好"蛋糕"，为发展中国家消除贫困创造更有利条件。

第四，着力改善国际发展环境。维护和发展开放型世界经济，推动建设公平公正、包容有序的国际经济金融体系，为发展中国家发展营造良好外部环境，是消除贫困的重要条件。中国将继续同共建"一带一路"国家加强战略对接，全面推进基础设施互联互通，开展交通、通讯、能源、贸易、金融和互联网等重点领域务实合作，促进产业结构升级，开辟经济增长空间。中国提出共建丝绸之路经济带和 21 世纪海上丝绸之路，倡议筹建亚洲基础设施投资银行，设立丝路基金，就是要支持发展中国家开展基础设施互联互通建设，帮助他们增强自身发展能力，更好融入全球供应链、产业链、价值链，为国际减贫事业注入新活力。

让我们携起手来，为共建一个没有贫困、共同发展的人类命运共同体而不懈奋斗！

后 记

　　"习近平新时代中国特色社会主义思想的时代意义、理论意义、实践意义、世界意义研究"课题是 2019 年度马克思主义理论研究和建设工程重大项目，教育部党组成员、副部长翁铁慧为首席专家。《脱贫：中国为什么能》是该课题的重要成果。

　　中国历史性地解决绝对贫困问题，具有重要的时代意义、理论意义、实践意义、世界意义。为深入研究中国脱贫的伟大成就、宝贵经验和重要意义，翁铁慧带领课题组成员在深入调研的基础上，召开多次研讨会，对中国脱贫的实践和理论问题进行了深入探讨，以确保推出高质量研究成果。

　　翁铁慧对书稿的基本定位、主要内容、框架结构和行文风格提出了明确要求，并审定了书稿。东华大学党委书记刘承功、教育部社科中心主任王炳林、南开大学副校长王新生、东北师范大学党委书记杨晓慧等课题组成员参加了书稿撰写和统稿工作。教育部社科司司长徐青森和思政司宣教处处长陈郭华对书稿撰写提出了宝贵意见。参与书稿撰写的还有储新宇、刘凤义、王治东、高地、郑丽平、孙存良、张意梵、王不凡、张义凡、陈健、田锋、白虎、吴荣、方建、蒋积伟、张媛媛、张海鹏、袁航、吴万运、刘志、柏路、张泽强等。

314

后　记

　　本书在编写过程中，教育部习近平新时代中国特色社会主义思想研究中心秘书处、南开大学马克思主义学院和经济学院、东北师范大学思想政治教育研究中心，以及东华大学马克思主义学院、西南大学马克思主义学院、华南师范大学马克思主义学院等单位有关专家学者提出了意见建议，人民出版社对本书出版给予了大力支持，在此一并表示感谢。由于时间和水平有限，不足之处敬请读者批评指正。

《脱贫：中国为什么能》编写组

2021 年 10 月 19 日

责任编辑：杜文丽

装帧设计：汪　莹

责任校对：史伟伟

图书在版编目（CIP）数据

脱贫：中国为什么能 / 本书编写组　著 . — 北京：人民出版社，2022.4

ISBN 978 - 7 - 01 - 024550 - 8

I. ①脱…　 II. ①本…　 III. ①扶贫 - 研究 - 中国　 IV. ① F126

中国版本图书馆 CIP 数据核字（2022）第 026828 号

脱　贫

TUOPIN

——中国为什么能

本书编写组

人民出版社 出版发行

（100706　北京市东城区隆福寺街 99 号）

北京汇林印务有限公司印刷　新华书店经销

2022 年 4 月第 1 版　2022 年 4 月北京第 1 次印刷

开本：710 毫米 ×1000 毫米 1/16　印张：20.5

字数：235 千字

ISBN 978 - 7 - 01 - 024550 - 8　定价：86.00 元

邮购地址 100706　北京市东城区隆福寺街 99 号

人民东方图书销售中心　电话（010）65250042　65289539